Schöningh

EinFach Deutsch

Unterrichtsmodell

E. T. A. Hoffmann

Klein Zaches

genannt Zinnober

Von
Eva Schnell und Josef Schnell

Herausgegeben von
Johannes Diekhans

Bildnachweis:

S. 9: E.T.A. Hoffmann: Klein Zaches genannt Zinnober. Illustrationen von Klaus Ensikat. © 1994 by Rowohlt Taschenbuch Verlag – **S. 31:** Otto Ubbelohde – **S. 54:** Archiv für Kunst und Geschichte Berlin – **S. 55: o.:** © picture-alliance/akg-images; **u.:** © bpk, Bildagentur für Kunst, Kultur und Geschichte – **S. 56, 57, 76, 77 u., 95:** © akg-images GmbH – **S. 77 o.:** Landesbibliothek Coburg (LB), Signatur HP Q 52, 150 – **S. 96:** © akg-images – **S. 97:** Herbert Rosendorfer: Briefe in die chinesische Vergangenheit, Deutscher Taschenbuch Verlag, München 2009 – **S. 108:** Christoph Martin Wieland: Dschinnistan. Aufbau Verlag 1982 – **S. 109:** Verlagsarchiv Schöningh – **S. 111:** Wildhelm Busch: Balduin Bählamm In: Humoristisches Hausbuch, München (Bassermann) 1924

www.schoeningh-schulbuch.de
Schöningh Verlag, Jühenplatz 1–3, 33098 Paderborn

Druck 5 4 3 2 1 / Jahr 2017 16 15 14 13
Die letzte Zahl bezeichnet das Jahr dieses Druckes.

Umschlaggestaltung: Jennifer Kirchhof
Druck und Bindung: Media-Print Informationstechnologie GmbH, Paderborn

ISBN 978-3-14-022568-7

Vorwort

Der vorliegende Band ist Teil einer Reihe, die Lehrerinnen und Lehrern erprobte und an den Bedürfnissen der Schulpraxis orientierte Unterrichtsmodelle zu ausgewählten Ganzschriften und weiteren relevanten Themen des Faches Deutsch bietet.
Im Mittelpunkt der Modelle stehen Bausteine, die jeweils thematische Schwerpunkte mit entsprechenden Untergliederungen beinhalten.
In übersichtlich gestalteter Form erhält der Benutzer/die Benutzerin zunächst einen Überblick zu den im Modell ausführlich behandelten Bausteinen.

Es folgen:

- Hinweise zu den Handlungsträgern
- Zusammenfassung des Inhalts und der Handlungsstruktur
- Vorüberlegungen zum Einsatz des Buches im Unterricht
- Hinweise zur Konzeption des Modells
- Ausführliche Darstellung der einzelnen Bausteine
- Zusatzmaterialien

Ein besonderes Merkmal der Unterrichtsmodelle ist die Praxisorientierung. Enthalten sind kopierfähige Arbeitsblätter, Vorschläge für Klassen- und Kursarbeiten, Tafelbilder, konkrete Arbeitsaufträge, Projektvorschläge. Handlungsorientierte Methoden sind in gleicher Weise berücksichtigt wie eher traditionelle Verfahren der Texterschließung und -bearbeitung.
Das Bausteinprinzip ermöglicht es dabei den Benutzern, Unterrichtsreihen in unterschiedlicher Weise und mit unterschiedlichen thematischen Akzentuierungen zu konzipieren. Auf diese Weise erleichtern die Modelle die Unterrichtsvorbereitung und tragen zu einer Entlastung der Benutzer bei.

Das vorliegende Modell bezieht sich auf folgende Textausgabe:
E. T. A. Hoffmann: Klein Zaches genannt Zinnober. Paderborn: Schöningh Verlag 2012. Best.-Nr. 022567-0

Arbeitsfrage

Einzelarbeit

Partnerarbeit

Gruppenarbeit

Unterrichtsgespräch

Schreibauftrag

szenisches Spiel, Rollenspiel

Mal- und Zeichenauftrag

Bastelauftrag

Projekt, offene Aufgabe

Inhaltsverzeichnis

Klein Zaches

„Haben Sie mein superwahnsinniges Buch, den Zaches, schon gelesen?“

E. T. A. Hoffmann an den Leihbibliothekar Friedrich Kralowsky am 5.2.1819

Personen

Das Stiftsfräulein von Rosenschön alias Fee Rosabelverde: Sie ist eine Fee, der es gelungen ist, die Austreibung der Feen und Zauberer aus dem Reich des Paphnutius, der die Aufklärung eingeführt hat, zu überstehen. Sie besitzt Anmut und Schönheit, hat eine besondere Nähe zur Natur und, so scheint es, ein gutes Herz, denn sie hat Mitleid mit dem Wechselbalg Zaches: Sie verleiht ihm den Zauber, durch den er eine steile Karriere am Hof des Fürsten Barsanuph (des Nachfolgers von Paphnutius) macht. Als Unterstützerin von Zaches gerät sie mit dem Zauberer Prosper Alpanus in Konflikt, der Balthasar, den Gegenspieler von Zaches, beschützt; sie muss schließlich nachgeben und Zaches sich selbst überlassen. Sie zieht sich aus der Affäre, indem sie ihrem Schützling selbst die Schuld an seinem Sturz gibt, weil er den Zauber nicht zu seiner Entwicklung genutzt habe. Sie verhindert am Ende, dass das Volk gegen Zaches rebelliert.

Fürst Demetrius: Er war der gute Herrscher, bevor sein Sohn Paphnutius an die Macht kam. Unter Demetrius lebten die Menschen glücklich und in Frieden, frei von jeder drückenden Bürde; sie waren offen für die Welt des Wunderbaren, so siedelten sich Feen im ländlichen, von der übrigen Welt abgeschlossenen Fürstentum an.

Fürst Paphnutius: Nachdem er seinem Vater Demetrius nachgefolgt war, drängte es ihn, zu regieren. Dazu führte er, angeleitet von seinem Kammerdiener, die Aufklärung ein, und zwar so, wie der Diener sie verstand: Es herrscht das Prinzip der Nützlichkeit, das rein materiell verstanden wird. Alle Menschen mit „gefährlichen" Gesinnungen, nämlich diejenigen, die an die Poesie und das Wunderbare glauben, werden als Feinde der Aufklärung vertrieben; dazu gehören auch Feen und Zauberer. Die allgemeine Verblendung, die die Folge dieser Art von Aufklärung ist, führt dazu, dass die Unfähigen die leitenden Positionen besetzen und Karriere machen.

Fürst Barsanuph: Er ist der aktuell regierende Fürst, der ganz im Sinne von Paphnutius herrscht und die allgemeine Verblendung stützt. Dass Zaches, der nun Zinnober heißt, in seinem Reich Karriere macht, ist sichtbares Zeichen der sich ausbreitenden Dummheit. Der Fürst bleibt unbelehrbar, was sich zeigt, als Zinnober, den er mit seinem höchsten Orden geehrt hat, entzaubert wird; er hält daran fest, dass er der Vortreffliche sei. Seine letzte Einsicht besteht darin, dass er vom „verewigten Zinnober" die Botschaft erhält, er möge zum Wohl des Staates Zwiebeln essen; sie stammen von Zaches' Mutter.

Mosch Terpin: Der Professor der Naturkunde demonstriert, wie die im Staate eingeführte Aufklärung sich auf die Wissenschaft auswirkt: Die Dinge der Natur werden klassifiziert und schubladisiert und es werden tautologische und banale Erklärungen der Phänomene geliefert. Er hat großen Zulauf und stets seinen Vorteil im Blick. Er ist es, der Zinnober in die Gesellschaft einführt und ihn in höchsten Tönen wegen seiner angeblichen Begabung lobt. Er profitiert auch von der Karriere, die Zinnober macht. So hat er nichts dagegen, dass sich seine Tochter Candida mit ihm verloben will, denn durch diese Beziehung hat er selbst große Vorteile, er wird zum ‚Generaldirektor sämtlicher natürlicher Angelegenheiten' befördert. Die Entzauberung und der Sturz Zinnobers schaden ihm nicht nachhaltig, da er nun vom Reichtum Balthasars profitiert, nachdem dieser Candida geheiratet hat.

Candida: Die hübsche Tochter Terpins hat eine angemessene weibliche Bildung genossen; sie ist anmutig, natürlich und bodenständig; vor der allgemeinen Verblendung ist sie im Unterschied zu Balthasar nicht gefeit – sie belohnt Zaches für das Liebesgedicht Balthasars mit einem Kuss und befördert so die Verlobung, die sich anbahnt. Erst durch die Entzauberung von Zinnober kommt sie zur Vernunft und erwacht aus ihrem bösen Traum, wie sie sagt. Dem Happy End, der Hochzeit mit Balthasar, steht schließlich nichts mehr im Wege.

Balthasar: Er ist ein junger Dichter, der in der Natur schwärmt, Sinn für das Wunderbare hat und dadurch manchmal etwas weltfremd wirkt. Er verliebt sich in die hübsche Candida. Nachdem Zaches großes Lob für Balthasars Gedicht geerntet hat und von Candida mit einem Kuss belohnt worden ist, beschließt der junge Dichter, sich zur Wehr zu setzen. Mit Hilfe der ihm zufliegenden Sympathie des Doktors und Zauberers Prosper Alpanus gelingt es ihm, Zinnober zu entzaubern, wobei ihm auch seine Freunde Fabian und Pulcher helfen. Sein Lohn ist das Landgut des Alpanus, auf dem er dichten und glücklich und im Wohlstand mit seiner geliebten Candida leben kann.

Fabian: Balthasars Freund glaubt nicht an das Wunderbare und er blickt auf dessen Schwärmerei mit Skepsis. Er führt Balthasar zu Prosper Alpanus, den er für einen ganz gewöhnlichen Doktor hält. Dafür wird er bestraft, indem Alpanus ihn verzaubert: Seine Rockschöße wachsen und wachsen; er wird zur komischen Figur und sogar des Aufruhrs verdächtigt. Am Ende wird er vom Zauber befreit. Er unterstützt Balthasar tatkräftig bei der Entzauberung von Zaches/Zinnober.

Pulcher: Der Referendar hätte aufgrund seiner Fähigkeiten und Leistungen eigentlich einen Posten am Hof erhalten müssen, aber durch den Zauber hat Zaches/Zinnober die Stelle bekommen. Als er sich deshalb das Leben nehmen will, trifft er Balthasar. Er erklärt sich bereit, mit ihm zusammen gegen Zinnobers Einfluss zu kämpfen; am Ende sind sie erfolgreich, aber Pulcher hat davon wohl keinen Vorteil.

Frau Liese: Sie ist eine arme, bedauernswerte Bauersfrau und die Mutter von Zaches. Sie glaubt eigentlich nicht an seine Verwandlung, aber sie widersetzt sich nicht, als der Pfarrer ihren hässlichen Wechselbalg für einen schönen Jüngling hält und sich seiner annimmt, um ihn zu fördern. Frau Liese taucht erst am Ende der Geschichte wieder auf. Ihre Hoffnung, sie könne ihren Zaches, der in einem großen, prächtigen Haus lebt, beerben, erfüllt sich nicht, doch da ihre Zwiebeln dem Fürsten schmecken, wird sie zur Hoflieferantin. Auch hier hat die Fee ihre Hände im Spiel.

Zaches: Die Titelfigur ist der Pseudo- oder Anti-Held der Geschichte, eigentlich ein Nichts, doch dank der Zauberkraft der Fee macht er, der kaum sprechen kann, aber gelegentlich heftige Wutausbrüche hat, seine große Karriere am Hof. Als er durch Mosch Terpin in die Gesellschaft der Universitäts- und Residenzstadt Kerepes eingeführt wird, erhält er den Namen Zinnober. Nachdem er kurz vor seiner Verlobung mit Candida von Balthasar entzaubert und entlarvt worden ist, gelingt es ihm unter dem Spott der verblendeten Gesellschaft, zu entkommen. Er findet ein schmähliches, komisch-humoreskes Ende, indem er in seinem goldenen Nachttopf ertrinkt. Der Fürst, der bis zum Schluss an seine großartigen Fähigkeiten glaubt, ehrt ihn mit einem pompösen Staatsbegräbnis.

Inhalt

E.T.A. Hoffmanns „Klein Zaches genannt Zinnober. Ein Märchen" erschien 1819.
Eine arme, vom Schicksal gebeutelte Bauersfrau, Frau Liese, jammert über ihr Unglück, das sie mit der Geburt des nun zweieinhalbjährigen, kaum menschenähnlichen Kindes, Zaches genannt, an einen Tiefpunkt gebracht hat. Als sie sich einmal am Wegrand vor Erschöpfung ausruht, nimmt sich das Stiftsfräulein von Rosenschön, eigentlich eine Fee, des Kleinen an: Nachdem sie die Mutter hat einschlafen lassen, streicht sie dem Wechselbalg über die krausen Haare und versieht ihn mit einem Zauber, der bewirkt, dass alles, was ein anderer in seiner Gegenwart an Vortrefflichem denkt, spricht oder tut, ihm zugerechnet wird. Die Folge ist, dass Zaches, der sich nun Zinnober nennt, eine steile Karriere am Hof des Fürsten macht und es zum Minister bringt.
Das Fürstentum ist durch die vom Fürsten Paphnutius eingeführte Aufklärung geprägt, eine Schrumpfform von Aufklärung, deren oberstes Prinzip die Nützlichkeit ist; alle Poesie, alles Wunderbare wurden vertrieben. Einige Repräsentanten des Wunderbaren und der Zauberei haben sich aber halten können, darunter die Fee Rosabelverde (die als Fräulein von Rosenschön in einem Damenstift lebt) und der Doktor Prosper Alpanus, ein Zauberer.
Der Student und angehende Dichter Balthasar, der heftig in Candida, die hübsche Tochter des Professors für Naturkunde, Mosch Terpin, verliebt ist, erhält eine Einladung zur Teegesellschaft beim Professor; zwar erträgt er die Art nicht, wie dieser seine Wissenschaft betreibt, dennoch ist er beglückt, denn dort wird er Candida sehen. Balthasar möchte bei dieser Gelegenheit indirekt seine Liebe zu erkennen geben, indem er ein von ihm verfasstes Liebesgedicht vorträgt; doch zu seinem Entsetzen wird Zaches/Zinnober dafür in höchsten Tönen gelobt und erhält als Belohnung sogar einen Kuss von Candida. Die gesamte Gesellschaft erliegt der Täuschung, ist verblendet und feiert Zinnober. Balthasar flieht in die Einsamkeit, er ist entschlossen, das Unrecht und damit Zinnober zu bekämpfen. Er hat Verbündete, zunächst seinen Freund Fabian, der zwar ebenfalls verblendet ist und wie alle anderen Zinnober für den Urheber des Gedichts gehalten hat, aber manchmal erkennt er auch die Wahrheit über den Wechselbalg; ein anderer Verbündeter ist der Referendar Pulcher, der wegen Zinnober eine Hofstelle nicht bekommen hat. Der mächtigste Helfer wird der Zauberer Prosper Alpanus, der in einem märchenhaften Landhaus außerhalb der Residenz- und Universitätsstadt Kerepes, dem Ort der Handlung, wohnt. Alpanus vertritt die Welt des Wunderbaren und der Poesie, deshalb ist er Balthasar, dem Dichter, zugetan. Zuerst bewirkt er, dass die Fee ihre Zauberkraft auf Zaches nicht mehr ausüben kann; sie ist damit einverstanden, denn, so ihre nachträgliche Begründung, Zaches habe die Zauberkraft nicht dazu genutzt, sich zu einem klugen Menschen zu entwickeln. In einer spektakulären Aktion entreißen Balthasar und seine Freunde Zinnober die drei roten Haare, die den Zauber bewirken, und verbrennen sie. Das geschieht während der Feier, auf der die Verlobung Candidas mit Zinnober bekanntgegeben werden soll, in Anwesenheit des Fürsten Barsanuph und der gesamten guten Gesellschaft. Candida wird sich ihrer Verblendung bewusst und erkennt nun in Balthasar den Mann, den sie liebt. Zinnober, den die Gesellschaft verspottet und mit dem sie ihre groben Späße treibt, gelingt es, unbemerkt zu entkommen. Kurz darauf wird er von seinem Diener ertrunken in seinem goldenen Nachttopf aufgefunden. Auch das Volk hat kurze Zeit rebelliert und sich über den angeblichen Minister lustig gemacht. Der Fürst will aber nicht von seiner Verblendung ablassen und Zinnober erhält ein pompöses Staatsbegräbnis, an dem das gesamte Volk teilnimmt. Balthasar und Candida heiraten und leben glücklich im Landhaus des Prosper Alpanus, das er ihnen vermacht hat, bevor er nach Indien, der Welt des Wunderbaren und seine eigentliche Heimat, entschwunden ist.

Vorüberlegungen zum Einsatz der Erzählung im Unterricht

E.T.A. Hoffmanns „Klein Zaches genannt Zinnober" ist ein Wirklichkeitsmärchen: Vom Märchen nimmt es das Wunderbare, siedelt es aber in der Wirklichkeit an, genauer gesagt in einem Fürstentum, dessen Herrscher sich rühmt, die Aufklärung eingeführt zu haben, die aber nur eine Schein-Aufklärung ist, indem sie alles dem Gebot der Nützlichkeit unterwirft. Als leitende Maxime gilt, dass die Fantasie und alles Wunderbare ausgemerzt werden müssen, damit aber auch die Freiheit, anders zu denken, zu leben, die Welt wahrzunehmen. Dadurch verkümmern Leben und Kunst, und die Wissenschaft, die sich einem solchen Prinzip unterwirft, verkommt, denn sie beschränkt sich auf das bloße Klassifizieren und auf tautologische Aussagen. Das Märchen Hoffmanns verhält sich kritisch zu einer solchen Welt, die Gattungsbezeichnung bekommt eine schillernde Bedeutung, denn einerseits bedarf es des Wunderbaren, andererseits aber soll damit die Wirklichkeit der Restaurationszeit entlarvt werden; Ironie und Humor entstehen aus diesem Gegensatz.
Märchenhaftes – vom Personal bis zur Handlung – bestimmt das Geschehen: Zaches, die Titelfigur, erhält dank einer Fee eine zauberhafte Wirkung und macht eine beispiellose Karriere, obgleich er in Wirklichkeit keinerlei Befähigung besitzt und auch nichts leistet. Die Anerkennung und Bewunderung, die ihm zufallen, machen – dialektisch – die Verblendung und Dummheit der Menschen sichtbar. Der Zauber, auf dem sein Erfolg basiert, muss gebrochen werden, dazu bedarf es eines Gegenzaubers. Doch das Fürstentum bleibt trotzdem im Zustand der Blindheit und Dummheit, es bleibt unaufgeklärt. Der Gegenspieler von Zaches, Balthasar, ein angehender Dichter und liebender junger Mann, wird am Ende durch die Hilfe und das Wohlwollen eines Zauberers mehrfach belohnt. Er bekommt die geliebte Candida und dazu einen Wohlstand, der vielleicht auch nur in der Fantasie existiert.
Was macht diese Erzählung so reizvoll und lesenswert? Es ist das Spiel des Erzählers mit den Figuren, mit dem Erzählen und mit der Handlung; ein Spiel mit dem Fiktiven und dem Realen, das durch Ironie vermittelt wird.
Zum einen verweist der Autor auf die Epoche und Denkrichtung der Aufklärung, die in der Schwundform, in der sie erscheint, der Satire anheimfällt. Zum andern bringt er damit ein Thema ins Spiel, das in das Zentrum der Romantik führt, die ihrerseits die Form des Erzählens prägt. Hoffmann übernimmt nicht die in der Romantik zum Teil auch vertretenen Positionen der Gegenaufklärung, sondern erscheint als Verteidiger einer wahren Aufklärung, die die Freiheit des Denkens und der Fantasie fordert gegenüber einer Pseudoaufklärung, die in Wirklichkeit mit der Restauration im Bunde ist.
Für die jugendlichen Leserinnen und Leser eröffnet dieses Märchen einen anregenden, fantasievollen Zugang zu zentralen Positionen und Produktionsformen der Romantik, die ästhetisch und politisch in ihrer Zeit verortet wird. Die Leser erkennen, wie mit poetischen Gestaltungsmitteln eine Gesellschaftssatire möglich ist, ohne dass das Erzählen belehrend wird. Es bietet sich an, einen Bezug zwischen fantastischer Literatur und Fantasy herzustellen und damit an die Lektürepraxis jugendlicher Leser anzuknüpfen.

Klausurvorschläge

1. Rosabelverdes Motiv für Zaches' Zauberwirkung:
   - Legen Sie dar, wie es dazu kommt, dass die Fee Zaches verwandelt.
   - Wie wirkt sich der Zauber aus? Wie verhält sich die tatsächliche Wirkung zur ursprünglichen Intention der Fee? (vgl. S. 106)

2. Aufklärung und Aufklärungskritik
   - Legen Sie dar, welche Beweggründe Fürst Paphnutius bei der Einführung der Aufklärung leiten und welche Maßnahmen er ergreift.
   - Welche Auswirkung hat diese Aufklärung auf die Wissenschaft?
   - Zeigen Sie anhand ausgewählter Beispiele, wie die Aufklärungskritik erzählerisch gestaltet ist.

3. Interpretieren Sie die Textstelle, in der der Erzähler die Einführung der Aufklärung durch den Fürsten Paphnutius beschreibt (S. 14, Z. 16 bis S. 16, Z. 21):
   - Untersuchen Sie, wie der Erzähler das Reich des Demetrius schildert; achten Sie dabei besonders auf die Funktion der sprachlichen Gestaltungsmittel.
   - Analysieren Sie, aus welchen Gründen und auf welche Weise die Aufklärung eingeführt wird.
   - Welches Bild vermittelt der Erzähler von den Personen (Demetrius, Paphnutius, Andres)? Welche Wirkung erreicht er damit beim Leser?

4. Prosper Alpanus sagt, „nach dem Urteil aller vernünftigen Leute [sei] er eine Person, die nur im Märchen auftreten [dürfe]" (S. 87):
   - Erläutern Sie, welche Funktion Prosper Alpanus für die Handlung hat.
   - Wie charakterisiert er die Welt, in der er *eigentlich* zu Hause ist?
   - Erörtern Sie, wie der Schluss (Vermächtnis an Balthasar und Aufbruch nach Indien) zu verstehen ist: Inwiefern handelt es sich um Utopie, inwiefern nicht?

5. Die beiden Freunde Fabian und Balthasar haben häufig sehr unterschiedliche Auffassungen.
   - Zeigen Sie, wie und bei welcher Gelegenheit die Unterschiede zur Geltung kommen; beachten Sie auch die erzählerische Gestaltung.
   - Erörtern Sie, welche Funktion diese Personenkonstellation für die Erzählung hat.
   - Inwiefern können die beiden als typische Repräsentanten der Aufklärung bzw. der Romantik gesehen werden?

6. Die Rolle des Erzählers
   - Erläutern Sie anhand des Anfangs des letzten Kapitels (S. 111–112), wie der Erzähler seine Rolle definiert.
   - Vergleichen Sie damit Prosper Alpanus' Vorstellung vom Dichter: Legen Sie Gemeinsamkeiten und Unterschiede dar.

7. J. von Eichendorff: Die zwei Gesellen
   - Interpretieren Sie das Gedicht; arbeiten Sie dabei besonders heraus, wie die Lebensentwürfe poetisch gestaltet werden.
   - Vergleichen Sie damit die Figuren Balthasar und Fabian: Welche Gemeinsamkeiten und welche Unterschiede lassen sich erkennen?

Themen für Referate und Facharbeiten

1. Die Aufklärung und ihre Kritik in der Romantik (A.W. Schlegel, Novalis).
2. Erläutern Sie „Resonanzerfahrungen" (Hartmut Rosa) (vgl. Z. 7) am Beispiel romantischer Lyrik (Eichendorff, Novalis) und Bildern von C.D. Friedrich.
3. „Klein Zaches" vor dem Hintergrund der Restaurationszeit: Zeigen Sie Bezüge auf.
4. Berichten Sie über E.T.A. Hoffmanns Wirkung in Frankreich (Z. 11).
5. Erläutern Sie die Funktion der Fantasie bei E.T.A. Hoffmann („serapiontisches Prinzip") und in der Fantasy-Literatur (z.B. J.K. Rowling).

Konzeption des Unterrichtsmodells

Hoffmanns Märchen weist Bezüge zur Aufklärung und zur Romantik auf, dennoch empfiehlt sich kein deduktives, sondern ein induktives Vorgehen bei der Erarbeitung des Textes im Unterricht, denn dadurch kann man die fantasievollen Gestaltungsmittel nutzen, um Interesse für die textübergreifenden Fragestellungen zu wecken. Das Unterrichtsmodell setzt eine Lektüre des gesamten Textes voraus.

Der **1. Baustein** ruft die Gattung Märchen ins Gedächtnis, und zwar als ‚Gattung Grimm' durch ein motivlich mit „Klein Zaches" verknüpftes Märchenpuzzle. Im nächsten Schritt werden anhand des thematisch verwandten Märchens „Der Teufel mit den drei goldenen Haaren" die Strukturmerkmale des Märchens wiederholt. Historische, entwicklungspsychologische und soziologische Überlegungen sollen bewusst machen, welche Funktionen das Märchen hatte und immer noch hat.

Der **2. Baustein** nimmt Hoffmanns Gattungsbezeichnung „Ein Märchen" auf und vermittelt durch die genaue Lektüre des Anfangs, welche Signale darauf deuten, dass die Gattung ironisch und spielerisch verwendet wird. Die Beschäftigung mit der Figurenkonstellation und dem Aufbau der Handlung macht den Bauplan des Textes transparent, sodass die internen Bezüge und Verweise für die weitere Arbeit am Text genutzt werden können.

Im **3. Baustein** wird das Leserinteresse auf den Umgang des Autors bzw. Erzählers mit dem Fantastischen und Wunderbaren gerichtet, auf die fantastische Praxis also, die für Hoffmann nicht nur Selbstzweck ist, sondern auch Instrument der Aufklärung, indem mit der Duplizität des Fantastischen und des Realen gespielt wird. Das manifestiert sich in der Weise, dass unterschiedliche, konträre Weisen, die Welt wahrzunehmen, aufeinandertreffen; ferner im Spiel mit Zauberei und Magie, das aber mehr ist als bloßes Spiel, denn es zeigt, dass die Welt nicht nur eindimensional, zweckrational wahrgenommen werden darf. Zwar ist der Dichter/Erzähler Anwalt des Fantastischen, doch die Fantasie ist kein Garant für das Glück. Ein vergleichender Blick auf Eichendorff zeigt, wie die Fantasie in der Romantik auf andere Weise zum Thema wird.

Der **4. Baustein** erarbeitet, wie die Aufklärung zum Dreh- und Angelpunkt des Märchens wird und dabei seine satirische Absicht zur Darstellung gelangt. Hoffmanns bestechender Einfall besteht darin, durch die Zaches-Figur die Welt eines Duodezfürstentums so aufzumischen, dass sie sich in ihrer Dummheit und Beschränktheit selbst entlarvt – auf dem Feld der Politik, der Gesellschaft, der Kunst und der Wissenschaft. Die Auseinandersetzung mit der Aufklärung ist ein Kernthema der Romantik, die sie mit unterschiedlichen Tendenzen geführt hat, auch im Sinne einer Gegenaufklärung, von der sich Hoffmann deutlich unterscheidet: Ihm geht es im Kern um die satirische Darstellung der Restaurationszeit.

Im **5. Baustein** werden einige der angeschnittenen Themen vertieft. Dazu wird im unmittelbaren Anschluss an den Schluss von „Klein Zaches" nach der Rolle der Utopie gefragt, die es für Hoffmann nur als Produkt der Fantasie geben kann, wodurch aber ihr Anspruch nicht dementiert wird. Davon lässt sich Novalis' utopisches Denken in seiner umstrittenen Schrift „Die Christenheit oder Europa" unterscheiden. Hoffmann hat sein ästhetisches Konzept in einem seiner letzten Werke als „serapiontisches Prinzip" beschrieben, das zeigt, wie der Gegensatz von Wirklichkeit und Fantasie poetisch fruchtbar gemacht werden kann. Der Anschluss an die literarische und mediale Erfahrungswelt der jugendlichen Leser wird durch eine Reflexion über Fantasie und Fantasy hergestellt.

Die thematischen Bausteine des Unterrichtsmodells

Baustein 1

„Nicht die Kinder bloß speist man mit Märchen ab." (Lessing: Nathan der Weise) – Über Märchen nachdenken

Nichts liegt näher als ein Einstieg über den Untertitel, den E. T. A Hoffmann für „Klein Zaches genannt Zinnober" gewählt hat: „Ein Märchen". Das Wort „Märchen" weckt bestimmte Leseerwartungen. Zur Zeit der Entstehung waren es die damals populären Märchen von Perrault, die bereits mehrere der später von den Brüdern Grimm erzählten Märchen enthielten, Wielands „Dschinnistan", eine Sammlung von teils erfundenen, teils übersetzten Feen- und Geistermärchen, die Märchen aus „Tausendundeine Nacht", ferner Kunstmärchen der Romantiker (z. B. L. Tieck und C. Brentano) und wohl auch schon die „Kinder- und Hausmärchen" der Gebrüder Grimm, die 1812 bis 1815, wenige Jahre vor „Klein Zaches genannt Zinnober" herauskamen. Die Vorstellungen, die die Schülerinnen und Schüler heute mit dem Stichwort „Märchen" verbinden, sind im Wesentlichen geprägt von den Kinder- und Hausmärchen der Brüder Grimm, den Kunstmärchen von Hans Christian Andersen und Wilhelm Hauff, vor allem aber von der Fantasy-Literatur, z. B. von Otfried Preußler, Michael Ende, Joanne K. Rowling oder Stephenie Meyer – die heutigen Referenztexte sind bis auf die Grimm'schen Märchen erst nach Hoffmanns „Klein Zaches" entstanden. Da die fantastische Literatur andere und weniger spezifische Gattungs- und Strukturmerkmale aufweist, soll sie zunächst noch nicht einbezogen werden (vgl. BS 5 und **Zusatzmaterial 10**, S. 124). Was Märchen und fantastische Literatur gemeinsam haben, ist das Moment des Wunderbaren. In den Volksmärchen ist das Wunderbare unhinterfragter Bestandteil der Alltagswelt. Der Untertitel „Ein Märchen" lädt dazu ein, das Wissen der Schülerinnen und Schüler, ihre Erinnerung an erzählte, vorgelesene, selbst gelesene, verfilmte, in der Schule behandelte und vielleicht lange vergessene Märchen wieder aufzurufen, zu aktivieren und zu systematisieren. Ein erstes Ergebnis wird sein, dass „Klein Zaches" nicht alle Strukturmerkmale der Kinder- und Hausmärchen aufweist. Im Anschluss werden Strukturmerkmale des Grimm'schen Märchens wiederholt und es wird nach der Funktion der Märchengattung gefragt.

1.1 Märchenpuzzle als Einstieg

„In ihrer Fülle und Vielfalt des ‚Märchenhaften' und der Schreibweisen bilden [die Märchen E.T.A. Hoffmanns] den denkbar größten Gegensatz zu jener ‚einfachen' Form, der (später so genannten) ‚Gattung Grimm', die zu dieser Zeit ihren Siegeszug in der Gattungsgeschichte

antrat." (Steinecke 2004, S. 440) Hoffmann ist kein Märchensammler, sondern, wie andere romantische Autoren (Novalis, Tieck, Brentano), ein Märchenerfinder. Mit seinen Märchen will er weder zu den Brüdern Grimm in Konkurrenz treten, noch sie parodieren oder übertreffen. In seinen Märchen findet sich nicht der naiv-volkstümliche Grimm'sche Märchenton, „der für Literatur und Pädagogik der kommenden Generationen ‚das Märchen' schlechthin fixierte" (Weber-Kellermann im Vorwort zu den Kinder- und Hausmärchen 1976, S. 14). Die Brüder Grimm suchten, wie sie in der Vorrede der 2. Auflage von 1819 schreiben, „die Reinheit in der Wahrheit einer geraden, nichts Unrechtes im Rückhalt bergenden Erzählung" (Vorrede S. 24). Für sie lag in den Volksmärchen „lauter urdeutscher Mythos, den man für verloren gehalten" hatte, und sie wollten „die Wissenschaft vom Ursprung unserer Poesie gründen helfen" (Weber-Kellermann S. 9). Die dem Sammelinteresse der Grimms zugrunde liegende Nationalbegeisterung teilte E.T.A. Hoffmann nicht. Sicherlich hatte er auch kein „Erziehungsbuch" (Vorrede S. 23f.) für Kinder im Sinn. Was ihn an den Märchen faszinierte, war die in ihnen waltende Fantasie – der Schlüsselbegriff seines literarischen Schaffens. Auch in der Vorrede zu den KHM (siehe **Zusatzmaterial 2**, S. 114) taucht der Begriff der Fantasie auf, im Verbund mit Reinheit, Poesie und Wahrheit; deutlich wird hier die mit dem Phänomen des Volksmärchens verbundene utopische Hoffnung, in ihnen ein Korrektiv der „Verkehrtheiten" des modernen Lebens zu haben. Ähnliche Gedanken, allerdings weitaus skeptischer, entwickelt E.T.A. Hoffmann im 1. Kapitel seines Märchens „Klein Zaches". Es ist angesiedelt in einer Welt, die durch die systematische Vertreibung der Fantasie Schaden erlitten hat (siehe BS 4). In Briefen an seine Freunde nannte Hoffmann seinen „Klein Zaches" „die Geburt einer etwas ausgelassenen ironisierenden Fantasie", „ein Fantasiestück", ferner „einen humoristischen Wechselbalg", ein „tolles Märchen" und „ein superwahnsinniges Buch" (vgl. Anhang zur Textausgabe, S. 121f). Die genannten Briefstellen zeigen eine stärkere Affinität seines Märchens zur fantastischen Literatur als zum Volksmärchen (vgl. **Zusatzmaterial 1**, S. 113, und **Zusatzmaterial 2**, S. 114; ferner den Anhang zur Textausgabe S. 147ff.).
Umso lohnender ist der Einstieg über die Kinder- und Hausmärchen der Brüder Grimm, die paradigmatische Bedeutung erlangt haben – André Jolles prägte den Begriff „Gattung Grimm". Vor dem Hintergrund dieses im Sprachduktus und der Komposition prägnanten Musters zeichnet sich die Eigentümlichkeit des Hoffmann'schen Texts besonders deutlich ab. Spürbar wird bereits bei der Erarbeitung der Strukturmerkmale des Volksmärchens, dass das vertraute Märchenmuster seltsam schief auf E.T.A. Hoffmanns Text sitzt. Dies wird erkennbar durch zwei Schreibaufträge:

- *Setzen Sie die Geschichte fort ab S. 6, Z. 27 oder alternativ: ab S. 8, Z. 7.*

Die Fortsetzung vor dem Auftreten der Fee ergibt mit großer Wahrscheinlichkeit ein Märchen mit der vertrauten Struktur, dass dem Zwerg nach langem Leiden wunderbare Hilfe zuteilwird. Die alternative Aufgabe führt wohl zu keinem märchentypischen Text, da die Hilfe gleich zu Beginn eintritt.
Zur Klärung der Strukturmerkmale der Kinder- und Hausmärchen eignet sich der Einstieg über einen Mosaiktext (**Arbeitsblatt 1a**, Märchenpuzzle, S. 25f.), in dem verschiedene bekannte Märchen stecken, deren Motive eine Beziehung zu „Klein Zaches" aufweisen:

- Missgestalt („Daumesdick", „Rumpelstilzchen", „Der Froschkönig"),
- böser Zwerg („Rumpelstilzchen"),
- Zauber und Entzauberung („Froschkönig"),
- die lieblose (böse) Mutter („Hänsel und Gretel", „Aschenputtel"),
- das Motiv der festklebenden und mitlaufenden Leute („Die goldene Gans"),
- die vom Vater geforderte Missheirat der Tochter („Froschkönig"),
- wunderbare Hilfe („Aschenputtel", der Schluss von „Hänsel und Gretel", „Daumesdick", „Die goldene Gans"),
- die Gewinnung des/der Geliebten und eine glückliche Heirat und Ehe.

Die Schülerinnen und Schüler bearbeiten die folgenden Aufgaben:

- *Welche Märchen erkennen Sie in diesem Text?*
- *Untersuchen Sie in Gruppen jeweils zwei dieser Märchen. Listen Sie die spezifischen Märchenmerkmale auf.*
- *Erstellen Sie im Plenum eine gegliederte Übersicht über die typischen Märchenelemente.*
- *Entwerfen Sie eine Definition der Gattung „Märchen".*
- *Wie verhält sich „Klein Zaches" zu dem Grimm'schen Märchenschema?*

Die Übersicht (**Arbeitsblatt 1 b/c**, Lösungsblatt, S. 27 f.) kann als Folie zum Vergleich mit den gefundenen Lösungen herangezogen werden.
Das Arbeitsblatt enthält (textchronologisch) Anspielungen auf folgende Märchen der Brüder Grimm: „Hänsel und Gretel", „Aschenputtel", „Daumesdick", „Die goldene Gans", „Der Froschkönig" und „Rumpelstilzchen". Das Motiv des Brennnesselbuschs (aus „Jungfrau Maleen") wird nicht weiter ausgeführt, ebenso wie das der drei goldenen Haare. Das entsprechende Märchen der Brüder Grimm („Der Teufel mit den drei goldenen Haaren") wird anschließend exemplarisch untersucht.
Die Märchenhandlung besteht i. d. R. aus dem langen Weg des Leidens und der Bewährung, der Fron („Aschenputtel") oder des Verbanntseins in eine Tiergestalt („Der Froschkönig") oder großer Gefahr, die Mut erfordert („Hänsel und Gretel"). In Schwankmärchen besteht die Handlung aus einer Reihe von Abenteuern, in denen der Benachteiligte seine besonderen Fähigkeiten beweist. „Der Märchenheld ist *wesenhaft* ein *Wandernder*". (Max Lüthi) Märchenhelden entwickeln oft eine große Widerstandskraft, die besonders ausgeprägt in „Hänsel und Gretel" auftritt. Die beiden Kinder verfügen über die Fähigkeit der Vorausplanung, über Intelligenz, Schläue, Mut, Energie und Entschlossenheit. Ähnliches gilt für Daumesdick.
Die Märchen des Arbeitsblatts teilen spezifische Handlungs-, Motiv- und Strukturmerkmale, die sich aus der vergleichenden Interpretation in den Arbeitsgruppen ergeben. Die in allen diesen Märchen vorhandenen Märchenmerkmale werden an der Tafel festgehalten:

Strukturmerkmale des Volksmärchens

- **Ausgangssituation:** Leid, Mangel, Zurücksetzung (durch Ungerechtigkeit, Behinderung, Armut oder bösen Zauber).
- **Die Handlung und die Personen:** Aufstieg des Helden/der Heldin, meist in einem langen Weg der Leiden und Hindernisse; einfaches Gut-Böse-Muster
- **Das Wunderbare** tritt als gute oder böse Zaubermacht in Erscheinung.
  Die Erlösung wird bewirkt durch eigene Kraft und/oder durch wohltätige helfende Zauberwesen.
- **Märchenschluss:** Erfüllung utopischer Wünsche, diesseitige Erlösung.
- **Formmerkmale:** formelhafte Zahlen (meist drei Schritte/Proben/Mut- oder Tüchtigkeitsbeweise bzw. Niederlagen; Typisierungen, selten Eigennamen; formelhafte Wendungen, besonders am Anfang und Schluss, die das Nicht-Reale des Erzählten zum Ausdruck bringen

Zusammenfassend wird nach der den Märchen dieses Typus zugrunde liegenden Denkweise gefragt:

- *Welches Weltbild im Hinblick auf Recht und Gerechtigkeit liegt den Märchen zugrunde?*

Das Ergebnis wird festgehalten:

Das Weltbild des Märchens

- Sprache und Denkweisen des einfachen Volks.
- Gerechtigkeitsbedürfnis, oft verbunden mit grausamen Strafen;
- naive Glücks- und Rechtsvorstellungen;
- das Wunderbare wird als selbstverständlich wahrgenommen.

In „Klein Zaches" zeichnen sich wichtige Unterschiede zur bisher beschriebenen Märchengattung ab: Wesentlich ist, dass dieses Märchen nicht in einer unbestimmten Vorzeit spielt, sondern in der Gegenwart des Erzählers. Auch der Aufbau entspricht nicht dem der Volksmärchen (langer Leidensweg des Märchenhelden); ferner ist die Titelfigur Klein Zaches nicht der eigentliche Märchenheld. Was der Märchenleser zunächst wahrscheinlich erwartet, der mühsame oder clevere Weg des Zwergs zu seinem Glück oder seiner Erlösung, tritt nicht ein. Der Held der Märchenhandlung ist der durch Zaches/Zinnober Geschädigte, der um seine Geliebte gebrachte Student Balthasar, dessen Geschichte eigentlich erst mit dem 2. Kapitel einsetzt. Es ist nicht zu erwarten (und auch nicht erforderlich), dass die Schülerinnen und Schüler schon hier auf die weiteren, wesentlichen Merkmale zu sprechen kommen, die im Verlauf der Unterrichtsreihe noch erarbeitet werden sollen: Das Märchen „Klein Zaches genannt Zinnober" ist vor allem durch die ironischen Brechungen der Märchenmotivik ein komplexes Gebilde. Die Ironie bewirkt keineswegs eine Märchenparodie; zum einen gibt es kein bekanntes Märchen als Anspielungsgrundlage, zum andern ist das Wunderbare hier ein Produkt der Fantasie. Was „Klein Zaches" vom Typus Märchen – Volksmärchen oder Kunstmärchen – wesentlich unterscheidet, ist E.T.A. Hoffmanns Grundeinfall, der in keinem Märchen zu finden ist: der rätselhafte Aufstieg eines völlig Unbegabten und Ungeeigneten zu Macht und Prestige und die Bedingungen, die dies ermöglichen – allgemeine Dummheit und Verblendung. Dies wird im BS 4 behandelt.
Im Anschluss kann das **Zusatzmaterial 2**, S. 114ff., herangezogen werden. Es demonstriert durch die Kontrastierung von Auszügen aus der Vorrede zu den KHM mit modernen Arbeiten, die eine kritische Lektüre der Volksmärchen betreiben, die Sehnsucht der beiden romantischen Märchensammler Wilhelm und Jakob Grimm nach einer Welt der intakten Fantasie. Wie die Vorrede zeigt, nahmen sie auch moralisch Bedenkliches in den Märchen hin, da sie an die befreiende Wirkung dieser Texte glaubten, die sie für uralte Zeugnisse einer naiven Poesie hielten. Sie reinigten die Märchen von Obszönitäten und Grobheiten, um die vermutete ursprüngliche Form wiederherzustellen. Pädagogen sehen heute diese bearbeiteten und kanonisierten Texte kritischer und mahnen, eine geeignete Auswahl zu treffen. Eskapismus ist noch das geringste der stirnrunzelnden Bedenken gegen die vorgebliche Moral der Märchen. Wie der Politikwissenschaftler Iring Fetscher demonstriert, steckt in vielen dieser Kindermärchen archaisches Gerechtigkeitsdenken und krudes Gewaltpotenzial, was vom Forschungsansatz Albrecht Koschorkes bestätigt wird: Er verweist auf die von den Brüdern Grimm erweckte Märchenverehrung des Bildungsbürgertums, das nichtsah-

nend ihren behüteten Kindern zur Gemütsbildung die Fantasieerzeugnisse einer nicht sesshaften, entrechteten und bildungsfernen Unterschicht aus vormodernen Zeiten vorliest. Klar ist: Die in den Märchen waltende Fantasie ist alles andere als harmlos.

1.2 Der Teufel mit den drei goldenen Haaren – Ein Märchen analysieren

Anhand eines bekannten Märchens aus der Sammlung der Brüder Grimm sollen die Schülerinnen und Schüler zunächst Strukturmerkmale erfassen und beschreiben sowie verschiedene Aspekte der Märchendeutung kennenlernen. Für die Wahl gerade dieses Märchens ist nicht allein die Tatsache ausschlaggebend, dass mit den drei goldenen Haaren eine Motivverwandtschaft mit E.T.A. Hoffmanns „Klein Zaches" vorliegt (aufgrund der drei von der Fee Rosabelverde verliehenen zinnoberroten Haare verfügt Zaches über seinen wunderbaren Einfluss auf Menschen), sondern die Struktur des Märchens eignet sich gut als Folie, um wichtige Unterschiede zwischen Volks- und Kunstmärchen zu erkennen.
In der 1812 erschienenen ersten Ausgabe der KHM „war der Held ein Holzhacker, auf den das Auge der Prinzessin gefallen war; dem König missfiel die Mesalliance, und so stellte er den Bräutigam vor eine unmögliche Aufgabe. In seiner endgültigen Fassung […] wurde der Held zum vorherbestimmten Glückskind." (Diederichs 1995, S. 332)
Die Schüler lesen das Märchen (sinnvoll auch als vorbereitende Hausaufgabe) und erarbeiten seine Struktur (**Arbeitsblatt 2**, S. 29 ff., „Der Teufel mit den drei goldenen Haaren"):

- *Lesen Sie das Märchen „Der Teufel mit den drei goldenen Haaren" und beschreiben Sie den Aufbau.*
- *Stellen Sie alle Formmerkmale zusammen, die Ihnen bekannt sind und die Sie hier wiederfinden.*
- *Welche Motive kennen Sie aus anderen Erzählungen?*
- *Überlegen Sie, ob es sich beim 2. Teil um eine eigentlich überflüssige Verdoppelung handelt oder nicht.*
- *Inwiefern unterscheidet sich Klein Zaches vom Helden dieses Märchens?*

Der zweiteilige Aufbau ist auf Anhieb zu erkennen; die Handlungsschritte lassen sich folgendermaßen beschreiben:

1. Teil:

- Geburt des Glückskindes und Prophezeiung seiner Heirat mit der Königstochter;
- 1. Verhinderungsversuch des Königs: Kauf des Kindes von seinen armen Eltern und Aussetzung im Wasser;
- Scheitern des Versuchs – das Kind wird von Müllersleuten aufgezogen;
- Scheitern des 2. Verhinderungsversuchs – die Räuber kehren die vom Glückskind zu überbringende Tötungsaufforderung um in eine Aufforderung zur Heirat, der die Königin nachkommt.

2. Teil:

- Der zornige König verlangt nach seiner Rückkehr, dass der unerwünschte Schwiegersohn drei goldene Haare des Teufels aus der Hölle holt;

- das Glückskind bekommt auf seinem Weg drei weitere Aufträge/Fragen: der versiegte Brunnen; der Baum, der keine goldenen Früchte mehr trägt; der Fährmann, der nicht abgelöst wird;
- Dank der Hilfe der Großmutter des Teufels, die ihn zum Schutz in eine Ameise verwandelt, erfährt der Held die Antworten auf die drei Fragen und bekommt die goldenen Haare;
- auf dem Rückweg erhält er viel Gold als Belohnung für die Lösung der Probleme; er schickt den gierigen König mit einer falschen Auskunft über die Herkunft des Goldes zum Fährmann: Nun muss der König die Aufgabe des Fährmanns übernehmen.

Der Vergleich der Anfangssituation des Märchens mit dem Schluss ergibt: Der Erfüllung der Prophezeiung (Heirat) steht der König als Widersacher entgegen; nachdem die Heirat trotzdem zustande gekommen ist, stellt der König ein neues, ihm unüberwindbar erscheinendes Hindernis auf, das der Märchenheld, geleitet von der eigenen Zuversicht und durch die Hilfe der Großmutter des Teufels, souverän überwindet. Am Ende schickt er den bösen, gierigen König in die verdiente Strafe.

Worin unterscheiden sich erster und zweiter Teil? Im ersten Teil wird das Glückskind dreimal gerettet (es überlebt die Aussetzung im Wasser, wird von den Müllersleuten aufgezogen und kann durch den aus Mitleid erfolgenden Betrug der Räuber die Königstochter heiraten); im 2. Teil wird es selber aktiv – es bringt dreimal Hilfe und bewältigt die vom König gestellte Aufgabe. Das gute Ende ist von vornherein prophezeit; damit es aber eintritt, braucht der Held Glück (zu seiner Rettung) und Vertrauen: als Selbstvertrauen und als Vertrauen darauf, dass er die Aufgaben bewältigen wird. Für den erwachsenen Leser liegt auf der Hand, dass in diesem Märchen vorausgesetzt wird, dass das bloße Glück nicht ausreicht, sondern dass als eine Art Bewährung oder auch Reifung die Bereitschaft zu eigenem Handeln mit der Zuversicht des Gelingens hinzukommen muss. Die Selbstständigkeit des Helden erweist sich überdies an der hinterhältigen, aber verdienten Bestrafung des Königs. Im Unterschied zu diesem Märchenhelden verfügt die Titelfigur in E.T.A. Hoffmanns Märchen über keinerlei eigene Qualitäten und verdankt seine Karriere ausschließlich der Fee (bzw. der Verblendung/Dummheit der Menschen).
Die typischen Formmerkmale:

- Beschränkung des Personals auf den Helden und seine Helfer sowie einen Gegenspieler;
- Unterscheidung in Gute und Böse;
- Figur aus der Unterwelt;
- Requisiten und Motive: Glückshaut; das ausgesetzte Kind/Mosesfigur; Räuberhaus; vertauschte Briefe; goldene Äpfel; der Teufel und seine Großmutter; die Kröte;
- die einzelnen Handlungsschritte sind additiv, ohne innere oder äußere Begründung miteinander verknüpft;
- die Dreizahl bzw. die Verdoppelung sind strukturbildend;
- Imaginäres (Wunderbares, Fantastisches) und Reales gehen bruchlos ineinander über.

1.3 Das Märchen – eine vieldeutige und umstrittene Textgattung

Maßgeblich für das Interesse der Romantik am Märchen ist, dass seine Wertschätzung Ausdruck einer neuen Ästhetik und Poetik ist, die die Freisetzung der Fantasie gegen deren aufklärerisch-rationalistische Eindämmung fordert und feiert. In dieser Kontroverse geht es also nicht allein um eine Kunstform, sondern um ein Menschenbild, hier besonders um eine neue Auffassung von Kindheit, deren Ursprung auf Herder zurückgeht. Die Aufklärungskritik, die für

„Klein Zaches" konstitutiv ist, wird also auch durch die Form des Märchens zum Ausdruck gebracht, die Form ist sozusagen schon Programm. In diesem Abschnitt bleibt der Bezug auf Hoffmann aber noch ausgespart; es soll den Schülerinnen und Schülern vermittelt werden, dass das Märchen sehr viel mehr als eine Erzählung für Kinder ist. Das wird deutlich, wenn man die Bewertung des Märchens in der Romantik mit derjenigen der Aufklärung vergleicht.

Eine Wiederauflage fand die Debatte über das Märchen im Gefolge der antiautoritären Erziehung und Pädagogik der späten sechziger Jahre des vorigen Jahrhunderts, als Märchen entweder wegen ihrer angeblich reaktionären Weltsicht diskreditiert waren oder ideologisch vereinnahmt wurden, indem man sie gesellschaftskritisch deutete.
Bei der Kontroverse um Märchen geht es um die Rolle und Bewertung der Fantasie, die entweder negativ-eskapistisch als Flucht in Illusionsräume oder positiv-konstruktiv als Voraussetzung für kreatives, alternatives Denken betrachtet werden kann, wobei zu bedenken ist, dass beide Tendenzen in der Fantasie enthalten sind.
Die Debatte wird anhand einzelner Deutungsansätze vorgestellt (**Arbeitsblatt 3**: Streit um das Märchen in Aufklärung und Romantik, S. 32):

- *Wie wird das Märchen in der Aufklärung und in der Romantik bewertet?*
- *Wie begründet die Aufklärungspädagogik ihre Einstellung zum Märchen?*
- *Warum verändert sich in der Romantik die Einstellung zum Märchen?*
- *Nehmen Sie – aus heutiger Sicht – Stellung zu dieser Kontroverse.*

Hans-Heino Ewers konstatiert zunächst den Sachverhalt der unterschiedlichen Bewertung des Märchens in der Aufklärung und Romantik; Albrecht Koschorke stellt die Gründe dar. Die Hauptgesichtspunkte werden im Tafelbild zusammengestellt:

Die Bedeutung der Märchen

Aufklärung	Romantik
• Ablehnung der Märchen aus rein pädagogischen Gründen; • Vermittlung nützlicher Kenntnisse, deshalb Abschirmung des Kindes von allem „Unvernünftigen" Unsittlichen; • Ziel: Dämpfung der Affekte (Gefühle), Zügelung der Fantasie; • deshalb: Verbot trivialer Liebes- und Abenteuerromane, Verbot des Fantastisch-Bizarren (= Märchen).	• hohe Wertschätzung des Märchens als „Kanon der Poesie"; • Ablehnung des bloßen Belehrens; • Kinderliteratur als fantasiebildendes Organ; • Aufwertung der Kindheit als utopischer, für die Erwachsenen verlorener Zustand.
moralische Funktion der Literatur	**Ausbildung der schöpferischen Fähigkeiten**

Dieser Umwertung liegt ein verändertes Menschenbild zugrunde, speziell eine veränderte Auffassung der Kindheit. Für Herder ist die Kindheit der erwachsenen Verstandeskultur geradezu entgegengesetzt: „Ehrfurcht und Autoritätsgläubigkeit auf der einen, Neigung zum Wunderbaren, Fantastischen und Zauberhaften auf der anderen Seite – dies sind für

Herder Wesensmerkmale der Kindheit." (Ewers 1984, S. 9) Der Kindheit wird eine „neuartige Autonomie gesichert. Das Kind ist vom Erwachsenen nicht nur graduell, sondern prinzipiell verschieden, Kindheit ein Entwicklungsstadium, das seinen Maßstab vollends in sich trägt, dem mithin die Verstandeskultur der Erwachsenen keinesfalls aufgedrängt werden darf." (Ewers, S. 9) „Die Kindheit, so Novalis, trägt das ‚Gepräge einer wunderbaren Welt'. Sie kennt noch nicht die Scheidung von Sinnlichem und Übersinnlichem, Wirklichem und Fantastischem; sie vermag alles miteinander zu verbinden mittels der unbeschränkten Fantasie. […] Fantasie und Wundersinn machen die Kindheit zu einem mit höherem Wissen begabten Bereich; das Unendliche ist ihrem naiven Sinn noch unmittelbar zugänglich." (Ewers, 22f.) Man erkennt, dass es sich hier um idealisierende Zuschreibungen handelt, die der Sehnsucht der Erwachsenen nach einem ursprünglichen Zustand entspringen, der dem Prozess der Zivilisation entgegengesetzt ist. Der zivilisations- und zeitkritische Hintergrund kann lediglich angedeutet werden, er ändert nichts am Faktum, der Aufwertung der Fantasie gegenüber einer nüchternen Verstandeskultur und einer entsprechenden Literatur und Pädagogik. Man erreicht die Kinder nicht durch belehrend-moralisierende Unterweisung, sondern man muss eine ihnen gemäße Sprache finden, für die das Märchen eine paradigmatische Geltung besitzt. Dass das Volksmärchen nicht so natürlich und ursprünglich ist, wie die Brüder Grimm und viele Romantiker behaupteten, muss gesehen werden; dass die Kinder- und Hausmärchen bearbeitet, literarisiert, gereinigt wurden, darf man nicht vergessen. In der Diskussion wird zur Sprache kommen, dass die Form, die Bildsprache, die Eingängigkeit des Märchens nach wie vor Geltung besitzen, auch wenn die Lektüre von Märchen (Vorlesen) sicher zurückgegangen und schichtabhängig ist.

Die von der Aufklärung und Romantik vorgebrachten Gesichtspunkte werden durch psychologisch begründete Aspekte erweitert (**Arbeitsblatt 4**: Wozu Märchen? S. 33):

- *Welche Bedeutung hat nach Bettelheim das Märchen für die Kinder?*
- *Wie stehen Sie zu Bettelheims These?*
- *Wie deutet V. Kast das Märchen vom ‚Teufel mit den drei goldenen Haaren'?*
- *Diskutieren Sie diese Interpretation und überlegen Sie, ob es andere Deutungen gibt.*

Die Einbeziehung der Gedanken von Bruno Bettelheim bedeutet zum einen, dass die Vorstellung vom Märchen auf eine breitere Grundlage gestellt wird, indem die ‚dunkle Seite' des Menschen einbezogen wird; zum andern verweisen die pädagogischen und psychologischen Gesichtspunkte eher zurück auf eine aufklärerisch-praktische Nutzanwendung des Märchens. Für Bettelheim gilt: „Je sicherer sich der Mensch in der Welt fühlt, umso weniger hat er es nötig, an ‚infantilen' Projektionen – mythischen Erklärungen oder Märchenlösungen für die ewigen Probleme des Lebens – festzuhalten und umso freier kann er rationale Erklärungen suchen." (Bettelheim 1995, S. 63) Verena Kast gibt eine psychoanalytisch begründete Deutung des Märchens „Der Teufel mit den drei goldenen Haaren". Bettelheims Gesichtspunkte sollten zunächst benannt werden:

- Märchen vermitteln (intuitives) Wissen über innere Probleme des Menschen und bieten Lösungen.
- Das Märchen spricht durch Bilder.
- Es schließt die dunkle Seite des Menschen (Ängste, Gewaltfantasien) nicht aus.
- Es vermittelt die Vorstellung, dass man die Widrigkeiten durch mutiges Kämpfen überwinden kann.
- Märchen vereinfachen, indem sie sich auf das Wesentliche beschränken.
- Die moralische Erziehung – das Böse wird besiegt – geschieht durch Identifikation mit dem sympathischen Helden.

Bettelheim formuliert Erkenntnisse, die allgemein anerkannt sind und die man auch folgendermaßen zusammenfassen kann: „Entwicklungspsychologisch gesehen, greift das Märchen Prozesse auf, die jeder Mensch bzw. Jugendliche im Laufe seiner Entwicklung durchlaufen muss. Das Märchen hilft dem Heranwachsenden, eigene Entwicklungsschwierigkeiten zu erkennen und zu bewältigen. Märchen entsprechen der besonderen Art kindlicher Wirklichkeitserfassung durch ihre Durchmischung des realen Lebens und seiner Alltäglichkeit mit dem Übernatürlichen, Wunderbaren (Eindimensionalität). Auch ihre Bildhaftigkeit, Analogiebildungen, Betonung der Handlung und Aktivität des Helden spricht Kinder in bestimmten Phasen ihrer Entwicklung an. Die Bildsprache des Märchens kommt Kindern und Jugendlichen entgegen. Auch der Absolutheitsanspruch des Märchens, das nur gut oder böse kennt, entspricht dieser Entwicklungsstufe. Hier können Kinder im sanktionsfreien Raum ihre Ängste und verdrängten Aggressionen auf exemplarische Weise, die im Märchen bildhaft konkretisiert wird, bewältigen und überwinden. Auch die ‚Grausamkeit' des Märchens wird durch die abstrakte Darstellungsweise weitgehend entschärft." (Petzoldt 2000 , S. 250)
In Bezug auf Bettelheim, der in seinen eigenen Märchendeutungen die Sexualität stark betont und oft recht eindimensional ist, sollte man einräumen, dass er dem Märchen Deutungsoffenheit zugesteht, wenn er ausführt, dass der Patient durch den Umgang mit Märchen „zu *eigenen* Lösungen" kommen solle (S. 33).

Eine Diskussion darüber, ob Kinder Märchen *brauchen*, wird andere Typen von Erzählungen und Medien einbeziehen; der pädagogische und psychologische Nutzen wird wahrscheinlich umstritten sein und man wird die Bedeutung der Fantasie hervorheben und weniger die moralische Unterweisung. Wenn die Schülerinnen und Schüler über eigene Erinnerungen und Erfahrungen berichten, wäre der durch den Textauszug gegebene Anstoß produktiv und man würde auch über die Wichtigkeit des Erzählens sprechen. Ergänzt werden diese Überlegungen im Baustein 5, in dem es um fantastische Literatur und Fantasy geht.
Verena Kast liest das Märchen aus der Perspektive eines Erwachsenen; den Rahmen bildet der Gedanke, dass es darauf ankommt, sein Schicksal zu leben, also aktiv zu gestalten; der Weg soll nicht von außen vorgegeben werden, sondern man soll hören, „was das innere Leben von uns will". Die Identitätsfindung ist letztlich ein subjektiver Prozess und nie abgeschlossen. Als Kernbotschaft des Märchens sieht sie das Vertrauen zum Leben, das etwas Allgemeines sein soll und nicht das zufällige, unerklärliche Privileg eines „Glückskindes".
Die Schülerinnen und Schüler haben durch einen solchen Einstieg ihr Wissen über das Märchen auffrischen und vertiefen können; sie sind nun in der Lage zu erkennen, dass E.T.A. Hoffmann den Gattungsbegriff ganz anders verwendet.

Notizen

Märchen-Puzzle

Es war einmal eine schöne Gräfin. Die hatte einen Sohn, der war schon kleinwinzig, als er auf die Welt kam, dazu war er hässlich wie die Nacht. Das Schlimmste war, er wollte nicht größer werden, und als andere Kinder schon erwachsen waren, war er immer noch nicht größer als ein Daumen. Die Gräfin schämte sich und versuchte, das Kind vor aller Welt zu verbergen. Das machte sie so verdrießlich, dass sie den Anblick des Wechselbalgs – so nannte sie den Winzling – nicht mehr ertragen konnte. So gab sie ihm eines Tages ein Ränzlein mit einem Butterbrot darin und stieß ihn zur Tür hinaus. „Mach dich fort, du missgestalteter Zwerg, geh in den Wald und lass dich nicht eher blicken, als bis du ein schöner großer Kerl geworden bist", sagte sie; bei sich aber dachte sie: Möge er verloren gehen, mich geht's nicht mehr an.

Der Winzling machte sich auf den Weg und kam bald an einen finsteren Wald. Da soll ich hinein?, dachte er verzagt. Aber er tat, wie seine Mutter ihm geheißen hatte. Zur Vorsicht aber legte er eine Spur aus winzigen Brotkrümeln, denn er fürchtete sich vor Wölfen, Hexen und anderen bösen Waldbewohnern. So kam er sicher wieder aus dem Wald heraus. Doch nun plagte ihn der Durst. Als er versuchte, etwas Wasser aus einer Pfütze zu trinken, sah er im Wasserspiegel seine elende Gestalt und weinte bitterlich. Da hörte er ein Bäumlein rauschen und eine Stimme klang aus den Zweigen: „Rüttel mich und schüttel mich!" Wie soll das gehen?, dachte er verzagt, ich bin doch viel zu schwach. Aber er dachte auch: Vielleicht macht es mich ja groß, stark und schön, und wenn nicht, so wirft es vielleicht ein wenig Gold und Silber über mich. Und so sprang er dreimal aus Leibeskräften hoch, bis er ein Blättchen zu fassen kriegte. Da fiel es wie Goldstaub vom Baum, genau auf seinen Kopf, und neben ihm lag ein artiges Anzüglein und ein kleiner Spiegel. Er zog es an, betrachtete sich im Spiegel und sah, dass er schöne goldene Haare bekommen hatte, und aus dem goldenen Schopf lugten drei feuerrote Haare heraus. „Jetzt wirst du besser durch die Welt kommen", sagte das Bäumlein. „Wenn du in Not bist, so kannst du dir eines der feuerroten Haare ausreißen, dann wird dir Hilfe – aber verschwende sie nicht!"

Der Winzling machte sich auf den Weg, die lange, lange Straße entlang. Bald war er hungrig und durstig. Er wollte sich schon ein Haar ausreißen, aber dann lief er tapfer weiter. Da kam eine alte Frau an ihm vorbei, die hatte im Walde Beeren gepflückt, und als sie etwas neben ihrem Fuß rascheln hörte, bückte sie sich und nahm ihn hoch. Sie blickte ihn mit trüben Augen an und sagte laut: „Das ist ja eine feine Maus, da wird sich mein Kater freuen!" und setzte ihn in den Korb. Der Winzling aß von den Beeren, soviel er konnte, und füllte auch sein Ränzlein. Dann lugte er über den Rand des Korbs, und als er am Wege Brennnesseln sah, sprang er mutig aus dem Korb. Die Alte versuchte ihn zu fangen, schrie aber au und ach, als sie in die Nesseln langte, so gab sie es auf und ging ihres Weges. Sobald sie fort war, machte er sich weiter auf den Weg, die staubige Straße entlang. Als er die letzte Beere gegessen hatte und sich vor Müdigkeit kaum noch auf den Beinen halten konnte, erblickte er in weiter Ferne ein Pferdefuhrwerk, aber das fuhr nicht, sondern stand am Fleck, denn das Pferd war störrisch und scharrte nur mit den Hufen. Ich will doch sehen, was sich da machen lässt, dachte er und lief dort hin, so schnell ihn seine Füßlein trugen. Der Fuhrmann stand neben dem Wagen und knallte mit der Peitsche. „Was gebt ihr mir, wenn ich den Wagen für euch lenke?", fragte er den Mann. Der wollte wutentbrannt nach ihm treten und sagte: „Du willst mich wohl verspotten, du Däumling, nimm dich in Acht." Er packte ihn mit seiner groben Hand und schaute ihn grimmig an. Da lupfte der Kleine sein Hütlein, und beim Anblick seiner goldglänzenden Haare verflog des Kutschers Zorn und er sagte: „Wenn du das schaffst, kriegst du die fetteste Gans aus meinem Stall." – „Setze mich nur dem Pferd ins Ohr, und du wirst schon sehen", sagte der Winzling. Der Fuhrmann lachte, aber er tat es, und dann rief der Kleine dem Pferd ins Ohr, wie es gehen sollte: „Jüh und joh! Hott und har!" Sofort setzte sich das Pferd in Trab und er brachte den Wagen ordentlich an sein Ziel. Der Mann gab ihm die Gans, denn er wollte sie los sein, weil sie bös war, die anderen Gänse wegbiss und doch kein Fett ansetzte. Der Winzling setze sich mutig auf ihren Rücken und ritt zur Stadt, geradewegs zum Markt. Ich will doch sehen, wie es mir dort ergeht, vielleicht mach ich mein Glück, nur zu! Bald hatten sich viele Leute um den seltsamen kleinen Reiter versammelt. Eine Frau wollte die Gans einfangen und fasste sie am Flügel, aber Finger und Hand blieben ihr daran festhängen. Bald danach kam eine zweite und hatte keinen andern Gedanken; kaum aber hatte sie die Frau angerührt, so blieb sie an ihr festhängen. Endlich kam eine dritte in gleicher Absicht und schon hing sie an der zweiten. Die Leute begannen zu schreien: „Bleibt weg! Bleibt weg!“ Da merkte der Winzling, dass seine Stunde gekommen war. „Die Gans hat eine goldene Feder. Wer es schafft, sie auszureißen, der hat auf immer sein Glück gemacht, “ rief er aus Leibeskräften über den Marktplatz. Nun drängten sich die Leute heran – und jeder blieb am Vordermann hängen. Am Ende kam der Pastor, um durch Handauflegen und einen frommen Spruch den Spuk zu beenden – umsonst. So ritt der Winzling mitsamt dem angeklebten Gefolge zum Tor hinaus, und schnurstracks zum Schloss, denn er wusste, dass die Königstochter immer traurig war, und dass derjenige, der sie zum Lachen brachte, sie zur Frau bekäme. Um die Prinzessin stand es wirklich schlecht, fast immer lag sie auf ihrem mit Purpurrosen bestickten Kissen und tränkte es mit ihren Tränen. Das hatte auch den König zum Trauerkloß gemacht, und bald war es so weit gekommen, dass das ganze Volk mit hängendem Kopf einher schlich. Viele Freier waren schon gekommen, aber vergebens – die Prinzessin heulte weiter. Der Winzling ritt in den Schlosshof ein, rief hoho und juhu, und die Prinzessin öffnete ihr Fenster. Als sie Gans und Reiter und die ganze daran hängende Menschenkette sah, lachte sie hellauf – und so musste sie den Winzling heiraten, ob sie wollte oder nicht, denn so wollte es der König.

Die Hochzeitfeier wurde bestellt. Beim Festmahl saß der winzige Bräutigam neben dem Teller seiner schönen Frau, die vor Kummer keinen Bissen herunterbrachte. Am Ende des Mahls sagte er zu ihr: „Trag mich nun in deine Schlafkammer und leg mich in dein seidenes Bett.“ Verzweifelt griff sie nach ihm und rannte die Treppe hinauf. Oben angekommen, riss das Fenster auf, packte ihn an seinen drei feuerroten Haaren und schleuderte ihn mit aller Kraft hinaus. Er fiel in den Schlossgartenteich, der war zu tief für ihn; aber er stieß er sich kräftig ab. Plötzlich spürte er festen Grund unter den Füßen. Die Prinzessin stand am Fenster, und als sie einen schönen jungen Mann aus dem Wasser steigen sah, in das sie den Zwerg geschmissen hatte, lief sie hinunter, jubelte vor Freude und schloss ihn in die Arme. Dann wurde die Hochzeit noch einmal mit aller Pracht gefeiert, und viele, viele Gäste waren geladen. Auch die Gräfin, aber sie wurde nicht eingelassen, sondern musste sich die Nase am Fenster plattdrücken. Im fernen Wald aber geriet ein Giftzwerg mit einem höllischen Geheimnamen über all dies so in Wut, dass er sich in der Luft entzweiriss. Der Prinz und seine Frau aber lebten glücklich und zufrieden, und wenn sie nicht gestorben sind, dann leben sie noch heute.

Nach den Kinder- und Hausmärchen, nacherzählt von Eva Schnell

- *Welche Märchen erkennen Sie in diesem Text?*
- *Untersuchen Sie in Gruppen jeweils zwei dieser Märchen. Listen Sie die spezifischen Märchenmerkmale auf.*
- *Erstellen Sie im Plenum eine gegliederte Übersicht über die typischen Märchenelemente.*
- *Entwerfen Sie eine Definition der Gattung „Märchen“.*
- *Inwiefern passt „Klein Zaches genannt Zinnober“ nicht in dieses Märchenschema?*

Märchen-Puzzle (Lösung)

	Hänsel und Gretel	Aschenputtel	Daumesdick	Die goldene Gans	Froschkönig	Rumpelstilzchen
Ausgangssituation	Aussetzung der Kinder	familiäre Degradierung	Zwergwuchs, aber Liebe der Eltern	Jüngster Sohn, „Dummling“	Froschgestalt	Raffsucht des Vaters, unerfüllbare Aufgabe
Verursacher des Problems	soziale Not, Grausamkeit der Mutter					
Fähigkeiten des Helden/der Heldin	Vorsichtsmaßnahmen, List, Intelligenz (Erkennen der Schwäche der Hexe), Mut, Tatkraft und Zielstrebigkeit					
Was führt zur Rettung?	die Stärken der Kinder, die Schwäche der Hexe (die wunderbare Ente)					
das jeweils Wunderbare	böse Hexe, wunderbare Ente als Zusatzmotiv					
typische Märchenmerkmale	3 Gefahrenschritte (1.u. 2. Aussetzung, Hexe); 3 Schritte zur Rettung: Hänsels List (Finger), Gretels List und Mut (Backofen); die Ente					
Ausgang	Heimkehr zum (verwitweten) Vater, Aufgenommenwerden					
Besonderheit	Thematisierung des sozialen Elends					

	Hänsel und Gretel	Aschenputtel	Daumesdick	Die goldene Gans	Froschkönig	Rumpelstilzchen
Ausgangssituation	Aussetzung der Kinder	familiäre Degradierung	Zwergwuchs, aber Liebe der Eltern	Jüngster Sohn; „Dummling"	Froschgestalt	Raffsucht des Vaters, unerfüllbare Aufgabe
Verursacher des Problems	soziale Not, Grausamkeit der Mutter	böse Stiefmutter und Stiefschwestern	Kleinwuchs kein Problem, sondern Herausforderung Abenteuerlust	Versagen der zwei älteren Brüder, Erfolg des jüngsten	böse Fee	der eigene Vater; dann die Lohnforderung des Teufelszwergs
Fähigkeiten des Helden/der Heldin	Vorsichtsmaßnahmen; List Intelligenz (Erkennen der Schwäche der Hexe), Mut, Tatkraft und Zielstrebigkeit	klagloses Arbeiten; Geduld, bescheidener, aber zielstrebiger Wunsch (Reis) schlaue Flucht (3x) Unschuld	Wunsch, etwas zu leisten, Schläue, Intelligenz, schlaues Ausnutzen der verbleibenden Rettungsmöglichkeiten, überlegene Intelligenz	gutes Herz, Mitleid mit dem grauen Männlein, Großzügigkeit	der Frosch: langes Leiden (dargestellt in der Coda vom treuen Heinrich), Dickköpfigkeit, Bestehen auf der Heirat; die Prinzessin: Kraft der Auflehnung gegen den väterlichen Befehl	keine, sie ist Opfer; Einschalten eines Spähers
Was führt zur Rettung?	die Stärken der Kinder; die Schwäche der Hexe (die wunderbare Ente)	helfende Tauben; helfender Baum; Schönheit	seine Fähigkeiten	Hilfen des grauen Männleins, Geschenk der goldenen Gans	Ungehorsam und Affekthandlung der Prinzessin	Hilfe des Zwergs, dann dessen Überlistung
das jeweils Wunderbare	böse Hexe, wunderbare Ente als Zusatzmotiv	die Retter	Zwergwuchs, Lenken des Pferds durch Sitz im Pferdeohr; 2x Rettung aus dem Wanst eines Tiers	Festkleb-Effekt der Gans, 3 unlösbare Aufgaben, die das Männlein bewältigt	Verwandlung und Entzauberung	teufelsähnlicher Zwerg, Stroh zu Gold spinnen (Traum von ewig sprudelndem Reichtum)
typische Märchenmerkmale	drei Gefahrenschritte (1.u. 2. Aussetzung, Hexe); 3 Schritte zur Rettung: Hänsels List (Finger), Gretels List und Mut (Backofen); die Ente	das zurückgesetzte Kind. 3x Hilfe durch Tauben/Baum; 3 Kleidergeschenke; 3 Schuhanproben; harte Bestrafung der Schwestern	Übertreibungen (groß-klein)	Wiedergutmachung des Dummlings-Status, mehr wunderbare Hilfsleistungen als eigene Fähigkeiten	Verwandlung in ein Tier	3x Hilfe wunderbarer Zufall; (Entdeckung des Zwergs durch den Boten im rechten Moment); Selbstzerstörung des Zwergs
Ausgang	Heimkehr zum (verwitweten) Vater, Aufgenommenwerden	Aufstieg Heirat mit Königssohn	Rückkehr zu den Eltern	Aufstieg, Heirat mit Königstochter	glückliche Heirat	Abwendung des Kindsraubs
Besonderheit	Thematisierung des sozialen Elends	grausame Selbstverletzungen der gierigen Schwestern	Schwank-Elemente Däumlingsmärchen	Schwank-Elemente Däumlingsmärchen	Zwei Helden, zwei Rettungen	

Der Teufel mit den drei goldenen Haaren

Es war einmal eine arme Frau, die gebar ein Söhnlein, und weil es eine Glückshaut um hatte, als es zur Welt kam, so ward ihm geweissagt, es werde im vierzehnten Jahr die Tochter des Königs zur Frau haben. Es trug sich zu, dass der König bald darauf ins Dorf kam, und niemand wusste, dass es der König war, und als er die Leute fragte, was es Neues gäbe, so antworteten sie: „Es ist in diesen Tagen ein Kind mit einer Glückshaut geboren; was so einer unternimmt, das schlägt ihm zum Glück aus. Es ist ihm auch vorausgesagt, in seinem vierzehnten Jahre solle er die Tochter des Königs zur Frau haben.“ Der König, der ein böses Herz hatte und über die Weissagung sich ärgerte, ging zu den Eltern, tat ganz freundlich und sagte: „Ihr armen Leute, überlasst mir euer Kind, ich will es versorgen.“ Anfangs weigerten sie sich, da aber der fremde Mann schweres Gold dafür bot, und sie dachten: „es ist ein Glückskind, es muss doch zu seinem Besten ausschlagen“, so willigten sie endlich ein und gaben ihm das Kind.

Der König legte es in eine Schachtel und ritt damit weiter, bis er zu einem tiefen Wasser kam: Da warf er die Schachtel hinein und dachte: „Von dem unerwarteten Freier habe ich meiner Tochter geholfen.“ Die Schachtel aber ging nicht unter, sondern schwamm wie ein Schiffchen, und es drang auch kein Tröpfchen Wasser hinein. So schwamm sie bis zwei Meilen von des Königs Hauptstadt, wo eine Mühle war, an dessen Wehr sie hängen blieb. Ein Mahlbursche, der glücklicherweise da stand und sie bemerkte, zog sie mit einem Haken heran und meinte, große Schätze zu finden; als er sie aber aufmachte, lag ein schöner Knabe darin, der ganz frisch und munter war. Er brachte ihn zu den Müllersleuten, und weil diese keine Kinder hatten, freuten sie sich und sprachen: „Gott hat es uns beschert.“ Sie pflegten den Fündling wohl und er wuchs in allen Tugenden heran.

Es trug sich zu, dass der König einmal bei einem Gewitter in die Mühle trat und die Müllersleute fragte, ob der große Junge ihr Sohn wäre. „Nein“, antworteten sie, „es ist ein Fündling, er ist vor vierzehn Jahren in einer Schachtel ans Wehr geschwommen, und der Mahlbursche hat ihn aus dem Wasser gezogen.“ Da merkte der König, dass es niemand anders als das Glückskind war, das er ins Wasser geworfen hatte, und sprach: „Ihr guten Leute, könnte der Junge nicht einen Brief an die Frau Königin bringen, ich will ihm zwei Goldstücke zum Lohn geben?“ – „Wie der Herr König gebietet“, antworteten die Leute und hießen den Jungen, sich bereit zu halten. Da schrieb der König einen Brief an die Königin, worin stand: „Sobald der Knabe mit diesem Schreiben angelangt ist, soll er getötet und begraben werden, und das alles soll geschehen sein, ehe ich zurückkomme.“

Der Knabe machte sich mit diesem Briefe auf den Weg, verirrte sich aber und kam abends in einen großen Wald. In der Dunkelheit sah er ein kleines Licht, ging darauf zu und gelangte zu einem Häuschen. Als er hineintrat, saß eine alte Frau beim Feuer ganz allein. Sie erschrak, als sie den Knaben erblickte und sprach: „Wo kommst du her, und wo willst du hin?“ – „Ich komme von der Mühle“, antwortete er, „und will zur Frau Königin, der ich einen Brief bringen soll; weil ich mich aber in dem Walde verirrt habe, so wollte ich hier gerne übernachten.“ – „Du armer Junge“, sprach die Frau, „du bist in ein Räuberhaus geraten, und wenn sie heimkommen, so bringen sie dich um.“ – „Mag kommen, wer will“, sagte der Junge, „ich fürchte mich nicht: ich bin aber so müde, dass ich nicht weiter kann“, streckte sich auf eine Bank und schlief ein. Bald hernach kamen die Räuber und fragten zornig, was da für ein fremder Knabe läge. „Ach“, sagte die Alte, „es ist ein unschuldiges Kind, es hat sich im Walde verirrt, und ich habe ihn aus Barmherzigkeit aufgenommen; er soll einen Brief an die Frau Königin bringen.“ Die Räuber erbrachen den Brief und lasen ihn, und es stand darin, dass der Knabe sogleich, wie er ankäme, sollte ums Leben gebracht werden. Da empfanden die hartherzigen Räuber Mitleid und der Anführer zerriss den Brief und schrieb einen andern, und es stand darin, so wie der Knabe ankäme, sollte er sogleich mit der Königstochter vermählt werden. Sie ließen ihn dann ruhig bis zum andern Morgen auf der Bank liegen und zeigten ihm den rechten Weg. Die Königin aber, als sie den Brief empfangen und gelesen hatte, tat, wie darin stand, hieß ein prächtiges Hochzeitsfest anstellen, und die Königstochter ward mit dem Glückskind vermählt; und da der Jüngling schön und freundlich war, so lebte sie vergnügt und zufrieden mit ihm.

Nach einiger Zeit kam der König wieder in sein Schloss und sah, dass die Weissagung erfüllt und das Glückskind mit seiner Tochter vermählt war. „Wie ist das zugegangen?“, sprach er, „ich habe in meinem Brief einen ganz andern Befehl erteilt. „Da reichte ihm die Königin den Brief und sagte, er möchte selbst sehen, was darin stände. Der König las den Brief und merkte wohl, dass er mit einem andern war vertauscht worden. Er fragte den Jüngling, wie es mit dem anvertrauten Brief zugegangen wäre, warum er einen andern dafür gebracht hätte. „Ich weiß von nichts“, antwortete er, „er muss mir in der Nacht vertauscht sein, als ich im Walde geschlafen habe." Voll Zorn sprach der König: „So leicht soll es dir nicht werden! Wer meine Tochter haben will, der muss mir aus der Hölle drei goldene Haare von dem Haupte des Teufels holen; bringst du mir, was ich verlange, so sollst du meine Tochter behalten." Damit hoffte der König, ihn auf immer los zu werden. Das Glückskind aber antwortete: „Die goldenen Haare will ich wohl holen, ich fürchte mich vor dem Teufel nicht." Darauf nahm er Abschied und begann seine Wanderschaft.

Der Weg führte ihn zu einer großen Stadt, wo ihn der Wächter an dem Tore ausfragte, was für ein Gewerbe er verstünde und was er wüsste. „Ich weiß alles", antwortete das Glückskind. „So kannst du uns einen Gefallen tun", sagte der Wächter, „wenn du uns sagst, warum unser Marktbrunnen, aus dem sonst Wein quoll, trocken geworden und nicht einmal mehr Wasser gibt." – „Das sollt ihr erfahren", antwortete er, „wartet nur, bis ich wiederkomme." Da ging er weiter und kam vor eine andere Stadt; da fragte der Torwächter wiederum, was für ein Gewerb' er verstünde und was er wüsste. „Ich weiß alles", antwortete er. „So kannst du uns einen Gefallen tun und uns sagen, warum ein Baum in unserer Stadt, der sonst goldene Äpfel trug, jetzt nicht einmal Blätter hervortreibt." – „Das sollt ihr erfahren", antwortete er, „wartet nur, bis ich wiederkomme." Da ging er weiter und kam an ein großes Wasser, über das er hinüber musste. Der Fährmann fragte ihn, was er für ein Gewerb' verstünde, und was er wüsste. „Ich weiß alles", antwortete er. „So kannst du mir einen Gefallen tun", sprach der Fährmann, „und mir sagen, warum ich immer hin und her fahren muss und niemals abgelöst werde." – „Das sollst du erfahren", antwortete er, „warte nur, bis ich wiederkomme."

Als er über das Wasser hinüber war, so fand er den Eingang zur Hölle. Es war schwarz und rußig darin und der Teufel war nicht zu Haus, aber seine Ellermutter saß da in einem breiten Sorgenstuhl. „Was willst du?", sprach sie zu ihm, sah aber gar nicht so böse aus. „Ich wollte gerne drei goldene Haare von des Teufels Kopf", antwortete er, „sonst kann ich meine Frau nicht behalten." – „Das ist viel verlangt", sagte sie, „wenn der Teufel heimkommt und findet dich, so geht dir's an den Kragen; aber du dauerst mich, ich will sehen, ob ich dir helfen kann." Sie verwandelte ihn in eine Ameise und sprach: „Kriech in meine Rockfalten, da bist du sicher." – „Ja", antwortete er, „das ist schon gut, aber drei Dinge möcht' ich gerne noch wissen: Warum ein Brunnen, aus dem sonst Wein quoll, trocken geworden ist, jetzt nicht einmal mehr Wasser gibt; warum ein Baum, der sonst goldene Äpfel trug, nicht einmal mehr Laub treibt, und warum ein Fährmann immer herüber und hinüber fahren muss und nicht abgelöst wird." – „Das sind schwere Fragen", antwortete sie, „aber halte dich nur still und ruhig und hab Acht, was der Teufel spricht, wann ich ihm die drei goldenen Haare ausziehe.

Als der Abend einbrach, kam der Teufel nach Haus. Kaum war er eingetreten, so merkte er, dass die Luft nicht rein war. „Ich rieche, rieche Menschenfleisch", sagte er, „es ist hier nicht richtig." Dann guckte er in alle Ecken und suchte, konnte aber nichts finden. Die Ellermutter schalt ihn aus: „Eben ist erst gekehrt", sprach sie, „und alles in Ordnung gebracht, nun wirfst du mir's wieder untereinander; immer hast du Menschenfleisch in der Nase! Setze dich nieder und iss dein Abendbrot." Als er gegessen und getrunken hatte, war er müde, legte der Ellermutter seinen Kopf in den Schoß und sagte, sie sollte ihn ein wenig lausen. Es dauerte nicht lange, so schlummerte er ein, blies und schnarchte. Da fasste die Alte ein goldenes Haar, riss es aus und legte es neben sich. „Autsch!", schrie der Teufel, was hast du vor?" – „Ich habe einen schweren Traum gehabt", antwortete die Ellermutter, da hab' ich dir in die Haare gefasst." – „Was hat dir denn geträumt?", fragte der Teufel. „Mir hat geträumt, ein Marktbrunnen, aus dem sonst Wein quoll, sei versiegt, und es habe nicht einmal Wasser daraus quellen wollen, was ist wohl schuld daran?" – „He, wenn sie's wüssten!", antwortete der Teufel, „es sitzt eine Kröte unter einem Stein im Brunnen, wenn sie die töten, so wird der Wein schon wieder fließen." Die Ellermutter lauste ihn wieder, bis er einschlief und schnarchte, dass die Fenster zitterten. Da riss sie ihm das zweite Haar aus. „Hu! Was machst du?", schrie der Teufel zornig. „Nimm's nicht übel", antwortete sie, „ich habe es im Traum getan." – „Was hat dir wieder geträumt?", fragte er. „Mir hat geträumt, in einem Königreiche stünd' ein Obstbaum, der hätte sonst goldene Äpfel getragen und wollte jetzt nicht einmal Laub treiben. Was war wohl die Ursache davon?" – „He, wenn sie's wüssten!", antwortete der Teufel, „an der Wurzel nagt eine Maus, wenn sie die töten, so wird er schon wieder goldene Äpfel tragen, nagt sie aber noch länger, so verdorrt der Baum gänzlich. Aber lass mich mit deinen Träumen in Ruhe, wenn du mich noch einmal im Schlafe störst, so kriegst du eine Ohrfeige." Die Ellermutter sprach ihm gut zu und lauste ihn wieder, bis er eingeschlafen war und schnarchte. Da fasste sie das dritte goldene Haar und riss es ihm aus. Der Teufel fuhr in die Höhe, schrie und wollte übel mit ihr wirtschaften, aber sie besänftigte ihn nochmals und sprach: „Wer kann für böse Träume!" – „Was hat dir denn geträumt?", fragte er und war doch neugierig. „Mir hat von einem Fährmann geträumt, der sich beklagte, dass er immer hin und her fahren müsste und nicht abgelöst würde. Was ist wohl schuld?" – „He, der Dummbart!", antwortete der

Teufel, „wenn einer kommt und will überfahren, so muss er ihm die Stange in die Hand geben; dann muss der andere überfahren und er ist frei." Da die Ellermutter ihm die drei goldenen Haare ausgerissen hatte und die drei Fragen beantwortet waren, so ließ sie den alten Drachen in Ruhe und er schlief, bis der Tag anbrach.

Als der Teufel wieder fortgezogen war, holte die Alte die Ameise aus der Rockfalte und gab dem Glückskind die menschliche Gestalt zurück. „Da hast du die drei goldenen Haare", sprach sie, „und nun kannst du deiner Wege ziehen." Er bedankte sich bei der Alten für die Hilfe in der Not, verließ die Hölle und war vergnügt, dass ihm alles so wohl geglückt war. Als er zu dem Fährmann kam, sollte er ihm die versprochene Antwort geben. „Fahr mich erst hinüber", sprach das Glückskind, „so will ich dir sagen, wie du erlöst wirst", und als er auf dem jenseitigen Ufer angelangt war, gab er ihm des Teufels Rat: „Wenn wieder einer kommt und will übergefahren sein, so gib ihm nur die Stange in die Hand." Er ging weiter und kam zu der Stadt, worin der unfruchtbare Baum stand und wo der Wächter auch Antwort haben wollte. Da sagte er ihm, wie er vom Teufel gehört hatte: „Tötet die Maus, die an seiner Wurzel nagt, so wird er wieder goldene Äpfel tragen." Da dankte ihm der Wächter und gab ihm zur Belohnung zwei mit Gold beladene Esel, die mussten ihm nachfolgen. Zuletzt kam er zu der Stadt, deren Brunnen versiegt war. Da sprach er zu dem Wächter, wie der Teufel gesprochen hatte: „Es sitzt eine Kröte im Brunnen unter einem Stein, die müsst ihr aufsuchen und töten, so wird er wieder reichlich Wein geben." Der Wächter dankte und gab ihm ebenfalls zwei mit Gold beladene Esel.

Endlich langte das Glückskind daheim bei seiner Frau an, die sich herzlich freute, als sie ihn wiedersah und hörte, wie wohl ihm alles gelungen war. Dem König brachte er, was er verlangt hatte, die drei goldenen Haare des Teufels, und als dieser die vier Esel mit dem Golde sah, ward er ganz vergnügt und sprach: „Nun sind alle Bedingungen erfüllt und du kannst meine Tochter behalten. Aber, lieber Schwiegersohn, sage mir doch: Woher ist das viele Gold? Das sind ja gewaltige Schätze!" – „Ich bin über einen Fluss gefahren", antwortete er, „und da habe ich es mitgenommen; es liegt dort statt des Sandes am Ufer." – „Kann ich mir auch davon holen?", sprach der König und war ganz begierig. „Soviel Ihr nur wollt", antwortete er, „es ist ein Fährmann auf dem Fluss, von dem lasst euch überfahren, so könnt Ihr drüben Eure Säcke füllen." Der habsüchtige König machte sich in aller Eile auf den Weg, und als er zu dem Fluss kam, so winkte er dem Fährmann, der sollte ihn übersetzen. Der Fährmann kam und hieß ihn einsteigen, und als sie an das jenseitige Ufer kamen, gab er ihm die Ruderstange in die Hand und sprang davon. Der König aber musste von nun an fahren zur Strafe für seine Sünden.

„Fährt er wohl noch?" – „Was denn? Es wird ihm niemand die Stange abgenommen haben."

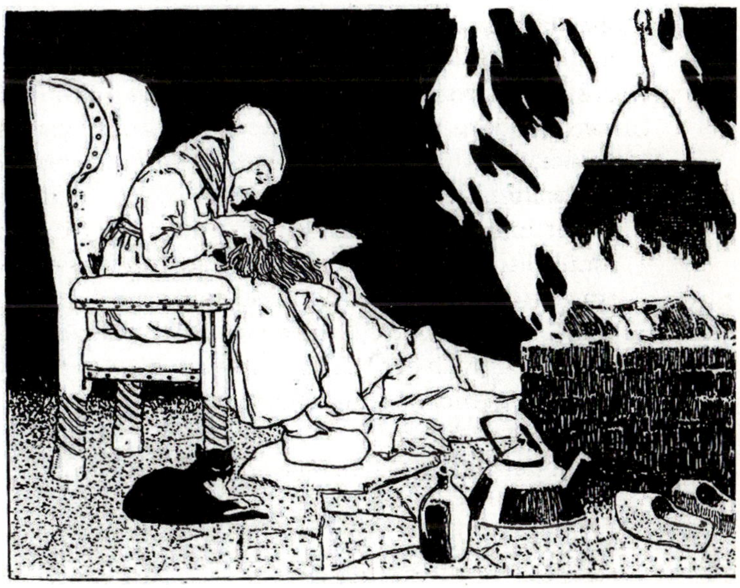

Illustration von Otto Ubbelohde

Kinder- und Hausmärchen gesammelt durch die Brüder Grimm mit den Zeichnungen von Otto Ubbelohde und einem Vorwort von Ingeborg Weber-Kellermann. Erster Teil. Insel Taschenbuch 112, Insel Verlag Frankfurt 1974, S. 187ff.

- *Lesen Sie das Märchen „Der Teufel mit den drei goldenen Haaren" und beschreiben Sie den Aufbau.*
- *Stellen Sie alle Formmerkmale zusammen, die Ihnen bekannt sind und die Sie hier wiederfinden.*
- *Welche Motive kennen Sie aus anderen Erzählungen?*
- *Überlegen Sie, ob es sich beim 2. Teil um eine eigentlich überflüssige Verdoppelung handelt oder nicht.*

Streit um das Märchen in Aufklärung und Romantik

Die folgenden Textauszüge zeigen, wie das Märchen zu verschiedenen Zeiten gesehen wurde.

Hans-Heino Ewers

„Das Märchen galt im 18. Jahrhundert noch als ein niederes literarisches Unterhaltungsgenre. In der Romantik stieg es auf zum ‚Kanon der Poesie' (Novalis) schlechthin. Dies hatte eine Umwälzung des kinderliterarischen Gattungssystems zur Folge. Die Aufklärungspädagogik suchte das Märchen aus der literarischen Erziehung der Kinder ganz herauszuhalten, wobei sie durch das literarische Bewusstsein der Zeit unterstützt wurde, das die Feenerzählungen und die Geschichten aus ‚Tausendundeiner Nacht' als Lesestoff allein für Erwachsene ansah. Freilich waren Märchen, wie zahlreiche Zeugnisse belegen, auch in der Kinderstube präsent, doch genossen sie als ‚Ammenmärchen' die tiefe Verachtung der Pädagogen. Erst die Romantik gewährte ihnen die ungeteilte Anerkennung nicht nur als Literatur hohen Ranges, sondern auch als Kinderliteratur. Mit dieser Anerkennung aber rückte das Märchen zugleich in das Zentrum der neuen, romantischen Kinderliteratur: Es stieg zu ihrer kardinalen Gattung auf und trat hierin exakt an die Stelle, die die moralische Beispielerzählung im aufklärerischen Kinderliteraturkonzept einnahm."

Aus: Hans-Heino Ewers (Hg.): Kinder- und Jugendliteratur der Romantik. Eine Textsammlung. Stuttgart (Reclam) 1984, S. 194

Albrecht Koschorke

„Den Aufklärern, die überhaupt erstmals eine systematische Kinderpädagogik entwickelt haben, ist es um die Vermittlung nützlicher Kenntnisse, die Anleitung des kindlichen Geistes zur Vernunft und, komplementär dazu, die *autoritäre Abschirmung* des Kindes von allem Unvernünftigen und Unsittlichen zu tun. Entsprechend hat die Kinder- und Jugendliteratur einer lehrhaften Tendenz zu gehorchen, wobei in der Regel eine Vaterfigur die Belehrungen austeilt. [...]
Es ist genau dieses Belehren-Wollen der Väter, gegen das die Romantiker aufbegehren. Sie wollen zum einen die Fantasie nicht mehr nur als Vehikel von vernünftigen Inhalten verstanden wissen; statt ‚Medium fantasiegestützter Unterweisung' zu sein, versteht sich Kinderliteratur um 1800 zunehmend als ein ‚fantasiebildendes Organ' [R. Steinlein]. Zum anderen wird die Kindheit selbst, statt bloß als unvollkommenes Vorstadium aufgeklärten Menschseins zu gelten, in den Rang eines utopischen Zustands gehoben. Eigentlich müssen also die Erwachsenen von den Kindern lernen, nicht umgekehrt. Damit ist eine zweite grundlegende Prämisse der Aufklärungspädagogik durchkreuzt – mit beträchtlichen literarhistorischen Folgen. In den Worten von Hans-Heino Ewers:
‚[...] Die aufgeklärte erzieherische Kinderliteratur beruhte bis hin zum Rousseauismus auf zwei Prinzipien: Dämpfung der Affekte, Leidenschaften, Triebe auf der einen, strenge Zügelung der Einbildungskraft und Fantasie auf der anderen Seite. Sie hatte es dementsprechend mit zwei Hauptfeinden zu tun, die deshalb so gefährlich waren, weil sie, in den Untergrund vertrieben, bei den jungen Lesern unvermindert Anklang fanden: zum einen mit den trivialen (höfischen) Liebesromanen, zu denen sich bald die Flut empfindsamer Romane gesellte, zum anderen mit der Literatur des Fantastisch-Bizarren, wozu die Märchen, Sagen und Volksbücher, aber auch die trivialen Robinsonaden und Abenteuererzählungen (à la Münchhausen) zählten, die voller Ungereimtheiten und Unwahrscheinlichkeiten waren. Die Macht dieses literarischen Untergrundes [...] gibt die offizielle Kinderliteratur unfreiwillig dadurch zu, dass sie sich gezwungen sieht, zunehmend von ihm sich literarische Muster auszuborgen und für die eigenen Zwecke umzubiegen. [...]' [Hans-Heino Ewers: „Romantik", in: Reiner Wild (Hg.), Geschichte der deutschen Kinder- und Jugendliteratur. Stuttgart 1990, S. 105]
So trifft in der romantischen Märchendichtung eine – artistisch verfeinerte – ‚Untergrundliteratur' mit einem antiaufklärerischen, und das heißt in diesem Fall auch: antipädagogischen Impuls zusammen. Der poetische Diskurs tritt in offene Konkurrenz zum Erziehungsdiskurs; Belletristik und Schule gehen getrennte Wege."

Albrecht Koschorke: Kindermärchen. Liminalität in der Biedermeierfamilie. In: A. Koschorke u. a.: Vor der Familie. Grenzbedingungen einer modernen Institution. Konstanz: University Press/München (Fink) 2010, S. 141 ff.

- *Wie wird das Märchen in der Aufklärung und in der Romantik bewertet?*
- *Wie begründet die Aufklärungspädagogik ihre Einstellung zum Märchen?*
- *Warum verändert sich in der Romantik die Einstellung zum Märchen?*
- *Nehmen Sie – aus heutiger Sicht – Stellung zu dieser Kontroverse.*

Wozu Märchen?

Bruno Bettelheim

Bruno Bettelheim (1903–1990), ein aus Österreich stammender amerikanischer Kinderpsychologe und Psychoanalytiker, veröffentlichte 1975 sein außerordentlich einflussreiches Buch „Kinder brauchen Märchen".

„Oberflächlich betrachtet, lehren Märchen zwar wenig über die Verhältnisse des modernen Lebens in der Massengesellschaft, denn sie wurden erfunden, ehe diese entstand. Über die inneren Probleme des Menschen jedoch und über die richtigen Lösungen für seine Schwierigkeiten in jeder Gesellschaft erfährt man mehr aus ihnen als aus jeder anderen Art von Geschichten im Verständnisbereich des Kindes." (S. 11)
„Form und Gestalt der Märchen bieten dem Kinde Bilder an, nach denen es seine Tagträume ausbilden und seinem Leben eine bessere Orientierung geben kann. [...] Bei den meisten Eltern herrscht jedoch die Meinung vor, man müsse ein Kind von dem, was es am meisten bedrückt, ablenken, also von seinen gestaltlosen, namenlosen Ängsten und von seinen chaotischen, zornigen oder auch gewalttätigen Fantasien. [...] In unserer Kultur besteht die Neigung, besonders wenn es um Kinder geht, so zu tun, als existiere die dunkle Seite des Menschen nicht. [...] Ziel der Psychoanalyse ist es, dem Menschen zu helfen, das Problematische des Lebens zu akzeptieren, ohne sich davon besiegen zu lassen oder in eine eskapistische Haltung auszuweichen. Freuds Rezept lautet: Nur durch mutiges Kämpfen gegen scheinbar überwältigende Widrigkeiten kann es dem Menschen gelingen, seinem Leben einen Sinn abzugewinnen. Genau diese Botschaft vermittelt das Märchen dem Kind in vielfältiger Weise." (S. 13 f.)
„Das Märchen vereinfacht alle Situationen. Seine Gestalten sind klar gezeichnet; Einzelheiten werden nur erzählt, wenn sie wichtig sind. Die Charaktere sind nicht einmalig, sondern typisch. Im Gegensatz zum Inhalt vieler moderner Kindergeschichten ist im Märchen das Böse so gegenwärtig wie das Gute. [...] Nicht weil der Bösewicht am Ende bestraft wird, trägt die Lektüre von Märchen zur moralischen Erziehung bei – obgleich auch das dazu gehört. [...] Nicht die Tatsache, dass die Tugend am Ende siegt, fördert die Moral, sondern dass der Held für das Kind am attraktivsten ist. Das Kind identifiziert sich mit dem Helden; es durchleidet mit ihm alle Mühen und Wirrsale und triumphiert mit ihm, wenn die Tugend schließlich belohnt wird. [...] Das Kind identifiziert sich mit dem guten Helden nicht, weil er gut ist, sondern weil sein Wesen es zutiefst positiv anspricht." (S. 15 f.)

Aus: Bruno Bettelheim: Kinder brauchen Märchen. Übersetzung: Lieselotte Mickel/ Brigitte Weitbrecht © 1977, Deutsche Verlags-Anstalt, München, in der Verlagsgruppe Random House GmbH

Verena Kast

Die Psychoanalytikerin hat unter dem Titel „Das Vertrauen in das eigene Schicksal" das Märchen „Der Teufel mit den drei goldenen Haaren" gedeutet; ihre Zusammenfassung lautet:

„Letztlich aber sagt uns dieses Märchen: Wenn einmal eine Weissagung gemacht worden ist, wenn jemand als Glückskind auf die Welt gekommen ist, dann kann nichts, aber auch gar nichts der Erfüllung dieses Glücks im Wege stehen. Dennoch verweilt das Märchen lange bei der Schilderung des Bedrohtseins durch den Tod, des drohenden Untergangs, des möglichen Scheiterns, als wolle es sagen: Wir leben immer gegen den Tod an, aber die Kräfte, die den Tod wollen, sind nicht stärker als die, die das Leben wollen – wenn wir Glückskinder sind. Es kommt bloß darauf an, dass wir diese Weissagung auch für uns in Anspruch nehmen, wissend, dass letztlich jeder sein ganz eigenes Schicksal hat, das sich erfüllen muss, und dass Leben dann geglückt ist, wenn wir unser Schicksal, wie schwer oder wie leicht es auch sein mag, wirklich leben, wenn wir das Problem auf uns nehmen, das wir zu lösen haben.
Das setzt aber voraus, dass wir recht gut hinhören, was das Leben, das innere Leben von uns will, denn die Sprache der Brunnen und der Bäume ist nicht die Sprache des Königs. Das macht letztlich das Glückhafte dieses Glückskindes aus: Es ist dieser weiblichen Welt des Ursprungs und des Urgrunds auf eine selbstverständliche Art verbunden, öffnet sich ihren Weisungen und nimmt das Risiko der gefährlichen Wege ohne zu zaudern auf sich. Es hat Vertrauen zum Leben, das sich ihm durchaus nicht von der einfachsten Seite zeigt."

Aus: Verena Kast: Der Teufel mit den drei goldenen Haaren, Zürich: Kreuz Verlag 2001, S. 104

- *Welche Bedeutung hat für Bettelheim das Märchen für die Kinder?*
- *Wie stehen Sie zu Bettelheims These?*
- *Wie deutet V. Kast das Märchen vom Teufel mit den drei goldenen Haaren?*
- *Diskutieren Sie diese Interpretation und überlegen Sie, ob es andere Deutungen gibt.*

Baustein 2

Die Fee, die Gutes und Böses schafft – Ausgangssituation, Handlungsstruktur und Figurenkonstellation

Nachdem das Märchen als literarische Gattung im Baustein 1 im Zentrum der Aufmerksamkeit stand, ist es naheliegend, „Klein Zaches" zunächst auch als Märchen zu lesen, zumal die Gattungsbezeichnung im Untertitel genannt wird. Dabei soll auch die Struktur der Erzählung erarbeitet werden, was voraussetzt, dass die Schülerinnen und Schüler vorab den gesamten Text gelesen haben.

2.1 Eine schicksalhafte Begegnung – wie die Erwartung der Leser gelenkt wird

E.T.A. Hoffmann lenkt die Erwartung des Lesers nicht nur durch die Gattungsbezeichnung des Untertitels, sondern auch durch die Ausgangssituation darauf, dass ihn ein Märchen erwartet. Gleichzeitig enthält die Erzählung Signale, die der geweckten Erwartung zuwiderlaufen. Die Schüler lesen den Anfang des ersten Kapitels (S. 5–8):

- *Was erfahren wir über die Bauersfrau?*
- *Stellen Sie alle Aussagen zusammen, durch die Zaches charakterisiert wird. Wie wirkt er auf den Leser?*
- *Was bewirkt das Eingreifen der Fee?*
- *Inwiefern wird die Lesererwartung dahin gelenkt, dass es sich um ein Märchen handelt?*

Am Beginn wird das Schicksal der armen Bauersfrau mitleiderregend dargestellt („die Unglückliche", „trostloses Elend"). Ihre Klage unterstreicht, wie sehr sie Opfer unverdienter Schicksalsschläge ist:

- Trotz harter Arbeit bleibt sie – anders als die übrigen Dorfbewohner – in Armut.
- Die erhoffte Wende durch den Fund der Goldstücke blieb aus, da sie bestohlen wurde.
- Ein Feuer zerstörte Haus und Scheune.
- Die Ernte wurde durch ein Unwetter vernichtet.
- Als Gipfel der Strafe des Himmels brachte sie einen Wechselbalg zur Welt und wurde zum Gespött des Dorfes.

Dieses Hiobsschicksal wird in seiner ganzen Härte durch die Beschreibung des Kindes deutlich:

Klein Zaches

Wechselbalg
Spinnebeinchen
knurren, miauen
Missgeburt
Däumling
Rücken als kürbisähnlicher Auswuchs
Ding
wie ein gespaltener Rettich

lange spitze Nase
schwarze struppige Haare
schwarz funkelnde Augen
eingefurchte Gesichtszüge
Alräunchen
Untierchen
Maikäfer

kein menschliches Wesen
Wirkung auf den Leser: Distanzhaltung; keine Empathie

Eigentlich ist das Kind kein menschliches Wesen, es wird deshalb auch als Ding bezeichnet; aufgrund der Missgestalt und der kaum noch wahrnehmbaren Menschenähnlichkeit erregt dieses Wesen aber kein wirkliches Mitleid: Es ist eigentlich ein Stück aus einem Kuriositätenkabinett. Während die Mutter schläft, vollzieht sich durch das Eingreifen des Fräuleins von Rosenschön eine an sich geringfügige Veränderung an dem Kind – seine Haare werden geglättet und sie werden lockig, statt tierischer Laute bringt es einen Satz hervor – „Ich mag nicht."
Märchenhaft ist an dieser Ausgangssituation, dass das Schicksal einer armen Frau sich dadurch verändert, dass sie unerwartete Hilfe bekommt, die sich an ihrem ungestalten Kind zeigt, ohne dass sie weiß, wie es dazu gekommen ist; für ein Problem gibt es eine wunderbare Lösung, darin könnte man ein Märchenmerkmal erkennen. Zur tiefgreifenden Veränderung im Schicksal der gebeutelten Bauersfrau müsste allerdings noch mehr geschehen, der Knabe müsste sich weiterentwickeln zur Menschlichkeit, er müsste schließlich Taten vollbringen, die zeigen, was in ihm steckt.
Es könnten hier schon Zweifel aufkommen, ob wirklich typische Märchenmerkmale erfüllt sind: Die Betonung der Menschenunähnlichkeit von Zaches ist auffällig und merkwürdig, zumal aus ihm kein schöner Jüngling wird, was in der ‚Logik' des Märchens wäre.
Im nächsten Handlungsschritt, der Begegnung mit dem Pfarrer (S. 8–10), zeigt sich allerdings, dass das Fräulein noch mehr bewirkt hat als eine geringfügige äußere Veränderung:

- *Lesen Sie die Szene, in der Zaches und seine Mutter dem Pfarrer begegnen (S. 8–10).*
- *Was bedeutet die Begegnung mit dem Pfarrer für die Lesererwartung?*
- *Wie stellt sich die Veränderung von Zaches nun dar?*
- *Was bedeutet das für die beim Leser geweckte Märchen-Erwartung?*

Zur Verblüffung der Mutter sieht der Pfarrer in der „argen Bestie" einen „bildschönen allerliebsten Knaben". Frau Liese, die es anders sieht, meint, der Pfarrer mache sich über sie lustig, doch sie muss schließlich erkennen, dass er es ernst meint: Er hält sie für verblendet. Zur Steigerung der Verwunderung Lieses hört der Pfarrer nicht die Laute, die Zaches von sich gibt, sondern die wohlgeformten Worte seines eigenen Kindes. Zwei Sichtweisen prallen aufeinander, die unterschiedlicher nicht sein könnten:

- *Vergleichen Sie die beiden unterschiedlichen Sichtweisen von Frau Liese und dem Pfarrer.*
- *Welche Bedeutung hat das für die Einschätzung der Figur Klein Zaches durch den Leser?*

Zwei unterschiedliche Perspektiven

Frau Lieses Sicht	Die Sicht des Pfarrers
• unartiger Däumling, der hässlich knurrt und mauzt • abscheulicher Wechselbalg • arge Bestie • kleine Ungestalt • abscheuliche Hässlichkeit • einfältiger Knirps	• bildschöner allerliebster Knabe • wunderbar schönes Kind • hübscher Knabe • der Knabe redet verständig • hoffnungsvolles Kind • Wunderknabe
Sie hält den Pfarrer für verrückt.	**Er hält Frau Liese für verblendet.**
Zaches erscheint als doppelgesichtige Figur.	

Die durch das Fräulein von Rosenschön bewirkte Veränderung erscheint nun in einem ganz anderen Licht: An Zaches hat sich wenig verändert, Wesen und Gestalt sind nahezu gleich geblieben; verändert hat sich die von ihm ausgehende Wirkung, denn er wird für etwas gehalten, was er gar nicht ist, und ihm wird zugesprochen, was er weder gesagt noch getan hat. Noch ahnt der Leser nicht, welche Auswirkung dieser Eingriff haben wird. Vermuten lässt sich, dass Zaches dadurch allerlei Vorteile haben wird. Man könnte die Schülerinnen und Schüler Ideen für eine Fantasy-Geschichte entwickeln lassen (auch wenn sie das Märchen schon gelesen haben): Es liefe wohl darauf hinaus, dass der Held einer solchen Geschichte diese ‚Fähigkeit' manipulativ einsetzen würde zu seinem eigenen Nutzen oder zum Nachteil anderer; er müsste sich dessen bewusst sein, was, wie man sehen wird, bei Zaches nicht der Fall ist.

Der Pfarrer gibt den Begriff vor, mit dem sich das Geschehen erfassen lässt – die Verblendung; allerdings hält er ja Liese für verblendet und nicht sich selbst. Konnte man als Leser zunächst annehmen, dass es dem Fräulein darum gegangen ist, die vom Schicksal übel getroffene Frau zu entschädigen, wird erahnbar, dass es sich wohl kaum um ausgleichende Gerechtigkeit handelt.

■ *Wie lässt sich der Gegensatz verstehen, wonach Zaches ein abscheulicher Wechselbalg und ein Wunderknabe ist?*

Eine solche widersprüchliche Identität lässt sich auflösen, indem ein weiterer Begriff, der zur Verblendung passt, eingeführt wird, nämlich der Schein, sodass wir von dem Gegensatz von Schein und Wahrheit/Wirklichkeit sprechen können. Zaches leistet nicht wirklich etwas, sondern es hat nur den Anschein, als ob er etwas täte, als ob er ein schöner Knabe mit viel Talent wäre. Zaches' Identität lässt sich nun beschreiben:

Zaches

abscheulicher Wechselbalg	Wunderknabe
Wahrheit	**Schein**
➡ Als-ob-/Schein-Identität	

Für Fantasy-Geschichten wäre eine solche Schein-Identität eine Quelle für abenteuerliche Verwicklungen; im Märchen jedoch gibt es nur richtige Verwandlungen – hin zur wahren Identität (der Frosch entpuppt sich als Prinz). Die Leser-Erwartung wird also hier schon irritiert.
Der Erzähler bringt sich immer wieder ins Spiel und wendet sich dabei direkt an den Leser, zum Beispiel dadurch, dass er Erklärungen einfügt, hier über das Fräulein, das auf Zaches den Zauber überträgt:

- *Wovon handelt der Einschub, in dem sich der Erzähler direkt an den Leser wendet? (S. 10 f.)*
- *Was bedeutet ein solches Eingreifen des Erzählers für die Leser?*

Der Erzähler redet den Leser direkt an, um ihm die „ganz besondere Bewandtnis" zu erklären, die es mit dem Stiftsfräulein hat. Obendrein gibt er zu verstehen, dass er sie selbst gesehen habe, was darauf hinweist, dass mit dem Fantastischen gespielt wird. Zusammengefasst informiert er die Leser über

- ihr Aussehen
- ihren Charakter
- ihre Alterslosigkeit
- ihre Verwandtschaft mit den Rosen
- ihre Gespräche mit der Natur
- ihre Geschichte/Biografie
- das Gerede der Leute über sie
- ihre Rettung
- ihren Status als Fee
- ihre Vertreibung im Zuge der Einführung der Aufklärung

Das Fräulein – lässt sich folgern – gehört zwei Welten an, der realen Welt/Alltagswelt und der Welt des Wunderbaren, in der es Feen und Zauberei gibt, also der Märchenwelt. Als Leser befinden wir uns in der Welt des Wunderbaren und des Realen. Der Erzähler, der sich als Person einschaltet, tritt einerseits aus der Fiktion heraus, andererseits aber vermittelt er auch zwischen der realen und der wunderbaren Welt sowie der Welt des Lesers, und zwar so, dass es keinen Bruch zwischen den Welten zu geben scheint:

Rolle des Erzählers

- Er wendet sich direkt an die Leser.
- Er vermittelt zwischen der wunderbaren und der realen Welt.
- Er beweist die Existenz der wunderbaren Welt mit dem Hinweis auf seine persönliche Kenntnis.
- Er verwischt den Unterschied zwischen den Welten.

Der Erzähler spielt mit seiner Rolle.

Ein solches Spiel des Erzählers mit seiner Rolle gibt es nicht im Märchen – ein weiteres Indiz, dass wir Leser es nicht mit einer reinen Märchenwelt zu tun haben. Die weitere Geschichte der Fee soll hier zunächst unberücksichtigt bleiben, darauf wird der 4. Baustein näher eingehen, in dem es um die Aufklärung im Reiche des Paphnutius geht. Dass eine Geschichte, in der es um Verblendung, um Schein-Identität geht, auch etwas mit Aufklärung zu tun haben könnte, wird bereits am Anfang erkennbar – weil es um das Erkennen der Wahrheit/ Wirklichkeit bzw. um ihr Verkennen geht, wenn auch der Zusammenhang von Märchen/ Wunderbarem und Aufklärung sich am Ende anders darstellt, als man vermuten könnte.

Im nächsten Abschnitt soll der Frage nachgegangen werden, was Zaches' Schein-Identität bedeutet.

2.2 Zaches und sein Gegenspieler Balthasar

Als Zaches und Balthasar zum ersten Mal aufeinander treffen, ist Ersterer eigentlich hoch zu Ross, doch von ihm sind lediglich die Stiefel wahrzunehmen (2. Kap. S. 28f.). Während Balthasars Freund Fabian in Gelächter ausbricht, bleibt Balthasar „ernst und mild" (S. 29), er ist voller Mitleid, denn man darf, so belehrt er den Freund, einen derart benachteiligten Menschen nicht auslachen; dass sich die Haltung verändern wird, zeigt das 3. Kapitel, in dem die beiden auf der Teegesellschaft erneut zusammentreffen.
Der Erzähler stellt bewusst den normalen Fabian neben den schwärmerischen Balthasar, der Kontrast verschärft das Profil der Figuren. Ein ähnlicher Kontrast liegt auch dem Gedicht „Gespräch auf der Paderborner Heide" von Heinrich Heine (aus dem „Buch der Lieder") zugrunde; dieses Gedicht soll als Folie dienen, um die Schülerinnen und Schüler die beiden unterschiedlichen Charaktere erfassen zu lassen. Nicht nur Heine hat eine kritische Position gegenüber der Romantik, auch Hoffmann ist ein skeptischer Romantiker bzw. Phantast, wie Rüdiger Safranski ihn im Titel seiner Monographie nennt (Safranski 1987). Die Schüler erhalten das Gedicht auf dem **Arbeitsblatt 5**, S. 54, H. Heine: „Gespräch auf der Paderborner Heide":

- *Lesen Sie Heines Dialog-Gedicht und charakterisieren Sie die beiden Sprecher sowie den Ablauf des Gesprächs.*
- *Ordnen Sie die beiden Rollen den Personen Balthasar und Fabian zu: Benennen Sie Gemeinsamkeiten und Unterschiede, nachdem Sie die Darstellung Hoffmanns (S. 23–32) noch einmal gelesen haben.*

Das aus elf Strophen bestehende Gedicht gliedert sich in eine fünfteilige (Str. 1–10) Rede und Gegenrede und eine abschließende elfte Strophe mit einem subjektiven Fazit des ersten, von seinem Freund verspotteten Sprechers, der nach dessen Meinung die Realität grotesk verkennt. Zunächst und überwiegend sind es akustische Wahrnehmungen, die die Fantasie stimulieren, obgleich die Geräusche solche Umdeutungen eigentlich nicht hergeben: Der fantasievolle, schwärmerische erste Sprecher stellt sich romantische Szenen vor, die mit der Realität gar nichts verbindet. In der 9. Strophe sieht er dann die Liebste leibhaftig, wie sie sich ihm wehmütig sehnsüchtig zuwendet – zu deutlich ist, dass die Fantasie zur Wunscherfüllungsmaschine geworden ist. Der Freund zerstört jeweils die lieblichen Vorstellungen, indem er auf die krude, ländliche Realität verweist, die mit den Fantasievorstellungen kontrastiert. Es geht dem Sprecher darum, den Träumer zu desillusionieren. Im Tafelanschrieb wird das Ergebnis festgehalten:

Gespräch auf der Paderborner Heide

Sprecher 1	Sprecher 2
• hört Musik • ordnet den Tönen poetische, romantische, idyllische Szenen zu • sieht die Liebste, die sich ihm voller Wehmut und Sehnsucht zuwendet • räumt – als Fazit – ein, es könne sich um Fantasien handeln; stellt dem die Wahrheit/Wirklichkeit des subjektiven Gefühls als unwiderlegbare Realität entgegen	• beschreibt das Gehörte als Schweinegrunzen • widerspricht, es handle sich um ein armseliges Waldweib
Fremdwahrnehmung: Fantast	**Selbstwahrnehmung: Realist**

Offensichtlich entspricht Balthasar dem Fantasten, Fabian dem Realisten; doch das Gedicht spielt mit der Unterscheidung, denn auch die Fantasie ist real, darauf beruht seine Pointe. In der Erzählung tritt Fabian mit dem Selbstbewusstsein des Realisten auf.

Balthasars Gefühle

- Er hört Büsche seufzen;
- er personifiziert die Natur;
- Geheimnis der Waldeinsamkeit;
- Abscheu vor Mosch Terpins Art, über die Natur zu sprechen, mit ihr umzugehen (zählend, messend, klassifizierend) ← Verhöhnung der Natur;
- Kommunikation mit der Natur;
- Wonnegefühle;
- Liebe als tiefes, zartes Geheimnis;
- sieht sich durch Fabians Worte verhöhnt;
- Bewusstsein, für andere ein Objekt des Spotts zu sein;
- Einsicht in die Widersprüchlichkeit der Gefühle: innigste Liebe erscheint im äußeren Leben geckenhaft

Für Balthasar sind Gefühl und Fantasie ebenso real wie objektiv Messbares.

Balthasar und Fabian, der Empfindsame und der Realist, der Romantiker und der Pragmatiker – sie bilden ein Gegensatzpaar, das man durch eine Spielszene konkretisieren lassen könnte; der Text bietet dazu genügend Vorlagen. Die Schülerinnen und Schüler könnten den Dialog inhaltlich auch erweitern:

■ *Verfassen Sie in Partnerarbeit einen Dialog zwischen Balthasar und Fabian, in dem deren Unterschiedlichkeit zum Ausdruck kommt. Erweitern Sie nach Möglichkeit die Vorgaben der Erzählung.*

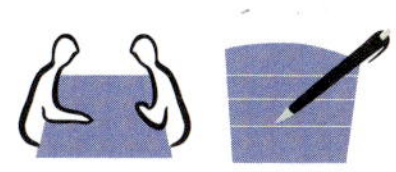

Balthasar und Fabian sind Freunde, doch in dem wichtigen Punkt der Gefühle verstehen sie sich nicht; während Balthasar leidet, hat Fabian eine im Grunde einfache Erklärung:

Balthasar aus der Sicht Fabians

- wie ein melancholischer Philister
- närrisches, unheimliches Treiben
- Trübsinn, den man durch Lachen bekämpfen kann
- unverständliche Naturempfindungen
- Spott über das „alte ewige Lied von Wehmut und Wonne"
- Kritik an seinen Gedichten

} Liebeskrankheit → pathologisierende Deutung

Fabian ist der Vertreter der Normalität, des Normalen; das entspricht dem Verhalten des Philisters im Denken der Romantik. Solche Verhaltensweisen, wie Balthasar sie zeigt, sind für ihn exzentrisch und nur dadurch zu erklären und zu tolerieren, dass sie Auswirkungen der „Liebeskrankheit" sind. Auch hier schaltet sich der Erzähler ein:

- *Wie verhält sich der Erzähler zu Balthasar? Gehen Sie von der Charakterisierung, die er von Balthasar gibt, aus (S. 23 f.).*

Der Erzähler beschreibt Balthasar einführend, noch bevor er richtig in die Handlung eintritt:

Balthasar

- wohlgestalteter Jüngling
- dunkel leuchtende Augen
- reger, herrlicher Geist
- schwärmerische Trauer
- blasses Antlitz
- kastanienbraune Locken
- Rock aus feinstem, schwarzem Samt
- altdeutsche Kleidung
- Spitzenkragen
- Samtbarett
- scheint einer schönen frommen Vorzeit anzugehören

Romantischer Held

Sozusagen um kein Missverständnis aufkommen zu lassen, wird die Beschreibung suggestiv: „Dieser junge Mann, der dir, geliebter Leser, auf den ersten Blick so wohlgefällt" (S. 24). Bilder von C.D. Friedrich könnten die Vorlage für diese Figur sein. Um der Deutung Fabians entgegenzutreten, fügt der Erzähler seine Deutung an, wenn er von der „tiefen Ironie [spricht], die die Natur in das menschliche Treiben gelegt" habe (S. 32). Dass es sich dabei um eine für Hoffmann zentrale Aussage handelt, soll hier angemerkt und kurz erläutert werden; auf Nachfrage wird man den Schülerinnen und Schülern die Stelle erklären, doch zum Thema wird sie erst, wenn die Rolle der Fantasie (Poesie) behandelt wird.

Was also bedeutet diese „tiefe Ironie“? Im Kern handelt es sich bei der Ironie wie bei allem Komischen um einen Kontrast – beispielsweise zwischen dem Gesagten und dem Gemeinten. Hier aber geht es nicht um eine Figur der Rhetorik, sondern um ein Phänomen der Welt, des Lebens: Das reinste Gefühl, das einen Menschen bewegt, lässt ihn in der Wirklichkeit komisch erscheinen, weil, so muss man ergänzen, ein solches Gefühl in der Normalität keinen Platz hat und auch von den in der Normalität befangenen Menschen nicht erfasst werden kann; sie grenzen es aus, indem sie die betreffende Person für verrückt erklären (= pathologisieren). So verhält sich auch Fabian. E.T.A. Hoffmann spricht an anderer Stelle vom „Kontrast einer inneren Gemütsstimmung mit den Situationen des Lebens“ (zitiert bei Preisendanz 1976, S. 47). Preisendanz nennt diesen Kontrast von innerer und äußerer Welt den „Kristallisationspunkt seiner [Hoffmanns] poetischen Welterfahrung“ (S. 48). Hier treffen wir also auf das Ungenügen an der Normalität, wie Lothar Pikulik das Romantische definiert. Balthasar ist in diesem Sinne ein Romantiker, was – wie das Märchen zeigt – negative und positive Seiten hat. Die positive Seite kommt zur Geltung, als er sich nach der Katastrophe der Teegesellschaft sehr schnell wieder fängt.
Der Erzähler verhehlt seine Sympathie für Balthasar nicht, doch bedeutet das nicht, dass er Fabian negativ bewertet: Fabian gehört offenbar zu den Wirklichkeitsmenschen, denen alles Romantische (wenn man das Wesen Balthasars mit diesem Begriff zusammenfasst) fremd und unverständlich ist und dem sie damit begegnen, dass sie es für komisch halten. Wer die Dinge so wie Fabian sieht, dem entgeht, dass die Wirklichkeit auch Facetten hat, die mit dem Alltagsverstand, der auf Normalität geeicht ist, nicht wahrgenommen werden können. Was es damit tatsächlich auf sich hat, ist hier noch nicht wirklich zu erkennen; das zeichnet sich erst ab, als Balthasar seine existenzielle Katastrophe bei der Teegesellschaft von Mosch Terpin erlebt.

2.3 Balthasars Liebeskatastrophe

Die dramatische Handlung setzt in dem Moment ein, als Balthasar erkennen muss, dass er einen unwürdigen Konkurrenten bei seinem Werben um die geliebte Candida hat.

2.3.1 Candida, Balthasars angeschwärmtes Liebesobjekt

Balthasar kann Fabian nicht gänzlich widersprechen, er ist tatsächlich in Candida, Mosch Terpins Tochter, verliebt und diese Liebe bestimmt sein ganzes Fühlen. Für Fabian sind die beiden aber so gegensätzlich, dass er meint, den Freund aufklären und warnen zu müssen: „Candida ist ein gar hübsches herrliches Mägdlein, aber zu deiner melancholischen, schwärmerischen Gemütsart passt sie ganz und gar nicht.“ (S. 35) Sogar der Erzähler gibt ihm darin teilweise recht: „Fabian mochte nicht ohne Grund allerlei pathetische [= von Leiden bestimmte] Unglücksmomente voraussehen, die sich mit Candida und Balthasar wohl zutragen konnten; denn beider Wesen und Gemütsart schien in der Tat Anlass genug dazu zu geben.“ (S. 36)
Der Erzähler verstärkt diesen Gedanken durch seine Beschreibung Candidas, die die Schülerinnen und Schüler nachlesen (S. 36f.):

- *Wie wird Candida vom Erzähler charakterisiert?*
- *Wie bewerten Sie Fabians Warnung an Balthasar, Candida passe nicht zu ihm?*

Das Bild, das der Erzähler von Candida zeichnet, ist nicht so kohärent wie das von Balthasar:

Candida

- bildhübsch
- strahlende Augen
- Rosenlippen
- schöne Haare
- schlank
- Leichtigkeit
- Anmut
- Bildung durch Lektüre, aber nicht nachhaltig
- Mode, Konsum
- musikalisch
- schöne Handschrift
- nicht launenhaft
- nicht affektiert
- lacht gern, hat Humor
- inniges Gefühl, keine Empfindelei
- kleine äußere Makel

Sie ist natürlich, bodenständig, nicht exzentrisch; sie ist authentisch.

Während Fabian die Frage, ob sie zu Balthasar passe, eindeutig verneint, drückt sich der Erzähler weniger entschieden aus, er hält „Unglücksmomente" für möglich, die es ja auch geben wird, aber daraus leitet er keine Unverträglichkeit der Charaktere ab. Candida ist keine emanzipierte Frau, keine Frau, die über Autonomie nachdenkt. Die Ehe ist für sie der vorgezeichnete Lebensweg. Sie leidet nicht wie Balthasar unter der Ironie im menschlichen Treiben; sie ist – im Sinne des Begriffs, wie Schiller ihn verwendet – naiv, was aber auch bedeutet, dass sie verblendet ist/sein kann.
Candida entspricht einem Frauenbild, wie man es etwa bei Herder oder auch bei Jean Paul finden könnte, nicht aber dem Frauentyp, der für die romantischen Salons bestimmend war. Dazu könnte man – zum Vergleich – das **Arbeitsblatt 6**, Frauen-Bilder, S. 55f. heranziehen:

- *Welche Vorstellungen von der Rolle der Frau kommen in den Texten zum Ausdruck?*
- *Welche Unterschiede sehen Sie?*
- *Wie verhält sich dazu das Bild, das die Leser sich von Candida machen können?*

Herder bezieht sich in seinem Brief, einem der ersten, die er an Caroline Flachsland, seine spätere Ehefrau, schrieb, auf die sehr gebildete Markgräfin von Baden, die er wegen ihres intellektuellen Auftretens nicht mochte. Während die beiden Frauen der Romantik eine emanzipierte Vorstellung von der Frau haben, besteht Herder auf einem traditionellen Rollenbild. Es wird aber auch sichtbar, dass sich Rahel Varnhagen und Karoline von Günderode in einer Position sehen, die sie zur Selbstbehauptung nötigt. Herder beruft sich auf die Natur, darin kommt das Denken Rousseaus zum Ausdruck. Die wesentlichen Punkte lassen sich so zusammenfassen:

Frauen-Bilder

Herder	Rahel Varnhagen	Karoline von Günderode
• gelehrtes Frauenzimmer = Unnatur • Frauen sind die einzigen wahren menschl. Geschöpfe • Lektüre soll bilden, d. h. Geist und Herz verschönern • Ehe, Mutterrolle = Bestimmung der Frau	• der Geist der Frauen ist nicht anders als der der Männer • die Ehe ist nicht der höchste menschliche Zustand • die Frauen sollen sich nicht immer nur nach den Männern richten	• viel Lebenskraft und Mut, aber als Frau keine Möglichkeit, sie anzuwenden • beklagt die Gleichförmigkeit des weiblichen Lebens
traditionelles Frauenbild	**romantisches, emanzipatorisches Frauenbild**	

Der Vergleich macht deutlich, dass Candida sich eher so verhält, wie Herder es in seinem Brief darstellt; es ist das Frauenbild der Empfindsamkeit. Viele Frauen der Romantik wollten sich damit nicht zufrieden geben; sie mussten für ihre Selbstentfaltung kämpfen, oft aber hatten sie nicht die Kraft und vor allem nicht die Mittel, ein selbstbestimmtes Leben zu führen, was am Schicksal der Günderode, die Selbstmord beging, sichtbar wird.

Für Balthasar bedeutet die Einladung zur Teegesellschaft den Gipfel der Seligkeit, er bereitet sich äußerlich und innerlich sorgfältig darauf vor. Die Schülerinnen und Schüler sollten das, was der Erzähler darüber mitteilt, in einem inneren Monolog Balthasars verarbeiten:

- *Was erwartet Balthasar von der Teegesellschaft? Lesen Sie dazu die Seiten 38 f. und verfassen Sie einen inneren Monolog Balthasars.*

Die vom Erzähler gegebenen Hinweise werden im Folgenden zusammengestellt:
Unruhe; unbeschreiblich süßes Bangen; schlaflose Nacht; ganz erfüllt vom Bild der Geliebten; schreibt ein Gedicht, in dem er seine Liebe im Bild ausdrückt; will das Gedicht vortragen – also eine indirekte Liebeserklärung; außerdem kleidet er sich besonders ausgefallen (ganz deutsch – gemeint: altdeutsch, nach der Mode der Zeit).
Der Erzähler kommentiert den Eifer Balthasars mit leiser Ironie, wenn er schreibt, Balthasar wolle mit seinem Gedicht „losfahren auf Candidas unbewahrtes Herz" (S. 38, Z. 8): Balthasar geht in seiner verliebten Schwärmerei auf, verliert jede Selbstdistanz und macht sich dadurch umso verletzlicher. Seine naive Einfalt sollte im Monolog zum Ausdruck kommen.

2.3.2 Die Katastrophe bei der Teegesellschaft

Die Teegesellschaft wird für Balthasar zur Katastrophe, in die er vollkommen unvorbereitet gerät, dementsprechend hilflos wirkt er. Der Erzähler schildert das Geschehen, er gibt keinerlei Kommentare ab. Das ist eine Gelegenheit für die Leserinnen und Leser, in die Rolle des beobachtenden und kommentierenden Erzählers zu schlüpfen und dabei zu zeigen, wie hilflos Balthasar immer mehr ins Unglück gerät:

- *Schreiben Sie die Textsequenz (Teegesellschaft) um: Nehmen Sie dabei die Rolle eines kommentierenden, mit Balthasar mitfühlenden Erzählers ein.*

Die folgenden Stationen sind zu berücksichtigen:

- Balthasars Entzücken: Candida (ebenfalls altdeutsch gekleidet!) begrüßt ihn persönlich; allerdings reicht sie ihm nur eine Tasse Tee und ist ganz konventionell;
- der Professor der Ästhetik (!) hat wenig Sinn für das Schöne, er will Balthasar zum Saufen anstiften, doch der lässt sich nicht aus seiner Hochstimmung herausreißen;
- Zaches/Zinnober wird als hochbegabter Jüngling eingeführt; Fabian spottet, Balthasar kann sich dem nicht anschließen und redet Zinnober mitfühlend an;
- er will Zinnober helfen, als dieser hinfällt und Katzengeräusche von sich gibt; Balthasar wird getadelt, eine Katze nachgeäfft zu haben – Zinnobers Verhalten wird ihm zugerechnet; Umschlagen der Stimmung: Peinlichkeit, Scham; Trostversuche von Mosch und Candida, was ihn die Pein vergessen lässt;
- begeisterter Gedichtvortrag Balthasars mit positiven Reaktionen; erneuter Stimmungsumschlag: bittere Enttäuschung, als er erkennt, dass Zinnober für das Gedicht über die Maßen gepriesen wird;
- Verschlimmerung seiner Verfassung, als Candida Zinnober einen Kuss gibt;
- auch Fabian hält Zinnober für den Poeten und wirft Balthasar Eifersucht vor; Hass und Verzweiflung.

Dass Balthasar am Ende völlig verzweifelt und außer sich ist, leuchtet ein. Nun wird erst richtig erkennbar, was der Zauber durch die Fee/das Fräulein von Rosenschön wirklich bedeutet; das sollte erläutert werden:

- *Was bedeutet der Zauber der Fee für Balthasar? Was bedeutet er für die Gesellschaft?*

Was bedeutet der Zauber der Fee für Balthasar?

- Zaches verhält sich unmöglich, indem er wie eine Katze mauzt – das ungehörige Verhalten wird Balthasar zugeschrieben.
- Balthasar trägt ein Gedicht vor, das sehr gut aufgenommen wird – doch die Gesellschaft lobt überschwänglich Zinnober als den Urheber.

Das ungebührliche Verhalten von Zaches wird Balthasar zugerechnet; der vielgelobte Gedichtvortrag Balthasars wird Zaches zugerechnet.
Negatives wird nicht Zaches, sondern anderen angelastet;
Positives, das andere vollbringen, wird Zaches zugesprochen.

Der Zauber der Fee bedeutet für Zaches, dass er, ohne irgendetwas zu leisten, eine grandiose Karriere macht. Die perfide Wirkung erleiden diejenigen, denen dadurch Leistung und Anerkennung genommen werden. Für Zaches, der eigentlich ein Nichts, eine Null ist und bleibt, bewirkt der Zauber den gesellschaftlichen Aufstieg, und zwar auf Kosten derjenigen, die tatsächlich etwas leisten. Es kommt hinzu, dass die gesamte Gesellschaft so verblendet ist, dass sie Schein und Sein nicht unterscheiden kann. Die Fee, die Gutes bewirken will, schafft schreiende Ungerechtigkeit und potenzierte Dummheit. Zur besseren Orientierung sollen die Schülerinnen und Schüler den Stand der Dinge zusammenfassen:

- *In welchem Verhältnis stehen die ursprüngliche Absicht der Fee und die tatsächliche Wirkung zueinander?*

Das bisherige Ergebnis wird im Tafelanschrieb festgehalten:

Der Stand der Dinge nach der Teegesellschaft

Die erklärte Absicht der Fee: Entschädigung der armen Liese für ihr elendes Schicksal durch die wunderbare Karriere ihres „abscheulichen Wechselbalgs".
Die Wirkung: Der zu nichts fähige und nichts leistende Zaches macht eine grandiose Karriere auf Kosten derjenigen, die tatsächlich etwas können und leisten.
Die Voraussetzung für Zaches' Erfolg: Die Menschen sind verblendet, sie können Schein und Wahrheit nicht unterscheiden.

Es wäre sinnvoll, an dieser Stelle auf Alltagserfahrungen zu rekurrieren, um den Einfall E.T.A. Hoffmanns davon abzugrenzen:

- *Suchen Sie Beispiele aus dem Alltag für ähnliche Ungerechtigkeiten, wie Balthasar sie erlebt.*
- *Inwiefern unterscheiden sie sich von Hoffmanns Erfindung der Figur des Zaches?*

Denn es kommt oft genug vor, dass jemand für die Leistung eines anderen gelobt wird oder dass sich jemand mit fremden Federn schmückt, also unberechtigterweise sich die Leistung eines anderen aneignet; die Plagiatsaffären sind ein aktuelles Beispiel. In den meisten dieser Fälle steckt eine Absicht dahinter, man will sich auf Kosten eines andern einen Vorteil verschaffen. Im Unterschied dazu gilt in Bezug auf Zaches, dass ihm die Anerkennung zufällt – durch Zauberei, durch Verblendung, er selbst erbringt keinerlei Leistung und tut nichts zu seinem Erfolg.

2.4 Das Erwachen von Balthasars Widerstandsgeist

Im Zentrum der Handlung steht nun Balthasar, der nach seiner tiefen Kränkung unerwartete Widerstandskraft entwickelt. Ausgehend von der Interpretation des 4. Kapitels wird sein weiterer Weg verfolgt. Das äußere Geschehen des Märchens beinhaltet den Kampf gegen Zinnober, der zum Rivalen um Candidas Hand geworden ist. Daneben gibt es eine innere Handlung, Balthasars Entwicklung bzw. Berufung zum Dichter. Diese wird im Baustein 3 näher beleuchtet.
Der Anfang des 4. Kapitels ist ein entscheidender Wendepunkt in der Handlung; ab da verläuft Balthasars Weg stetig nach oben, ebenso wie der Zinnobers, bis es auf der Verlobungsfeier zum Showdown für Zinnober kommt und Candida sich wieder Balthasar zuwendet. Die Wende zu Beginn des 4. Kapitels erfolgt als das unerwartete Erwachen einer inneren Widerstandskraft, die Balthasar urplötzlich vom Leidenden zum Handelnden macht. Bis dahin dominiert in der Vorstellung des Lesers das Bild Balthasars als eines empfindsamen und zurückhaltenden jungen Menschen mit melancholischen und schwärmerischen Neigungen („fromm – verständig – fleißig" S. 25, Z. 1 f.). Diese Seite wird durch das Waldgespräch mit Fabian im Anschluss an die einführende Charakteristik entfaltet und verdeckt zunächst das, was der Erzähler als sein eigentliches Wesen erachtet, das „einem Schleier gleich" durch die „schwärmerische Trauer" verhüllt wird: „ein innerer reger und herrlicher Geist" (S. 24, Z. 18) und in seinem Innern „brennende[n] Strahlen" (S. 24, Z. 21 f.).

Anhand der ersten vier Absätze des 4. Kapitels sollen die Schülerinnen und Schüler erkennen, wie sich der für den Fortgang der Handlung bestimmende Stimmungsumschwung in Balthasar vollzieht. Als Einstieg eignet sich ein Schreibauftrag:

- *Balthasar hat sich nach dem Desaster auf dem Fest in den Wald geflüchtet. Er sitzt auf einem hohen Felsvorsprung. Verfassen Sie einen kurzen inneren Monolog Balthasars.*

Zu erwarten ist eine bewegte Klage, lautes Jammern des Verlassenen in der Ödnis, Äußerungen der Verzweiflung bis zu Vernichtungsgefühlen und sicher auch Zorn und Hass auf Zinnober, der ihm nicht nur die Geliebte geraubt, sondern ihn auch als Mensch und Dichter blamiert hat. Naheliegend ist der Impuls, sich in die Tiefe zu stürzen, der im Text ja auch vorhanden ist. Entsprechend den Eindrücken über Balthasars Naturverbundenheit (Kap. 2, S. 25 ff.) erwartet man pathetische Anrufe an die Natur, die ihm entweder nicht antwortet, seine Verzweiflung steigert oder beruhigend mit den Bäumen rauscht.

Anschließend wird der Text gelesen. Bei genauem Hinsehen kann man feststellen, dass sich nur wenig davon ereignet, obwohl ein Korrespondenzverhältnis zwischen innerer Verfassung und äußerer Natur gegeben ist; die schreienden Raubvögel und der Abgrund sorgen zusammen mit „Gestrüpp", dunklen Wolken und dem „dumpfen Winseln" der Gewässer für ein schauerromantisches Landschaftsbild, das seiner inneren Verfassung entspricht.

- *In welcher Beziehung stehen Natur/Landschaft und innere Verfassung Balthasars zueinander?*

Als Ergebnis wird festgehalten:

Balthasars innere Verfassung und die Natur

Innere Verfassung:

- Schock, plötzlicher Verlust, geplatzte Träume …
- Gefühl, als müsste „er selbst untergehen" in der „trostlosen" „Klage" der Natur
- „Gefühl des tiefsten unverwindlichsten Schmerzes"
- „Wehmut"
- ihn nach unten rufende „Geister des Waldstroms"
- stummes Leiden

Der Ort:

- einsam, trostlos, gefährlich
- Felsen, Abgrund
- dumpf „winselnder" Bach in der Tiefe
- dunkle Wolken
- kreischende Raubvögel

Korrespondenzverhältnis: schauerromantische Requisiten;

Doch ein genauerer Blick zeigt, dass seine Verzweiflung nicht in direkter Rede dargestellt wird, vielmehr werden seine Gefühle auktorial benannt („trostlose Klage", „tiefste unverwindlichste Schmerzen" und „Wehmut", S. 46, Z. 9 ff.).

- *Untersuchen Sie, mit welchen sprachlichen Mitteln Balthasars Verzweiflung dargestellt wird.*

Äußerlich ist ein Korrespondenzverhältnis zwischen Innen und Außen gegeben, doch der Erzähler verzichtet auf weitere sprachliche Dramatisierung. Dass die Natur mit ihm klage, ist ein Topos, dieser erscheint im Als-ob-Modus. Die Erwähnung seiner „häufig" „tröpfelnden" Tränen könnte ein Quäntchen Ironie enthalten. Der drohende Sturz in die Tiefe, eine Suizid-Anwandlung, wird in einem einzigen Satz erwähnt; durch das Motiv der weißen Arme, die sich aus den Wellen heraufstrecken, erscheint dieser eher als Fantasie eines Liebestods denn als Verzweiflungsakt. Diese gesamte genrehafte Darstellung umfasst nicht mehr als eine halbe Seite. Es kann festgehalten werden:

Darstellungsweise

- einfache (auktoriale) Benennungen
- im Als-ob-Modus
- relativ knapp und kurz
- konventionell, stereotyp
- keine wörtliche Rede, kein Monolog, keine Ausrufe

abgeschwächte Darstellung der Korrespondenz von Gefühl und Landschaftsszenerie

Das Erwachen seiner Widerstandskraft wird in einem lebhaften Monolog dargestellt, der länger ist als die vorausgehende Beschreibung seiner Verzweiflung. Da es sich um einen Wendepunkt der Handlung handelt, sollte der Monolog genauer gelesen werden:

- *Lesen Sie den Monolog Balthasars (S. 46, Z. 16 – S. 47, Z. 15).*
- *Was genau löst bei ihm den Stimmungsumschwung aus?*
- *Wie verläuft die Gedankenentwicklung? Zu welchen Einsichten kommt Balthasar in seinem Monolog?*
- *Wie wird der Stimmungsumschwung dargestellt?*
- *Was besagt diese Sequenz über Balthasars Charakter?*

Im dritten Absatz schlägt seine Wehmut in Aktivität um; hier ändert sich auch der Darstellungsmodus. Das Signal bildet das einleitende „Da". Die plötzliche Stimmungsaufhellung wird ausgelöst durch ein akustisches Signal: Es ist ein „aus weiter Ferne" heranschwebender „heller freundlicher Hörnerklang", ein romantischer Topos. Dieser reicht, um ihn zu trösten und in ihm „Sehnsucht und süßes Hoffen" zu erwecken. Sofort ruft er ein entschlossenes „Nein".
Seine Gedanken entwickeln sich folgendermaßen:

- Er springt auf;
- Abwehr von Verzweiflung;
- Selbsterkenntnis: es ist noch Hoffnung;
- plötzliche Erkenntnis: es ist ein böser Zauber;
- Entschluss, den Zauber zu brechen, „und sollt ich darüber untergehen!"
- Erinnerung an Candidas Blick beim Vorlesen des Gedichts;
- Ablehnung von Ammenmärchen – dennoch Vermutung: Zinnober muss verhext sein;

- Eingeständnis eigener Anfälligkeit für Zinnobers Wirkung;
- Erkenntnis: Nur die Gegenwart Candidas feit ihn gegen Zinnobers Wirkung;
- Bekräftigung des Entschlusses, den Zauber zu brechen;
- dunkle Ahnung, Zuversicht, dass ihm irgendwoher unerwartete Hilfe kommt;
- Vorstellung von einem Kampf gegen den bösen Unhold.

Die sprachliche Darstellung unterscheidet sich deutlich vom vorausgehenden Teil; es handelt sich um einen Monolog in lebhafter Rede, die Gedanken werden differenziert ausgesprochen und Balthasar erweist sich als einer, der mutig und entschlossen handeln will. Hier lässt er sich nicht von einer Stimmung leiten, sondern von klaren Einsichten; er ist also auch zu rationalem Handeln fähig und nicht nur ein Schwärmer. Sprachlich kommt das durch die wörtliche Rede, durch Ausrufe und Fragen zum Ausdruck. Im Tafelbild wird festgehalten, was sich daraus für seinen Charakter ableiten lässt:

Balthasars Charakter, wie er im Monolog zum Ausdruck kommt

- Resistenz gegen übermächtige, auf das Gemüt wirkende Naturerscheinungen
- Fähigkeit zu rationalem Verhalten
- Erkennen der eigenen Widerstandskraft
- Mut und Zuversicht, Entschlossenheit zum Handeln

Balthasar zeigt, dass er nicht nur der Schwärmer, sondern auch in der Lage ist, geplant zu handeln. Die schaurige Umgebung verstärkt nicht seinen Schmerz. Die Natur/Landschaft ist nur Kulisse.

Um den Unterschied des Protagonisten Balthasar zu einer Figur des Sturm und Drang zu zeigen, könnte man Goethes „Die Leiden des jungen Werthers" zum Vergleich heranziehen (**Arbeitsblatt 7**: Das Naturerleben Werthers, S. 57). Der Brief vom 10. Mai drückt die anfängliche Seligkeit aus und bezeichnet die Fallhöhe seiner Verzweiflung. Im Zusammenhang mit dem Anfang des 4. Kapitels soll hier der Brief vom 12. Dezember herangezogen werden. Dieser ist der zweitletzte, den Werther vor seiner Verzweiflungstat an Wilhelm schreibt; die Szene auf dem Berg im „Klein Zaches" dagegen gehört zum Beginn der ins Glück führenden Handlung. In beiden Passagen zeigt sich das bereits angedeutete Korrespondenzverhältnis zwischen dem Ich und der umgebenden Natur.

■ *Vergleichen Sie die zweite Textstelle (vom 12. Dezember) mit der Szene zu Beginn des 4. Kapitels von „Klein Zaches genannt Zinnober": Wo sehen Sie Parallelen? Worin bestehen die Unterschiede?*

Die Parallelen sind: ein wegen des Verlustes der Geliebten verzweifelter junger Mann in einer dramatischen Naturszene (Berg, reißendes Wasser in der Tiefe, bedrohliches Wetter), also eine ähnliche innere und äußere Situation. Die Unterschiede lassen sich wie folgt darstellen:

Werther und Balthasar – zwei Verzweifelte an einem dramatischen Ort

Werther	Balthasar
• ein „inneres unbekanntes Toben" treibt ihn hinaus; • dramatische Schilderung einer Überschwemmung, empfunden als „stürmende See" • dramatischere Lichtverhältnisse (Mond, schwarze Wolken) • Steigerung seiner Befindlichkeit durch Sprache • distanzlose Identifikation mit der Naturkatastrophe • Todessehnsucht und Stolz auf seinen Todesmut • neue persönliche Sprache	• keine Darstellung seines Aufbruchs, seines Getriebenseins • „gedankenvolles" Hinabschauen • keine Unwetterkatastrophe, nur aufziehendes schlechtes Wetter • weniger Hell-Dunkel, nur graue Wolken • er hört auch noch die „wunderbaren Stimmen des Waldes" • „Wehmut", Tränen, „als ob" • sehnsuchtsvoller Blick in die Tiefe • weder vorher noch während der Szene irgendwelche Todesgedanken • konventionelle Formulierungen (außer dem „winselnden" Gewässer)
• **endgültiger Verlust der Geliebten (Heirat)** • **Identifikation mit dem Naturgeschehen, keine Tränen** • **Brief, unmittelbarer Gefühlsausdruck** • **fehlende Selbstdistanz: er ist sich der projektiven Identifikation nicht bewusst** • **Gefährdung** • **Vorstufe zum Suizid**	• **es besteht noch die Möglichkeit der Rückgewinnung der Geliebten** • **sentimentale Stimmung, Tränen** • **Erzähler als Vermittler (als-ob)** • **Unabhängigkeit von der Atmosphäre des Orts** • **Vorstufe zu Klarheit, Mut, Entschlossenheit**

Balthasar ist kein Werther, der seine subjektiven Empfindungen in die Natur projiziert und seine eigene Befindlichkeit in der Natur wiederzufinden glaubt. Auf Balthasar übt der schaurige Ort keine Suggestion aus. Wie die weitere Handlung zeigt, ist er ein stabiler junger Mann ohne irgendwelche innere Gefährdung. Balthasar gehört nicht zu den zerrissenen, getriebenen Künstlerfiguren E.T.A. Hoffmanns. Im Kontext dieses Märchens, das sich auf die Figur des Zaches/Zinnober konzentriert, wäre eine zu stark individualisierte problematische Gegenfigur wohl eher kontraproduktiv.

2.5 Die Handlungsstruktur des Märchens „Klein Zaches genannt Zinnober" und die Figurenkonstellation

Im Anschluss an die Beschäftigung mit dem Wendepunkt im 4. Kapitel sollen die Schülerinnen und Schüler einen Überblick über die weitere Handlung erstellen. Der Fortgang der Handlung ergibt sich aus den Aktivitäten Balthasars und seiner Unterstützer, während

Zaches im Grunde passiv ist und sich hofieren und befördern lässt; deshalb ist es sinnvoll, zunächst die Balthasar-Handlung, das Tragegerüst des Märchens, zu rekapitulieren.

- *Erstellen Sie eine Liste mit den für Balthasar entscheidenden Handlungsschritten.*
- *Wo befindet sich der Tiefpunkt von Balthasars Unglück, wo siegt er über seinen Widersacher Zaches/Zinnober?*
- *Stellen Sie graphisch den Handlungsverlauf (Kap. 2–9) dar und beschriften Sie diese Kurve (Textstelle/Akteure/Ereignisse).*

Die wesentlichen Schritte der Baltasar-Candida-Handlung ab dem 4. Kapitel sind:

Handlungsübersicht (Balthasar-Handlung)
Kapitel 4: Balthasars Verdacht auf einen in Zinnober wirkenden Zauber erhärtet sich durch die Begegnung mit zwei weiteren Geschädigten, Sbiocca und Pulcher. Der vorüberfahrende Prosper Alpanus erfüllt ihn mit Zuversicht, die auf Pulcher ausstrahlt. Balthasar gewinnt Pulcher als Helfer im Kampf gegen Zinnober.
Kapitel 5: Fabian bringt Balthasar zu Prosper Alpanus. Dieser stellt fest: Zinnober ist ein gewöhnlicher Mensch, aber es ist eine weitere, noch unbekannte Zaubermacht im Spiel. Balthasar verdrischt Zinnober im Zauberspiegel und muss mit Verhaftung rechnen, deshalb flieht er in das Dorf Hochjakobsheim.
Kapitel 6: Während seiner Abwesenheit beobachten Pulcher und Adrian die Fee, die Zinnober kämmt, und entdecken den feuerfarbglänzenden Streif auf Zinnobers Kopf. Nach der Beförderung Zinnobers zum Minister und der pompösen Ordensverleihung bekommt Prosper Alpanus Besuch von der Fee. Er erstellt das Horoskop Zinnobers und erkennt, dass dieser nicht mehr lange wirken wird. Der Zauberkamm der Fee zerbricht, sie freundet sich mit Prosper Alpanus an. Damit ist der Zauber bereits gebrochen, was Balthasar und seine Freunde aber noch nicht wissen.
Kapitel 7: Balthasar bekommt von Pulcher einen Brief, der ihn beruhigen soll – Zinnober bekomme wohl keinen Besuch mehr von der Frau, die ihn regelmäßig kämmt. Prosper Alpanus klärt ihn über die Ursache von Zinnobers Macht auf, die drei feuerfarbenen Haare, und verleiht ihm Zuversicht für das Gelingen der Überwältigung Zinnobers. Durch die Schenkung des Landhauses erleichtert er ihm die Werbung um Candidas Hand.
Kapitel 8: Zurück in Kerepes, erfährt Balthasar von der bevorstehenden Verlobung Candidas mit dem inzwischen zum Minister beförderten Zinnober. Auf der Stelle planen Balthasar, Pulcher und Fabian eine gemeinsame Aktion gegen Zinnober: Auf dem Verlobungsfest wollen sie ihn packen und ihm die drei Haare ausreißen. Der Plan gelingt mithilfe einer Brille (Lorgnette), die Prosper Alpanus Balthasar gegeben hat. Die Gäste „erwachen aus einem Traum" und der öffentlich blamierte Zinnober flieht in sein Haus. Candida erklärt Balthasar, dass sie ihn liebt.
Kapitel 9: Dieses Kapitel führt mit dem Tod Zinnobers über die Balthasar-Handlung hinaus. Der Auslöser sind unerwartete Zufälle: die plötzliche Ankunft der alten Liese. Sie fragt nach ihrem Sohn, wird abgewiesen, ruft laut nach seinen Namen: „Klein Zaches". Daraufhin dringt eine wütende Volksmenge ins Haus, um sich an ihm zu rächen. Aus Furcht springt er in einen Nachttopf, in dem er ertrinkt. Gemäß dem Horoskop des Prosper Alpanus bekommt er eine feierliche Beisetzung, bei dem das Volk über seinen Tod weint. Die Ruhe des Status quo ist wiederhergestellt.
Letztes Kapitel: Balthasar und Candida feiern ein prächtiges Hochzeitsfest und leben sorgenfrei und glücklich auf dem geschenkten Landgut. Balthasar ist nun ein Dichter.

Die Liste der Ereignisse zeigt, dass Balthasars Weg ab dem vierten Kapitel beständig bergauf führt, was sich grafisch auf einfache Weise darstellen lässt. Der Tiefpunkt befindet sich in Kapitel 3, der Höhepunkt in Kapitel 8. Anders als im Volksmärchen muss er keinen langen Weg des Leidens durchlaufen, bis er wunderbare Hilfe bekommt – diese wird ihm schon am Anfang der Aufstiegshandlung (Ende des 4. Kapitels) zuteil. Einen besonderen Schwung bekommt die Handlungskurve dann im mittleren (dem 6.) Kapitel dieser Befreiungsgeschichte durch die Abwendung der Fee von ihrem Schützling Zaches. Die Handlung bis zum Ende des 8. Kapitels könnte man als Wettlauf zweier Rivalen um die Hand der schönen Candida sehen.

Handlungsaufbau/Spannungsverlauf

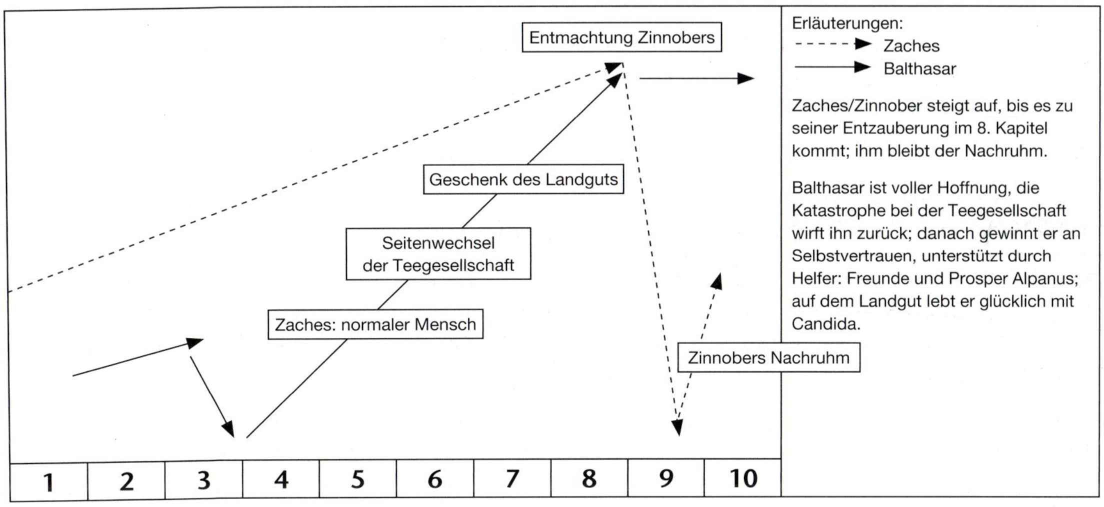

Die Balthasar-Handlung ist nur die eine Seite; vor allem hat sie eher dienende Funktion als Transportmittel für die eigentliche Handlung, den Aufstieg des Zwergs zum Minister und seinen Sturz. Dazu wird die Figurenkonstellation der zwei Handlungsstränge erfragt:

- *In welcher Beziehung stehen Zaches und Balthasar, die Hauptfiguren, zueinander? Welche anderen Figuren sind ihnen zugeordnet?*
- *Welche Funktion haben sie?*

Den Hauptakteuren Zaches/Zinnober und seinem Gegenspieler Balthasar sind zwei märchenhafte Helfer zugeordnet, die Fee Rosabelverde und der Zauberer Prosper Alpanus. Dazu gehören weitere Personen, die sie unterstützen, bei Zinnober stammen diese aus der Macht- und Bildungselite des Staates:

Figurenkonstellation

Zaches	**Balthasar**
zugeordnet sind: Rosabelverde Frau Liese, Zaches' Mutter Pfarrer Fürst Barsanuph Mosch Terpin Minister Prätextatus von Mondschein (dessen Nachfolger Zaches wird) Leibarzt Diener Candida	*zugeordnet sind:* Prosper Alpanus Fabian Pulcher Adrian Candida

Wie ist die Figurenkonstellation zu bewerten? Rosabelverde, die Helferin von Zaches, ist zunächst ganz auf seiner Seite, doch als Prosper Alpanus in die Handlung eintritt, bekommt sie einen Gegenspieler, der ihr gegenüber seine Überlegenheit demonstriert und sie davon überzeugt, ihren Schützling aufzugeben. Auch bei anderen Figuren zeigt sich eine Veränderung ihres Verhaltens: Balthasars ursprüngliches Mitleid mit Zaches wandelt sich in Feindschaft, als dieser Erfolg bei Candida hat; Candida durchlebt eine vorübergehende Verblendung; Frau Liese will ihre Liebe zu Zaches ausdrücken und trägt zu seinem Sturz bei; hier greift noch einmal die Fee ein und verhilft ihr aus dem Elend (Liese wird Zwiebellieferantin des Hofs). Die Veränderung der Figurenkonstellation spiegelt sich im Aufbau der Handlung.

Anders als die Balthasarhandlung ist die eigentliche Geschichte, der Aufstieg und Fall Zinnobers, kaum als spannende, fortlaufende Aktion darstellbar. Zum einen ist Zinnober kein Sympathieträger, zum andern ist er passiv; ihm fliegt die Macht durch die allgemeine Verblendung zu.

- *Stellen Sie, unter Berücksichtigung der Figurenkonstellation, die Entwicklung der beiden Handlungsstränge in einer Tabelle dar.*

Das Ergebnis könnte so aussehen:

Die Handlungsstränge der Erzählung

Kap.	Zaches' Karriere	Balthasars Weg
1	Die Feengabe	
2		Balthasars Liebe zu Candida; Mitleid mit Zaches
3	Erfolg in Kerepes und bei der Teegesellschaft	Balthasars Liebesdesaster; Gegnerschaft: Zaches – Balthasar
4		Balthasars Entschluss zum Handeln (Beginn der Gegenhandlung)
5	Hofkarriere; anstehende Verlobung mit Candida	Hilfe von Prosper Alpanus: Zaches ist ein gewöhnlicher Mensch
6	Weiterer Aufstieg: Beförderung zum Minister und Ordensverleihung	Zaches' Geheimnis wird von Pulcher und Adrian aufgedeckt
	Besuch der Fee bei Prosper Alpanus: Überlegenheit Prospers, die Fee wechselt die Seite, der Absturz von Zaches ist besiegelt	
7	Äußere Verwahrlosung (Haare)	Balthasar erfährt, wie der Zauber gebrochen werden kann; Alpanus vermacht ihm sein Landgut
8	Kurz vor der Verlobung mit Candida wird Zaches entzaubert/entlarvt; Balthasar und Candida finden zueinander	
9	Ende im Nachttopf; pompöse Bestattung, Nachruhm	
10		Alpanus entschwindet nach Indien, Happy End für Balthasar und Candida

■ *Was ergibt sich daraus für die Zaches/Zinnober-Handlung?*

Die Passivität Zaches'/Zinnobers wurde bereits geklärt. Die Fee gibt ihm Starthilfe, der Rest ergibt sich aus der Verblendung und Verführbarkeit der Mitmenschen. Auffällig ist:

- Schon im 5. Kapitel wird erkannt, dass Zinnober keineswegs über die Fähigkeiten verfügt, die ihm zunächst zugesprochen wurden.
- Bereits im 6. Kapitel verliert Zinnober seine Helferin aus der Märchenwelt. Ihm bleibt nur noch der Restzauber der drei feuerfarbenen Haare.
- Die öffentliche Entlarvung Zinnobers wird ermöglicht durch die Abwendung seiner Helferin.
- Der Zauberer klärt Balthasar auf, wie er auf dem Fest mit Zinnober verfahren soll, und gibt ihm ein Hilfsinstrument. Die Aktion auf dem Fest ist nicht viel mehr als eine vom Zauberer herbeigeführte Chance für Balthasar, sich handelnd zu bewähren.
- Beide Handlungsstränge weisen eine deutlich reduzierte Spannung auf.

Zu fragen ist nach der Wirkung dieses Verzichts auf äußere Spannung.

■ *Wie wirkt sich die reduzierte Spannung auf den Leser aus?*

Der Leser fiebert nicht dem Ausgang entgegen, sondern wendet sich dem Text zu. Dadurch geraten einzelne Sequenzen besser in den Blick.

- Z.B. die Szene des unerzogenen Zinnober beim Frühstücksempfang (Kap. 5, S. 55f.), das Studium der Zauberbücher (Kap. 5, S. 62f.), die Ordensverleihung (Kap. 6, S. 72ff.), das Geplänkel der beiden Zauberer Rosabelverde und Prosper Alpanus (Kap. 6, S. 76ff.), die Verblödung des Wissenschaftlers Mosch Terpin (Kap. 7, S. 81f.), Alpanus' Abschiedsrede und Vermächtnis (Kap. 7, S. 86f.), die Entlarvungsszene (Kap. 8, S. 94f.), der Tod Zinnobers mit der Erklärung des Leibarztes (Kap. 9, S. 106ff.), der Schluss des Märchens.
- Der Leser wendet sich ohne Ungeduld dem eigentlichen Thema zu: der Verblendung des Publikums und der möglichen Bedeutung der Poesie für die Erlösung von diesem Übel, ferner den satirischen, humoristischen, spielerischen und fantastischen Einfällen.

Die Erfindung eines missgestalteten, dazu dummen und unverschämten Wesens, das auf unerklärliche Weise den Tüchtigen die verdiente Bewunderung und Anerkennung entzieht, ist der kreative Grundeinfall, auf den E.T.A. Hoffmann stolz war, wie aus einigen brieflichen Äußerungen hervorgeht (vgl. Textausgabe S. 121ff.) – und das mit Recht. Es gab in der Literatur den Typ des Parasiten, der sich fremden Verdienst durch Betrug und Schmeichelei aneignet und dessen Verhalten durchleuchtet wird (ein bekanntes Beispiel ist der Protagonist Sélicour in der von Schiller bearbeiteten französischen Komödie „Der Parasit"), nicht aber ein rätselhaftes Wesen wie Zaches/Zinnober, das trotz seiner Hässlichkeit, Dummheit und Unverschämtheit diese unerklärliche Faszination ausübt. Zaches hat darüber hinaus vampirähnliche Züge. Ob Hoffmann den im Volksglauben beheimateten Vampirmythos kannte, weiß man nicht. Erst später, in Bram Stokers Roman „Dracula" (1897), taucht ein nunmehr weit gefährlicherer Vampir in einem Schauerroman auf. Auch Hoffmann hat schauerromantische Texte verfasst (daher das Etikett „Gespenster-Hoffmann"). In „Klein Zaches genannt Zinnober" verwendet er das Motiv als Metapher für politische Verblendung. Mit der von Spannung entlasteten Handlungsstruktur seines Märchens schafft er eine freiere Sicht auf seine Kreation, die Zaches-Figur, und auf das, wofür sie steht. Die Untersuchung von Massenphänomenen, kollektiven Hysterien oder Hypes wird heute von Historikern, Soziologen, Psychologen und Medienwissenschaftlern betrieben.

Heinrich Heine: Gespräch auf der Paderborner Heide

Heinrich Heine: Gespräch auf der Paderborner Heide

Hörst du nicht die fernen Töne,
Wie vom Brummbass und von Geigen?
Dorten tanzt wohl manche Schöne
Den geflügelt leichten Reigen.

„Ei, mein Freund, das nenn ich irren,
Von den Geigen hör ich keine,
Nur die Ferklein hör ich quirren,
Grunzen nur hör ich die Schweine.“

Hörst du nicht das Waldhorn blasen?
Jäger sich des Weidwerks freuen,
Fromme Lämmer seh ich grasen,
Schäfer spielen auf Schalmeien.

„Ei, mein Freund, was du vernommen,
Ist kein Waldhorn, noch Schalmeie;
Nur den Sauhirt seh ich kommen,
Heimwärts treibt er seine Säue.“

Hörst du nicht das ferne Singen,
Wie von süßen Wettgesängen?
Englein schlagen mit den Schwingen
Lauten Beifall solchen Klängen.

„Ei, was dort so hübsch geklungen,
Ist kein Wettgesang, mein Lieber!
Singend treiben Gänsejungen
Ihre Gänselein vorüber.“

Hörst du nicht die Glocken läuten,
Wunderlieblich, wunderhelle?
Fromme Kirchengänger schreiten
Andachtsvoll zur Dorfkapelle.

„Ei, mein Freund, das sind die Schellen
Von den Ochsen, von den Kühen,
Die nach ihren dunklen Ställen
Mit gesenktem Kopfe ziehen.“

Siehst du nicht die Schleier wehen?
Siehst du nicht das leise Nicken?
Dort seh ich die Liebste stehen,
Feuchte Wehmut in den Blicken.

„Ei, mein Freund, dort seh ich nicken
Nur das Waldweib, nur die Lise;
Blass und hager an den Krücken
Hinkt sie weiter nach der Wiese.“

Nun, mein Freund, so magst du lachen
Über des Phantasten Frage!
Wirst du auch zur Täuschung machen,
Was ich fest im Busen trage?

Aus: Heinrich Heine: Buch der Lieder. München: Goldmann 1987, S. 65f.

- *Lesen Sie Heines Dialog-Gedicht und charakterisieren Sie die beiden Sprecher sowie den Ablauf des Gesprächs.*
- *Ordnen Sie die beiden Rollen den Personen Balthasar und Fabian zu: Benennen Sie Gemeinsamkeiten und Unterschiede, nachdem Sie die Darstellung Hoffmanns (S. 23–30) noch einmal gelesen haben.*

Frauen-Bilder

Johann Gottfried Herder

Johann Gottfried Herder (1744 – 1803), Theologe und Schriftsteller, hatte mit seinen Schriften einen großen Einfluss auf die Generation des Sturm und Drang sowie auf Sprach- und Literaturtheorie und Geschichtsphilosophie. Nachdem er den „Émile“ und die „Nouvelle Héloise“ von Rousseau gelesen hatte, schrieb er an seine spätere Verlobte und Ehefrau Caroline Flachsland:

Johann Gottfried Herder

„Sie haben Recht, dass ich auf das gelehrte Frauenzimmer vielleicht zu sehr erbittert bin; aber ich kann nicht dafür: es ist Abscheu der Natur. Eigentliche Gelehrsamkeit ist dem Charakter eines Menschen, eines Mannes schon so unnatürlich, dass wir ihr nur aus Not uns unterziehen müssen [...] in dem Leben, in der Seele, in dem Munde eines Frauenzimmers aber, die noch die einzigen wahren menschlichen Geschöpfe, auf dem politischen und Exerzierplatz unserer Welt sind, ist die Unnatur so tausendmal fühlbarer, dass ich immer sehr fürs arabische Sprichwort bin ‚eine Henne, die da krähet, und ein Weib, das gelehrt ist, sind üble Vorboten: man schneide beiden den Hals ab!‘ Aber will ich damit, böse Auslegerin meiner Worte! sagen, dass ein Frauenzimmer sich nicht auch durch Lecture bilden, Geist und Herz verschönern müsse? [...] So wenig, dass ich glaube, das weibliche Geschlecht sei das einzig richtende Publikum über eine Reihe von Materien des Geschmacks und der Empfindung [...]. Für sie [die Frauen] bleibt nur das, was bildet, was die Seele menschlich aufklärt, die Empfindungen menschlich verfeinert, und sie zur Zierde der Schöpfung, zum Reiz der menschlichen Natur, zum höchsten Gut der menschlichen Glückseligkeit eines fühlbaren, würdigen Jünglings, zur immer neuen, immer angenehmen Gattin eines wurdigen Mannes, zum Vergnügen einer guten Gesellschaft und zur Erzieherin guter Kinder macht! [...]“ *(Brief vom 20. September 1770)*

Aus: Silvia Bovenschen: Die imaginierte Weiblichkeit. Frankfurt: Suhrkamp 1979, S. 181 f.

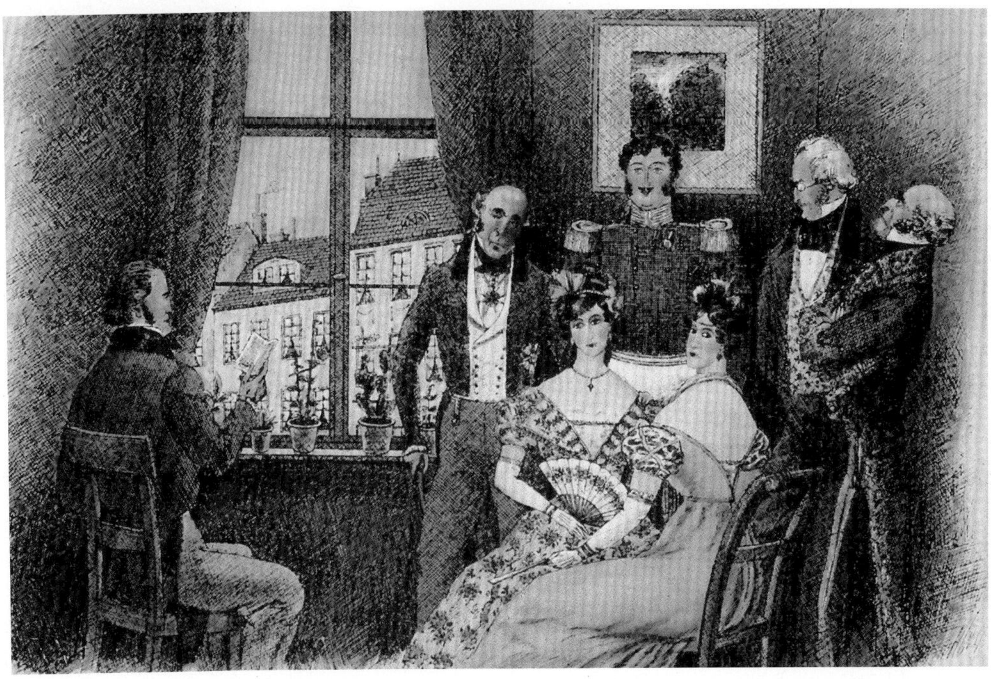

Rahel Varnhagen von Ense und ihr Salon

Rahel Varnhagen

Rahel Varnhagen von Ense geb. Levin (1771–1833) führte in Berlin einen berühmten Salon, in den viele bekannte Schriftsteller und Intellektuelle kamen.

„Es ist Menschenunkunde, wenn sich die Leute einbilden, unser Geist sei anders und zu andern Bedürfnissen konstituiert und wir könnten z. E. ganz von des Mannes oder Sohns Existenz mitzehren. Diese Forderung entsteht nur aus der Voraussetzung, dass ein Weib in ihrer ganzen Seele nichts Höheres kennte als gerade die Forderungen und Ansprüche ihres Mannes in der Welt: oder die Gaben und Wünsche ihrer Kinder: dann wäre *jede* Ehe, schon bloß als solche, der höchst menschliche Zustand: so aber ist es *nicht*: und man liebt, hegt, pflegt wohl die Wünsche der Seinigen; fügt sich ihnen; macht sie sich zur höchsten Sorge und dringendsten Beschäftigung; aber erfüllen, erholen, uns ausruhen, zu fernerer Tätigkeit, und tragen können die uns nicht; oder auf unser ganzes Leben hinaus stärken und kräftigen. Dies ist der Grund des vielen Frivolen, was man bei Weibern sieht und zu sehen glaubt: Sie haben der beklatschten Regel nach gar keinen Raum für ihre eigenen Füße, müssen sie immer nur dahin setzen, wo der Mann eben stand und stehen will; und sehen mit ihren Augen die ganze bewegte Welt, wie etwa einer, der wie ein Baum mit Wurzeln in der Erde verzaubert wäre."

Aus: Frauenbriefe der Romantik. Herausgegeben und mit einem Nachwort von Katja Behrens. Frankfurt: Insel 1981, S. 444

Karoline von Günderode

Caroline von Günderode (1780–1806) schrieb Gedichte unter dem männlichen Pseudonym Tian; ihre Freundin Bettina von Arnim schrieb nach ihrem Tod durch Selbstmord den Briefroman „Die Günderode"; Christa Wolfs Erzählung „Kein Ort. Nirgends" (1979) handelt ebenfalls von ihr.

„Dass ich traurig bin, kannst du dir wohl leicht erklären. So viel Lebenskraft und Mut zu haben und keine Mittel, ihn anzuwenden! Wie mag es einem großen Krieger zumut sein, dem das Herz glühet zu großen Unternehmungen und Taten, und der in der Gefangenschaft ist, mit Ketten beladen, an keine Rettung denken darf. Mir überwältigt diese immer währende rastlose Begier nach Wirken oft die Seele und bin doch nur ein einfältig Mädchen, deren Bestimmung ganz anders ist. Wenn ich so denke, dass gestern ein Tag war, wie heute einer ist und morgen einer sein wird und wie schon viele waren und noch viele sein werden, so wird es mir oft ganz dunkel vor den Sinnen und ich kann mir selbst kaum denken, wie unglücklich mich das machen wird, nie in ein Verhältnis zu kommen, worinnen ich meiner Kraft gemäß wirken kann." *(an Friedrich Karl von Savigny, Oktober 1804)*

Aus: Peter Mettenleiter/Stephan Knöbl (Hg.): Blickfeld Deutsch Oberstufe. Paderborn: Schöningh 1991, S. 249

Karoline von Günderode

- *Welche Vorstellungen von der Rolle der Frau kommen in den Texten zum Ausdruck?*
- *Wie verhält sich dazu das Bild, das die Leser sich von Candida machen können?*

Naturerleben – zwei Passagen aus „Die Leiden des jungen Werthers"

Am 10. Mai

Eine wunderbare Heiterkeit hat meine ganze Seele eingenommen, gleich den süßen Frühlingsmorgen, die ich mit ganzem Herzen genieße. Ich bin allein, und freue mich meines Lebens in dieser Gegend, die für solche Seelen geschaffen ist wie die meine. Ich bin so glücklich, mein Bester, so ganz in dem Gefühle von ruhigem Dasein versunken, dass meine Kunst darunter leidet. Ich könnte jetzt nicht zeichnen, nicht einen Strich, und bin nie ein größerer Maler gewesen als in diesen Augenblicken. Wenn das liebe Tal um mich dampft, und die hohe Sonne an der Oberfläche der undurchdringlichen Finsternis meines Waldes ruht, und nur einzelne Strahlen sich in das innere Heiligtum stehlen, ich dann im hohen Grase am fallenden Bache liege, und näher an der Erde tausend mannigfaltige Gräschen mir merkwürdig werden; wenn ich das Wimmeln der kleinen Welt zwischen Halmen, die unzähligen unergründlichen Gestalten der Würmchen, der Mückchen näher an meinem Herzen fühle, und fühle die Gegenwart des Allmächtigen, der uns nach seinem Bilde schuf, das Wehen des Allliebenden, der uns in ewiger Wonne schwebend trägt und erhält; mein Freund! wenn's dann um meine Augen dämmert, und die Welt um mich her und der Himmel ganz in meiner Seele ruhn wie die Gestalt einer Geliebten; dann sehne ich mich oft und denke: ach, könntest du das wieder ausdrücken, könntest du dem Papiere das einhauchen, was so voll, so warm in dir lebt, dass es würde der Spiegel deiner Seele, wie deine Seele ist der Spiegel des unendlichen Gottes! – Mein Freund – Aber ich gehe darüber zugrunde, ich erliege unter der Gewalt der Herrlichkeit dieser Erscheinungen. (S. 7 f.)

Am 12. Dezember

Lieber Wilhelm, ich bin in einem Zustande, in dem jene Unglücklichen gewesen sein müssen, von denen man glaubte, sie würden von einem bösen Geiste umhergetrieben. Manchmal ergreift mich's; es ist nicht Angst, nicht Begier – es ist ein inneres unbekanntes Toben, das meine Brust zu zerreißen droht, das mir die Gurgel zupresst! Wehe! Wehe! Und dann schweife ich umher in den furchtbaren nächtlichen Szenen dieser menschenfeindlichen Jahreszeit.

Gestern Abend musste ich hinaus. Es war plötzlich Tauwetter eingefallen, ich hatte gehört, der Fluss sei übergetreten, alle Bäche geschwollen und von Wahlheim herunter mein liebes Tal überschwemmt! Nachts nach eilfe rannte ich hinaus. Ein fürchterliches Schauspiel, vom Fels herunter die wühlenden Fluten in dem Mondlichte wirbeln zu sehen, über Äcker und Wiesen und Hecken und alles, und das weite Tal hinauf und hinab *eine* stürmende See im Sausen des Windes! Und wenn dann der Mond wieder hervortrat und über der schwarzen Wolke ruhte und vor mir hinaus die Flut in fürchterlich herrlichem Widerschein rollte und klang: da überfiel mich ein Schauer und wieder ein Sehnen! Ach mit offenen Armen stand ich gegen den Abgrund und atmete hinab! hinab! und verlor mich in der Wonne, meine Qualen, mein Leiden da hinabzustürmen! Dahinzubrausen wie die Wellen! Oh! – Und den Fuß vom Boden zu heben vermochtest du nicht, und alle Qualen zu enden! – Meine Uhr ist noch nicht ausgelaufen, ich fühle es! O Wilhelm! Wie gern hätte ich mein Menschsein drum gegeben, mit jenem Sturmwinde die Wolken zu zerreißen, die Fluten zu fassen! Ha! und wird nicht vielleicht dem Eingekerkerten einmal diese Wonne zuteil? –

[...] Ich schelte mich nicht, denn ich habe Mut zu sterben. – Ich hätte – Nun sitze ich hier wie ein altes Weib, das ihr Holz von Zäunen stoppelt und ihr Brot an den Türen, um ihr hinsterbendes freudeloses Dasein noch einen Augenblick zu verlängern und zu erleichtern. (S. 119 f.)

Aus: Johann Wolfgang Goethe: Die Leiden des jungen Werthers. Stuttgart (Reclam) 1986

- *Vergleichen Sie die zweite Textstelle (vom 12. Dezember) mit der Naturszene zu Beginn des 4. Kapitels von „Klein Zaches genannt Zinnober".*
- *Wo sehen Sie Parallelen? Worin bestehen die Unterschiede?*

Baustein 3

Romantik als fantastische Praxis oder das Spiel mit den zwei Welten

Die Fantasie, das Fantastische und das Wunderbare in allen Schattierungen sind konstitutive Bestandteile von Hoffmanns Erzählkunst, das heißt, sie bestimmen nicht nur den Inhalt, sondern auch das Erzählen selbst. Schillers Diktum (aus den „Briefen über die ästhetische Erziehung"), der Mensch ist nur da ganz Mensch, wo er spielt, könnte auch auf Hoffmanns Poesie und Poetik angewendet werden: Das Fantastische ist Teil der Wirklichkeit, es ist aber nicht mit der Wirklichkeit identisch; das Fantastische und das Reale können und sollen miteinander existieren, man kann und soll an die Möglichkeit der Versöhnung von Wunderbarem und Realem glauben und damit an die Möglichkeit von Freiheit und Glück, aber man darf darüber nicht die Duplizität aus dem Blick verlieren; im Erzählen manifestiert sich das in der Weise, dass der Erzähler mit dem Fantastischen spielt, das Mittel dazu ist die Ironie.

3.1 Zwei Weisen, dem Wunderbaren zu begegnen

Balthasar ist nach der ersten Begegnung mit Prosper Alpanus voller Zuversicht, dass er Candida bekommen wird; in seinem Freund Fabian hat er einen skeptischen Widersacher, der glaubt, ihn zur Vernunft bringen zu müssen, indem er ihn auf den Boden der Tatsachen zurückbringt, ein vergebliches Unterfangen. Fabian tritt erneut als aufgeklärter Mensch auf, für den alles Wunderbare und Fantastische alberne Ammenmärchen sind. Beim Besuch bei Prosper Alpanus prallen die Sichtweisen unversöhnlich aufeinander. Die Schüler und Schülerinnen lesen die entsprechende Passage (S. 57 ff.) im 5. Kapitel:

- *Inwiefern unterscheiden sich Fabians und Balthasars Blick auf Prosper Alpanus?*
- *Wer von beiden hat Recht?*
- *Welchen Standpunkt nimmt der Erzähler ein?*

Nachdem Balthasar voller Begeisterung von seiner Begegnung mit dem Zauberer erzählt hat, redet Fabian mit philiströser Nüchternheit auf ihn ein:

- Es sei kein Zauberer, sondern der Doktor Prosper Alpanus, über den wunderliche Gerüchte kursieren.
- Er hülle sich gern in mystisches Dunkel.
- Es sei alles nur Schein, handle sich um bizarre Einfälle und tolle Märchen.
- Man könne die wunderbaren Erscheinungen ganz einfach entzaubern und ihren realen Kern beschreiben (Cabriolett; Jockey; Sonnenschirm; gewöhnliche Pferdchen mit aufgeschraubten Hörnern).
- Fazit: es seien tolle Fratzen und Possen, denen man mit der gesunden Vernunft begegnen müsse; Balthasar müsse von seinen seltsamen Träumereien geheilt werden.

Wir begegnen demselben Verhalten wie bei der Reaktion auf Balthasars schwärmerische Verliebtheit (vgl. Baustein 2.2): Es handelt sich – für Fabian – um einen pathologischen Zustand. Balthasar hat mächtig an Selbstvertrauen gewonnen und widerspricht dem Freund, indem er sich dazu bekennt, zu den Leuten ohne gesunde Vernunft zu gehören; er widerlegt die rationalen Erklärungen und beharrt auf seiner Sicht. Sein Fazit: Prosper Alpanus ist ein wunderbarer Mann, der über außerordentliche Geheimnisse herrscht.

Das Verhaltensmuster wiederholt sich, als die beiden das Grundstück des Zauberers betreten; wiederum gibt es für Fabian nichts Außerordentliches, Zauberisches, er macht sich lustig und wird ausgerechnet in dem Augenblick geneckt, als der reale Strauß, den er als Fantasieprodukt verspotten wollte, ihn in den Finger beißt. Balthasar dagegen spricht alles wunderbar und magisch an. Dabei fallen Formulierungen auf, die das Wahrgenommene durch wunderbare Vergleiche benennen – „es scheint, ...“; „wie ein ferner Donner“. Balthasar hört die herrlichsten Akkorde, er ist berauscht und entzückt, er überlässt sich seinen Eindrücken, die durch seine Fantasie verstärkt sein können.

Es ist bezeichnend, dass Alpanus nicht als majestätische Figur auftritt, sondern als kleiner, dünner, blasser Mann beschrieben wird. Beeindruckend ist nichts Äußeres, sondern die Ruhe und Gutmütigkeit, die von ihm ausgehen; es sieht aus, als ob aus seinem Gesicht noch ein anderes kleineres herausschaue. Seine Persönlichkeit wirkt nur auf jemanden, der ihn wie Balthasar voller Verehrung und Dankbarkeit anschaut.

Balthasar öffnet sich mit allen Sinnen dem, was er in den geheimnisvollen Räumen wahrnimmt. So ist es auch nahezu selbstverständlich, dass die Abbildungen in den Folianten, die Alpanus aufschlägt, lebendig werden und zu Balthasar sprechen. Ob er mit der geheimnisvollen Aussage über „die reinste Konsonanz des psychischen Prinzips im Gesetz des Dualismus“ (S. 64, Z. 13 ff.) etwas anfangen kann, wird nicht klar, doch für ihn handelt es sich bei allem, was er sieht und erlebt, um etwas sehr Reales. Dass er Candida im magischen Spiegel erblickt, wenn er es aus ganzer Seele will, ist für den angehenden Poeten nichts Unmögliches und keine Zauberei. Fabian hat dafür nur Verachtung, das sind in seinen Augen „alberne Taschenspielereien“ (S. 65, Z. 23), denn er hält sich für einen ganz und gar aufgeklärten Menschen. Am Ende macht sich Alpanus über Fabian lustig, indem er ihm eine Lehre erteilt durch die wachsenden Rockschöße und sich verkürzenden Ärmel, was er als Kunststückchen bezeichnet. In der Folge ist der aufgeklärte Fabian eine komische Figur, die den Spott der Leute auf sich zieht (8. Kap., S. 89 ff.).

Die Frage, wer von den beiden Freunden Recht hat, lässt sich damit beantworten: Aus der Sicht des Erzählers ist die Offenheit und innere Bereitschaft, sich dem Wunderbaren zu öffnen, der Weg, der ihn zur Wahrheit und zum Erfolg führt, während Fabian als Spielverderber und stumpfer Rationalist dem Spott preisgegeben wird. Prosper Alpanus' Sympathie mit Balthasar ist aufrichtig, dennoch spielt er auch, indem er sich inszeniert und Kunststückchen vorführt. Gerade weil er dem Wunderbaren und Fantastischen Raum gibt, verfügt er über den Humor, der ihn daran hindert, gravitätisch aufzutreten. Über diese Leichtigkeit verfügt Balthasar (noch?) nicht. Im Tafelbild wird das Ergebnis festgehalten:

Der Umgang mit dem Wunderbaren

Fabian	Balthasar
• Er versteht sich als aufgeklärter Mensch, der das Wunderbare und Fantastische rational auflöst. • Er verachtet Prosper Alpanus als albernen Taschenspieler.	• Er bekennt sich stolz dazu, zu den Leuten ohne gesunde Vernunft zu gehören. • Er öffnet sich mit allen Sinnen dem Wunderbaren und Fantastischen.
Der philisterhafte Rationalist ohne Humor wird durch einen Zaubertrick zum Gespött.	**Der für das Wunderbare und Fantastische Offene gelangt zur Wahrheit und zum Erfolg.**

3.2 Der Wettkampf von Fee und Zauberer

Die Geschehnisse könnten gleichzeitig ablaufen: Zinnober bekommt in einer grotesken Szene den höchsten Orden, das Stiftsfräulein besucht Prosper Alpanus; während Zaches aufsteigt, wird schon sein Untergang besiegelt (Kapitel 6). Hier geht es nicht so sehr um die Handlungsrelevanz, sondern um die Darstellung:

- *Wie gestaltet sich die Begegnung des Stiftsfräuleins mit Prosper Alpanus? Lesen Sie dazu den Text von S. 75, Z. 3 bis zum Schluss des Kapitels.*
- *Wie sind die Rollen zwischen dem Mann und der Frau in dieser Szene verteilt?*

Alpanus blickt „gedankenvoll herab in seinen Park" (S. 75), nachdem er Balthasars Horoskop erstellt hat und damit ist für ihn schon klar, wie die Handlung ausgehen wird. Er sieht das Stiftsfräulein in schwarzer Kleidung und mit einem Schleier, sie erscheint wie eine Matrone, was dem Bild vom Anfang der Erzählung nicht entspricht. Alpanus, der ahnt, wer sie ist, schaut durch sein magisches Rohr und sieht sie „im weißen durchsichtigen Gewand" (S. 75, Z. 19f.) mit Libellenflügeln und Rosen im Haar; er enthüllt, entschleiert sie, um ihre Identität zu erkennen – ein Scherz des Erzählers. Er weiß, mit wem er es zu tun hat, gibt das ihr gegenüber aber nicht gleich zu erkennen. Sie sprechen über Rosenschöns Gesundheit, sie machen Konversation. Prosper Alpanus sendet Signale aus, indem er seinen Schabernack mit dem Kaffee treibt; es folgen Zaubertricks mit einem Buch, was der Doktor als „ordinäres Tafelkunststück" (S. 77, Z. 2) bezeichnet. Das Fräulein weiß nun, in wessen Haus sie sich befindet, und sie möchte aufbrechen, was ihr nicht gestattet wird. Alpanus gibt ihr zu verstehen, dass sie in seiner Gewalt ist. Noch einmal gibt es einen Verwandlungszauber, der sich als Machtspiel (wenn nicht als Geschlechterkampf) entpuppt, aus dem der Mann als Sieger hervorgeht; das Zerbrechen des Zauberkamms macht den Sieg endgültig, Zinnober verliert dadurch seine magische Kraft. Die Dame ergibt sich sozusagen kampflos; danach erzählen sie sich ihre Lebensgeschichten. Was als Kompliment verstanden werden könnte, dass nämlich das Fräulein sich in der Vergangenheit „ihrer reichen Natur, ihrem glücklichen Genie" (S. 78, Z. 21) überlassen hat, erweist sich als eine Art von Kritik, denn Prosper Alpanus hat stattdessen gearbeitet, gelernt, studiert, was ihn in die Lage versetzt hat, sich gegenüber Paphnutius' Aufklärung zu behaupten, indem er sich zum Schein anpasste, sich in Wirklichkeit aber über den Fürsten lustig machte. Am Ende erteilt der Zauberer der Fee, die ihm dankbar ist, noch eine Lehre: Die Damen gefielen sich oft im Bizarrsten, sie überließen sich dem Einfall des Augenblicks (vgl. S. 80, Z. 1f.), was sie, so muss man folgern, unterlegen machte.
Die Begegnung verläuft trotz der Gegensätzlichkeit auf merkwürdige Weise spannungslos; es kommt nicht wirklich zum Konflikt, die Frau gibt sehr schnell nach und erkennt ihre Unterlegenheit an. Im Vordergrund stehen Zauberkunststücke, scheinbar harmlose Spiele, obgleich es doch in Wirklichkeit um Macht geht. Gewiss gehört das zum Märchenhaften, zu seiner Leichtigkeit. Nicht die Spannung, sondern der Humor ist maßgeblich.

Wie verhalten sich die Handlungen der beiden Figuren zueinander? Eigentlich sind sie ja beide auf der Seite der Aufklärungskritik: Für Prosper Alpanus, der Balthasar zum Sieg, zum Erfolg verhilft, ist das offenkundig. Für die Fee gilt dies indirekt, denn sie bringt durch ihre Art des Eingreifens eigentlich die pseudoaufgeklärten Verhältnisse zum Tanzen, indem sie bewirkt, dass sich die Dummheit zur Schau stellt. Als Ergebnis kann festgehalten werden:

Das Ergebnis der Begegnung von Rosabelverde und Prosper Alpanus

- Die Begegnung von Rosabelverde und Prosper Alpanus ist eigentlich ein Machtspiel.
- Durch die Zaubereien wird das Konflikthafte überspielt.
- Die männliche Figur demonstriert ihre Überlegenheit, die weibliche Figur ordnet sich bereitwillig unter und erkennt die männliche Überlegenheit an.
- Eigentlich tragen beide zur Entlarvung der Dummheit bei.
- Die spielerische Art der Austragung des Konflikts gehört zum Stil des Märchens.
- Statt Spannung bestimmt der Humor das Erzählen.

3.3 Die Rolle des Zauberers Doktor Prosper Alpanus

Betrachtet man die Handlung, so bemerkt man, dass Zinnober nicht allein durch Balthasar und seine Freunde entmachtet wird, sondern dass ein Zauberer helfend eingreifen muss: Das Fantastische ist konstitutiv für die Handlung. Die Schülerinnen und Schüler lesen noch einmal die Stellen, an denen Prosper Alpanus eine Rolle spielt:

- *Lesen Sie noch einmal die Textpassagen, in denen der Zauberer auftritt: 4. Kap., S. 53, ab Z. 21; 5. Kap., S. 65, ab Z. 28; 6. Kap., S. 78 ff.; 7. Kap., S. 85 ff.; 10. Kap.*
- *Was bewirkt er?*
- *Diskutieren Sie in Gruppen: Wer hat den entscheidenden Anteil am Ausgang des Geschehens – der Zauberer Prosper Alpanus oder Balthasar und seine Freunde?*
- *Sammeln Sie entsprechende Gesichtspunkte, fassen Sie das Ergebnis Ihrer Überlegungen in einer These zusammen.*
- *Worin sehen Sie die Bedeutung des Zauberers?*

Der Zauberer greift auf folgende Art in das Geschehen ein:

- 4. Kapitel (S. 54, Z. 7 ff.): Er erfüllt den bereits zum Handeln entschlossenen Balthasar mithilfe seines Lichtrohrs mit Wonne, Entzücken und Siegesgewissheit → Stärkung des Muts.
- 5. Kapitel (S. 65, Z. 28): Er klärt Balthasar mithilfe seiner Zauberbücher darüber auf, dass Zinnober ein gewöhnlicher Mensch ist → aufklärende Wirkung.
- 6. Kapitel (S. 78 ff.): Er unterhält die Fee mit „ordinären Tafelkunststücken“, dabei geht der magische Kamm der Fee zu Bruch (S. 78, Z. 6); → Gesinnungswandel der Fee.
- 7. Kapitel (S. 85 ff.): Er klärt Balthasar über die Bewandtnis der drei goldenen Haare Zinnobers auf und darüber, wie dieser überwunden werden kann. Er gibt ihm die Lorgnette. Er erklärt Balthasar, dass er ein Dichter sei. Er vermacht ihm das Landgut. Er erklärt, dass er eine Figur sei, die nur im Märchen auftreten darf (S. 87, Z. 23 f.).
- Im 10. Kapitel: Ausrichtung eines märchenhaft schönen Hochzeitsfestes. Flug nach Indien.

Es ergibt sich, dass er keine verändernde, sondern nur eine stärkende, unterstützende Wirkung auf Balthasar hat. Er ist, auch im Geplänkel mit der Fee, der Anwalt der (wahren) Vernunft, der (wahren) Aufklärung und er erklärt Balthasar zum Dichter. Das Ergebnis wird an der Tafel festgehalten:

Der Zauberer Prosper Alpanus und seine Wirkung auf die Handlung

- Er besitzt aus seinem früheren Leben noch Zauberer-Gegenstände.
- Er hat unterstützende Wirkung.
- Er ist aufgeklärt und ein Aufklärer.
- Er ist Anwalt der Poesie.
- Er verzaubert Balthasar nicht, sondern fördert dessen Anlagen.
- Er leistet praktische Hilfe (Landgut).
- Am Ende macht er sich davon in ein utopisches Land.

Anwalt der Vernunft, der Poesie und des Wunderbaren, ohne Illusionen angesichts der gegenwärtigen Welt

Wenn ein Zauberer für den guten Ausgang benötigt wird, könnte dies auch ein Ausdruck von Skepsis gegenüber der von Kant angestrebten Selbstaufklärung des Publikums sein, sofern man keinen unüberwindbaren Antagonismus zwischen Aufklärung und Romantik annimmt; wie später (Baustein 4) gezeigt wird, besteht weder für die Romantik noch für Hoffmann ein solcher Gegensatz. Dass es aber nicht zur Aufhebung der Verblendung und damit zur wahren Aufklärung kommt, zeigt die satirische Darstellung des Volks in der Beerdigungsszene; Hoffmann glaubt nicht an die Möglichkeit einer Bewegung von unten. Zu fragen ist, ob er etwas von der Poesie, der Literatur erwartet. Die Figur des Zauberers erinnert allein schon durch den Namen Prosper an Shakespeares „Der Sturm".

3.3.1 Der Zauberer Prosper Alpanus als Garant des Glücks – der Schluss des Märchens

Die beiden Helfer, der Zauberer und die Fee, verschwinden, nachdem sie ihren Beitrag geleistet haben. Zu fragen ist, was der Ausgang der Geschichte für die beiden Protagonisten Zaches/Zinnober und Balthasar bedeutet.

- *Wie stehen Zaches/Zinnober und Balthasar am Ende des Märchens da? Lesen Sie dazu den Schluss des 9. Kapitels (S. 111, Z. 3 ff.) und den Schluss des letzten Kapitels (S. 115, Z. 11 ff.).*
- *Wie lässt sich dieser Ausgang – bezogen auf die beiden Figuren – jeweils deuten?*

Der Ausgang der Geschichte für die beiden Gegner

Zaches verliert seine wunderbare Helferin und erlebt einen schmachvollen („humoristischen"!) Tod; aber er genießt ewigen Ruhm aufgrund der Dankbarkeit des verblendeten Fürsten und des verblendeten Volks.

Balthasar bekommt, was er wollte und noch viel mehr; er lebt in ewigem Glück auf dem perfekt ausgestatteten Landgut, das ihm geschenkt wurde; er kann sich ungestört dem Dichten widmen.

Der Schluss der Zaches/Zinnober-Handlung ist schnell zu klären – der Witz liegt darin, dass Zinnober die Hilfe der Fee nicht mehr benötigt, weil das Volk, das kurz zuvor noch rebelliert hat, ihn devot verehrt; er lebt sozusagen dadurch weiter, dass Verblendung und Dummheit nicht aufhört; anders gesagt: Stumpfsinn und Untertanengeist haben sich behauptet. Schwieriger ist die Einschätzung von Balthasars Happy-End: Handelt es sich vielleicht um eine Art Utopie? Vergleicht man den Schluss mit der Vermächtnisrede des Prosper Alpanus (Kapitel 7), so erscheint das hier entworfene Glück als merkwürdig flach, allzu gemütlich, allzu profan – es drängt sich die Frage auf, ob sich nicht irgendwann Langeweile auf dem perfekt eingerichteten Landgut einstellt, die sich letztendlich auf seine Dichtungen auswirkt. „Balthasars Dichterparadies erinnert mehr an einen Garten Eden, wie ihn sich Haushaltsschülerinnen erträumen mögen, als an Atlantis." (Liebrand 1996, S. 253) Der Zweifel am Schluss erwächst aus der Frage, was ein glückliches, sinnvolles Leben ausmacht, also der Frage nach dem Glück. Vorab sollte klargestellt werden, dass „Glück"/„Glücklichsein" zwei Bedeutungen hat: zum einen den erlebten glücklichen Moment, das glückliche Erlebnis, zum anderen – und darum geht es hier – das andauernde Glück, das glückliche bzw. das gute Leben. (Die Frage nach dem Glück des Augenblicks wird im Zusammenhang mit Prosper Alpanus' Vermächtnisrede an den künftigen Dichter Balthasar gestellt, vgl. 3.3.2).

- *Ist Balthasar glücklich? Schreiben Sie Ihre Antwort mit kurzer Begründung auf einen Zettel (ja/nein/ich weiß nicht).*

Die Zettelabfrage bleibt anonym; die Antworten werden gezählt. Daraus ergibt sich eine zweite (anonyme) Zettelabfrage:

- *Wie möchte ich nicht leben?*
- *Was ist für mich ein glückliches Leben?*

Die Zettel werden nach dem Zufallsprinzip gemischt, an Gruppen ausgeteilt und ausgewertet. Die Ergebnisse werden präsentiert. Die Gesichtspunkte für ein glückliches Leben werden an der Tafel gesammelt. In das sich daraus ergebende Gespräch sollte die Lehrkraft sich nicht belehrend einschalten.
Es ist zu erwarten, dass als Glücksfaktoren nicht nur Wohlstand, Luxus und Sicherheit, sondern auch andere Dinge genannt werden – Liebe, gelungene Beziehungen, Freude am Beruf, Herausforderungen und Leistungen, Erwartungen und Vorfreude, spannende Unternehmungen oder Reisen, Erlebnisse, Chancen zur Selbstverwirklichung, Anerkennung, Aktivität, ein Freundeskreis, Geselligkeit, kulturelle Teilnahme, Spaß. Unter diesem Aspekt erscheint Balthasars Glück allzu eng und einseitig; das veranlasst dazu, hinter dieses Happy End ein Fragezeichen zu setzen. Zunächst wird zusammengetragen, wie das Landgut beschaffen ist.

- *Wie ist Balthasars Landgut gelegen und ausgestattet? Lesen Sie dazu Kap. 7, S. 88, Z. 11 ff.; Kap. 10, S. 113, Z. 9 ff.*
- *Was löst der Schluss beim Leser aus?*
- *Welche Absicht vermuten Sie?*

Die textchronologische Zusammenstellung ergibt:

- Das Landgut sichert das Glück seiner Ehe
- im Garten: die herrlichsten Früchte, der schönste Kohl, schmackhaftes Gemüse, der erste Salat, der erste Spargel

- Küche und Hausrat: Töpfe, die niemals überlaufen, Schüsseln (= Gerichte), die nimmer verderben, fleckresistente Polsterbezüge, unzerbrechliches Porzellan
- immer gutes Wetter am Waschtag
- (Schluss des Märchens): eine Stunde von Kerepes entfernt, inmitten von Wäldern, Wiesen, Feldern
- Gold- und Silberbarren von größerem Wert als der fürstliche Besitz
- Bibliothek, Experimentierraum mit seltsamen Pflanzen und Tieren
- geräumiger Weinkeller
- Halsschmuck für Candida, der immerwährende Zufriedenheit mit ihrem Aussehen garantiert; Anmut und Heiterkeit
- schimmernde Vögel und Insekten im Park
- zum Hochzeitsfest: Musik der Natur, die so klingt, als stamme sie vom Operndekorateur oder Feuerwerker des Fürsten
- Balthasar wird „in der Tat ein guter Dichter"
- er führt „die glücklichste Ehe in aller Wonne und Herrlichkeit"
- das Ende ist ein „ganz und gar fröhliches"

Zusammenfassend kann an der Tafel festgehalten werden:

Das Landgut

Es bietet:
materielle Sicherheit; Grundbesitz, Reichtum, Luxus; Dinge zur Beschäftigung; ewige ungestörte Zufriedenheit; perfekte futuristische Haus- und Küchentechnik

Es fehlen:
Abwechslung, Anregungen; Geselligkeit, Gespräche; Reisen, Teilnahme am kulturellen Leben; Anstrengung, Herausforderungen, Wünsche, Spannung

- naiver Märchenschluss
- biedermeierliches Glück im Winkel
- Schlaraffenland
- spannungsloser Genuss
- Langeweile

Der Leser reagiert mit Kopfschütteln oder Lachen; dadurch kann eigenes Denken angestoßen werden (z.B. die Frage nach dem Glück und den eigenen Lebensentwürfen). Da der Protagonist der Märchenhandlung betroffen ist, könnte der Leser auch über den Dichter Balthasar, seine Themen, seine Motivation nachdenken, damit über die Aufgaben oder Möglichkeiten der Kunst. Klar ist, dass Balthasars Leben auf dem Landgut keine Utopie, kein erstrebenswertes Ideal oder Fernziel ist wie vielleicht das Land Indien, zu dem Prosper Alpanus aufbricht, sondern ein Schlaraffenland. Es entspricht weder heutigen Glücksvorstellungen noch denen der damaligen Zeit. Balthasars Glück ist bestenfalls laues Behagen; das bequeme Leben und die spannungslose Ehe könnten einschläfernde Wirkung auf sein poetisches Bestreben haben – denkbar sind eventuell Ausbruchsfantasien.
Insofern ist der Schluss ironisch, wobei der Autor nicht seinen Helden verspottet, sondern seinen eigenen Einfall: Ein solches Glück hält weder vor der Wirklichkeit noch vor der Poesie stand. Der Schluss entspricht in seiner Irrealität den Formgesetzen des Märchens. Allerdings entlässt die wohltätige Märchenfigur Prosper Alpanus den hoffnungsvollen Helden in ein Glück, das sich durch die von der Märchenform abweichende detaillierte Beschreibung als latentes Unglück erweisen könnte. Deutlich wird, dass es sich um ein Spiel des Erzählers handelt, nicht nur mit der Erzählform des Märchens, sondern auch mit dem Erzählten.

Der Schluss des Märchens

- Offenheit: Anstoß zu Fragen nach Sinn und Glück
- Vermeidung eines Verkündungstons
- Selbstdistanz, spielerischer Umgang mit der Figur des Dichters
- ironischer Umgang mit der Märchenform und dem Wunderbaren
- Erregung der Fantasietätigkeit, keine Beruhigung des Gemüts
- fantasievolle Gesellschaftskritik, Persiflage auf das Spießertum
- Fantasie als Voraussetzung für Veränderung
- keine Utopie

Ironie

An dieser Stelle könnte sich eine kreative Schreibaufgabe anschließen:

- *Auch Fabian hat geheiratet. Seine Frau Florina besucht Balthasar und Candida in ihrem Landhaus. Sie schreibt an ihre Freundin Aurelia einen begeisterten Brief über das herrliche, romantische Leben Candidas. Aurelia schickt ihr eine kurze Antwort auf einer Postkarte. Verfassen Sie diese Briefe.*

3.3.2 Riskantes Leben durch Fantasie – Joseph von Eichendorff

Ein perfekter Haushalt erscheint heute sicherlich nicht als Garant für ein glückliches Leben. Zur Verdeutlichung romantischer Vorstellungen von Lebensglück und -unglück kann hier Eichendorffs Gedicht „Die zwei Gesellen“ (**Arbeitsblatt 8**: Sicherheit und Aufbruch, S. 76) herangezogen werden. Hier geht es um den Zwiespalt zwischen den Wünschen einer (gelegentlich) auch triebgesteuerten Fantasie und der Normalität, die als belastend empfunden wird, weil sie Fantasie und Sehnsucht zu ersticken droht. Die Phobie der Romantiker, d.h. der jungen Schriftsteller und Künstler der ersten Jahrzehnte des 19. Jahrhunderts, gegenüber der Normalität erklärt sich natürlich auch aus den wenig attraktiven Arbeitsbedingungen für die damaligen akademischen Berufe, zumeist in der Verwaltung oder im Justizwesen, und ist vergleichbar mit dem großen Interesse heutiger Jugendlicher an medialen oder künstlerischen Berufen. Der Reiz von Eichendorffs Gedicht liegt darin, dass das Glück aus der Negation erschlossen werden muss, denn es werden zwei Weisen des Scheiterns dargestellt – hier geht es um zwei junge Menschen, die ihr Leben auf unterschiedliche Weise verfehlen. Dass der zweite Geselle scheitert, wird explizit ausgedrückt, doch dass dies auch für den ersten Gesellen gilt, muss aus der Darstellungsweise erschlossen werden. Es ist gut möglich, dass ein Teil der Schülerinnen und Schüler das Gedicht anders versteht, nämlich als Gegenüberstellung eines gelungenen und eines misslungenen Lebens – umso besser für die Arbeit an der Sprache des Gedichts. Zunächst sollte das Gedicht für sich interpretiert werden; der Textauszug aus dem „Taugenichts“ mit der Darstellung einer typischen Philister-, also Spießerexistenz eignet sich als klärender Zusatz, vor allem aber als Folie für den Schluss des Märchens „Klein Zaches“.

- *Interpretieren Sie das Gedicht „Die zwei Gesellen" von Joseph von Eichendorff.*
  - *Beachten Sie, wie der Sprecher die beiden imaginierten Lebensläufe darstellt.*
  - *Wie lässt sich die Existenz des zweiten Gesellen konkretisieren?*
  - *Wird der Weg des ersten Gesellen als wünschenswerte Alternative dargestellt? Begründen Sie Ihre Antwort.*
- *Stellen Sie den inhaltlichen Aufbau des Gedichts in einem Schaubild dar.*
- *Wie lässt sich das Pronomen „uns" in der Schlusszeile deuten?*

Das zentrale Thema dieses Gedichts ist die Sehnsucht, nicht nur, wie in vielen Gedichten, als momentaner Wunsch nach dem Ausbruch aus der Enge, aus Gewohnheiten und Zwängen, sondern als treibende Energie, die auf die eigene Zukunft gerichtet ist. Der Sprecher imaginiert zwei Gesellen, die ihren Weg ins Leben antreten. Die Wanderschaft der Handwerksgesellen wird in der Romantik zum Inbegriff von Freiheit und Abenteuerlust; dabei wird die bis zum Ende des 18. Jahrhunderts obligatorische Wanderschaft („Walz"), die Voraussetzung für die Meisterprüfung, als Inbegriff schweifender Freiheit verklärt. Dieser Blick ist bereits nostalgisch – die seit dem späten Mittelalter bestehende Tradition der dreijährigen Wanderschaft der Gesellen geriet seit dem späten 18. Jahrhundert in Konflikt mit den Forderungen der Manufakturen nach spezialisierten Fachkräften; an Stelle der Wanderschaft trat zunehmend der Besuch einer Fachschule. – Das erste Adjektiv, das die beiden Gesellen charakterisiert, ist „rüstig", was gemäß dem Grimm'schen Wörterbuch so viel bedeutet wie frisch, körperlich tüchtig für Kampf, Anstrengung und Arbeit, dazu streitbar und „verständig in Sachen". Dem entspricht ihr Lebensentwurf, der in der zweiten Strophe deutlich wird. Sie wollen „was Rechts in der Welt vollbringen" – also tätig sein, etwas zustande bringen, etwas aufbauen oder anstoßen, und das „trotz Lust und Schmerz", worin durchaus auch die Entschlossenheit zu Härte, Anstrengung und Verzicht steckt – sie träumen von Selbstverwirklichung durch Tätigkeit, Erfolg und Leistung. Die beiden Gesellen selber sind keine gefühlvollen Schwärmer. Ihre Lebensfreude äußert sich in der ersten Strophe vor allem durch die Reihung der klingenden Adjektive ohne harte Konsonanten. Die 6. Strophe lässt durch das zweimalige „mir", das „ich" und „uns" erkennen, dass der Sprecher indirekt über sein eigenes Leben spricht. Er beobachtet (Strophe 6) wandernde Handwerksburschen, imaginiert ihre (und damit die eigenen) Lebensziele (Strophen 1 und 2), skizziert zwei typische Lebensläufe (Strophen 3 bis 5) und endet mit einer Fürbitte, in die er sich einbezieht, während in der 2. Strophe die Ich-Aussage noch im verallgemeinernden „wem" steckt. Indirekt enthält das Gedicht eine Selbstaussage über das Ungenügen am eigenen Leben.

Der Aufbau ist klar, jede der sechs Strophen besteht aus einem Satz. Besondere Betonung haben in jeder Strophe die beiden letzten Zeilen, wobei die 4. Zeile mit dem einzigen Paarreim das Kreuzreimschema durchbricht, und die 5. (Schluss)zeile die Aussage bündig und pointierend abschließt.

Str. 1: Der Aufbruch der Gesellen
Str. 2: Ihre Lebensziele
Str. 3: Das Leben des ersten Gesellen
Str. 4–5: Das Scheitern des zweiten Gesellen
Str. 6: Fürbitte und indirekte Selbstaussage

Der Aufbau des Gedichts kann in einem Schaubild dargestellt werden:

Ausgangssituation (Str. 1)

- Aufbruch der beiden Gesellen
- Stimmung: fröhlich, zuversichtlich
- Lebensentwürfe: Streben nach hohen Dingen; etwas Rechtes leisten wollen
- Bereitschaft, auch Negatives anzunehmen
- positive Ausstrahlung auf andere Menschen

Leben des Ersten (Str. 3)	Leben des Zweiten (Str. 4 und 5)
• Er findet ein Liebchen; • er bekommt von der Schwiegermutter ein gemachtes Nest; • er wird glücklicher Vater eines Sohnes; • er schaut mit Behagen aus dem Fenster, auf seinen Besitz.	• Er wird angelockt durch „tausend Stimmen im Grund", durch Sirenengesang; • er erliegt der Verführung; • Bewusstsein des Scheiterns im Alter – Einsamkeit und Kälte, Armut
Mögliche Wertung: • Glück der Normalität? • Aufgabe des ursprünglichen Lebensentwurfs	**Mögliche Wertung:** • falsches Glück? • erotische Verführung • Aufgabe des ursprünglichen Lebensentwurfs

Fazit des Sprechers (des lyrischen Ichs) (Str. 6)

- greift das Musikmotiv der 1. Strophe auf
- anteilnehmende Sorge beim Anblick von aufbrechenden Gesellen
- Bitte an Gott um Erlösung

Die interessantere Figur ist der zweite Geselle, der zwei Strophen bekommt, während der Lebensweg des ersten in einer einzigen semantisch und strukturell einfachen Strophe abgetan wird. Dass der zweite Geselle Schiffbruch in seinen Plänen erleidet, wird durch eine vertraute Metapher bündig formuliert („Sein Schifflein das lag im Grunde"). Die Ursachen werden nicht dargelegt, sie ergeben sich aber aus den sich überlagernden Konnotationen der Nomina (Stimmen/im Grund/Sirenen/Wogen/Schlund), der Adjektive (tausend/verlockend/buhlend/farbig klingend) und der Verben (singen/lügen/auf den Grund ziehen). Die sprachlichen Grenzverwischungen deuten darauf hin, dass er sich treiben lässt und so sein eigentliches Ziel, die erbrachte Lebensleistung, aus dem Blick verliert; dass er sich haltlos auf Verführungen und Verlockungen aller Art, vor allem wohl erotische Abenteuer („buhlend"), einlässt und sich dabei auch wirtschaftlich ruiniert. Die Szene des Wiederauftauchens (Strophe 5) mutet trotz ihrer allegorischen Auflösbarkeit fast surrealistisch an. Die Verlorenheit im weiten Raum wird durch die beiden Richtungsakkusative „in *die* Runde", und „über die Wasser weht's kalt" eindringlich spürbar, sie enthalten ein Moment der Bewegung, des Hinausblickens und -horchens in einen leeren Raum und die Heranbewegung der Kälte. Durch die beiden Akkusative in der Ortsangabe ergibt sich der „Verlust jeglicher Raumorientierung" (Seidlin 1985, S. 184).

Im Zusammenhang mit dem Schluss von „Klein Zaches", dem häuslichen Glück des Dichters Balthasar, ist die unscheinbare 3. Strophe über das Leben des ersten Gesellen von Interesse. Die Frage nach der Bewertung seiner Situation kann nur durch eine genaue Untersuchung der Sprache beantwortet werden – im Gegensatz zum explizit benannten Lebensschiffbruch des zweiten Gesellen verzichtet der Sprecher hier auf bewertende Aussagen. Betrachtet man den Inhalt der Strophe, erscheint der Geselle nicht als unglücklich – immerhin erlangt er frühzeitig eine sichere Existenz durch eine günstige Heirat, ist Besitzer eines Bauernhofs und erleidet keinen sozialen Abstieg, er lebt „behaglich". Doch im Kontext des Gedichts, der beiden Eingangsstrophen und der Schlussstrophe mit der Fürbitte des Sprechers für sich und die beiden Gesellen, erscheint auch er als Versager – er hat nicht erreicht, was er eigentlich erträumt hat. Dies zeigt sich allein in der sprachlichen Schlichtheit dieser Strophe, die unter dem Niveau des gesamten Gedichts bleibt. Der Lebenslauf des ersten Gesellen ist am Ziel, ehe er recht begonnen hat – vor allem entspricht er nicht seinem hochfliegenden Entwurf. Er „findet" (ohne Suche, Sehnsucht oder Liebe) „ein Liebchen", die Schwiegermutter hilft offenbar mit einer Erbschaft („Hof und Haus") nach, er muss nichts dafür „vollbringen". „Gar bald" hat er ein „Bübchen" (es heißt nicht „Sohn"), und aus der Enge des „Stübchens" blickt er „behaglich", ohne unruhige Sehnsucht nach einem tätigen Leben, auf das „Feld", ein planes begrenztes Stück Land, eine Nutzfläche. Ihn treibt nichts mehr, er ist zufrieden. Die Infragestellung dieses Glücks wird allein durch die sprachlichen Mittel bewirkt:

- Diminutiva; Betonung des Kleinen, Engen
- unreine Reime
- Reihung von Sätzen mit dem einfachsten Bauprinzip Subjekt, Verb, Objekt
- Trivialität, Alltagssprache
- Betonung des Zufälligen, Geschenkten
- Gegensatz zur 2. Strophe (keine „hohen Dinge", kein „Streben", kein „Vollbringen")

„Die hausbackene Normalität des Satzbaus in der dritten Strophe, der Strophe hausbackener Normalität, ist einfach nicht zu überbieten." (Seidlin 1985, S. 181) Die Sätze haben weder Klang noch poetischen Zauber, sie konstatieren Resultate. Eigenartig ist allein die fast katachrestische Verbindung „heimliche[s] Stübchen" (an Stelle von heimelig oder heimisch). In seiner akribischen Interpretation des Texts sieht Oskar Seidlin in dieser Wortwahl einen versteckten schüchternen Blick des endgültig festgerannten jungen Mannes ins Freie (Seidlin S. 171). Im Werthorizont der Romantiker bleibt er unterhalb seiner eigenen und der menschlichen Möglichkeiten. Der zweite Geselle ist „romantisch" gescheitert, der erste versäumt oder vergisst seine Träume und Ziele und richtet sich, ohne etwas „Recht's [zu] vollbringen", ohne an seine Grenzen zu gehen, in einem geschenkten Glück ein. Das Leben des ersten Gesellen, ein Dasein in der Normalität, ohne Spannung, ohne Sehnsucht, ist für die Romantiker nicht erstrebenswert.
Das Leben des ersten Gesellen ist vergleichbar mit dem des Dichters Balthasar auf dem vom Zauberer geschenkten luxuriösen Landgut. In E.T.A. Hoffmanns Märchen muss der Leser gegen die Beteuerungen des Erzählers selber erkennen, dass das Glück Balthasars ein fragwürdiges oder gar keines ist (vgl. Baustein 3.3.1). Der wesentliche Indikator für die Begrenztheit dieses Glücks steckt auch hier in der sprachlichen Gestaltung – in der trivialen Auflistung der Ausstattungsgegenstände. Die Fürbitte des Sprechers, der sich in der 6. Strophe empathisch einbezieht, gilt auch dem ersten Gesellen. Der Sprecher lässt nicht

erkennen, ob er in der Normalität versandet ist oder ob er seine Energien für fantastische Ziele verschwendet hat. Die Identifikation mit beiden Gesellen deutet eine ambivalente Einstellung des sich hier indirekt kundgebenden Ichs (eines Rollen-Ichs) zur Welt und zu den eigenen Antrieben an, sie deutet die Zerrissenheit zwischen dem Wunsch nach innerem Frieden und schöpferischer Unruhe an, verbunden mit der Angst vor Stagnation und der Angst vor dem Scheitern.

„Aus dem Leben eines Taugenichts" (2. Kapitel, Auszug)

Das Thema des Philisterlebens findet sich ohne die existenzielle Dramatik des Gesellen-Gedichts in der humorvollen Schilderung des zum Spießer mutierten „Taugenichts". (Zum Philister vgl. Textanhang, S. 140ff.; Z. 9: Spießbürger)
Der Ich-Erzähler, der Taugenichts, bleibt namenlos. Im Titel steckt nicht nur die Arbeitsunlust des Helden, sondern auch die „Absage ans Taugen" (Bormann 1988, S. 342). Bormann sieht im Wandern die Relativierung der Normen der Erwachsenenwelt, ein „rebellisches[s], polemische[s] Element" (S. 342). Im 2. Kapitel droht die jugendliche Aufbruchsbereitschaft des Taugenichts bereits zu verkümmern, indem er zum Zolleinnehmer avanciert und dieses Dasein genießt. Der Text aus dem „Taugenichts" illustriert deutlicher die ironische Komponente des Schlusses von E.T.A. Hoffmanns Märchen. Auch der Taugenichts bekommt die Stelle ohne eigene Anstrengungen. Der Hauptunterschied liegt in der Bedeutung der beiden Passagen für die Biografie des jeweiligen Helden. Für den Taugenichts ist dieser Zustand nur vorübergehend, gewissermaßen eine Entwicklungsstörung; er muss wieder aufbrechen und sein häusliches Glück, das am Ende ähnlich behaglich ist wie das Balthasars, erwandern. Im Gegensatz zur Darstellung von Balthasars Glück, deren Ironie erkannt werden muss, trägt die Schilderung des Daseins des Taugenichts als Zolleinnehmer deutlich satirische Züge (**Arbeitsblatt 8**, S. 76f.).

- *Interpretieren Sie diese Passage – wie wird sein Leben als Zolleinnehmer dargestellt?*
- *Setzen Sie die beiden Texte Eichendorffs in Beziehung zum Schluss von „Klein Zaches genannt Zinnober" – wie erscheint die Existenz Balthasars im Licht dieser beiden Texte über Sicherheit und innere Unruhe?*

- Er wird beurteilt von einem Amtmann mit Perücke (Symbol des nicht mehr zeitgemäßen Ancien Régime);
- die Hinterlassenschaft des Vorgängers (Schlafrock, Pantoffeln, Schlafmütze, also bequeme Hauskleidung) sind typische Requisiten des Philister-Stereotyps (häusliche Behaglichkeit, Sich-Gehenlassen, Trägheit);
- der Wunsch, in seinem neuen Status von den Bewohnern seines Dorfs gesehen zu werden, zeigt bürgerliches Statusdenken und Eitelkeit;
- Denkfaulheit: beim Nachdenken käut er Sprichwortweisheiten wider;
- Symptom seiner Verkommenheit ist das Einschlafen seiner Reiselust;
- der Ersatz von Gemüse durch Blumen zeigt die noch vorhandene alte Lebenslust;
- die Passage endet mit dem plötzlichen Aufbruch.

Die Textstelle ist erkennbar eine Satire auf das Beamtentum. Dieses erscheint als rückständig, unbeweglich, denkfaul und träge. Es gibt Parallelen: Beide Protagonisten leben enthoben von alltäglicher Arbeit, sie bekommen die Stelle geschenkt. Ob es sich bei Balthasars Landgut um ein vorzeitiges Geschenk handelt, um einen allzu früh gewährten Vorschuss auf wirklich erbrachte dichterische Werke, bleibt offen. Dabei darf nicht vergessen werden, dass das Landgut ebenso wie die Figur des Zauberers ein im Irrealen, Fantastischen angesiedelter Märchengag ist.

3.4 Die Figur des späteren Poeten Balthasar

Das Märchen von „Klein Zaches" enthält durch die Erhebung des Protagonisten Balthasar zum wahren Dichter ein Stück Selbstreflexion über Kunst und Künstler. Blickt man vom Schluss zurück auf die Handlung, die neben der Liebes- und Befreiungsgeschichte auch den Werdegang eines jungen Dichters verfolgt (vom melancholischen Waldeinsamkeitsschwärmer über Prosper Alpanus' vermächtnishafte Beschreibung seiner Begabung bis zu dem endgültigen Statement: er „wurde in der Tat ein guter Dichter", S. 115, Z. 12f.), so stellt sich zunächst die Frage nach der Konzeption dieser Figur.

■ *Wie haben Sie beim Lesen auf Balthasar reagiert? Was sind seine auffälligsten Eigenschaften? Wie beurteilen Sie ihn? Lesen Sie dazu noch einmal Kap. 2, S. 24ff. und Kap. 4.*

Das Ergebnis wird sein, dass er ganz sympathisch, aber für einen Dichter, einen Künstler etwas zu fad und harmlos ist. Er ist ohne Arg, ohne Ecken und Kanten, auch ohne Fehler. Herausgearbeitet wurden bereits anhand des 4. Kapitels seine Widerstandskraft und seine Aufgewecktheit – er ist der einzige Bewohner von Kerepes, der erkennt, dass etwas mit Zaches nicht stimmt, dass irgendein Zauber am Werk ist. Er kann sich seines Verstandes bedienen. Ansonsten fehlt es ihm an Tiefe, an Komplexität. Auch erfolgt die Erhebung zum Dichter plötzlich und unerwartet. Es gibt in dieser Dichterfigur

- keine Zweifel an der Geliebten, keine Selbstzweifel
- keine Reflexion über mögliche Ursachen ihrer Abwendung
- kein Leiden an dem Verlust, kein Wachsen oder Reifen durch den Verlust
- keine wirkliche existenzielle Erschütterung
- keine Gefährdung, keine Irrwege, keine Schuld, kein menschliches Versagen
- keine problematische Kindheit
- keinen erkennbaren Wunsch der Versprachlichung von Erlebtem, Erlittenem, Ersehntem

Wie Zaches die Hofkarriere, fallen auch Balthasar die Glückseligkeit und die Erhöhung zum Dichter durch Zauberhilfe zu. Die innere Handlung hat keine Affinität zu Dramatik, geschweige denn Tragik, es gibt auch keine psychologische Erkundung oder Selbsterkundung. Das Einzige, was Balthasar widerfährt, ist die Liebesverwirrung Candidas. Diese gerät ihm nicht zur wirklichen Katastrophe, weil er über einen robusten Optimismus verfügt. Er gerät auch nicht in die Gefahr romantischer Helden, sich in (erotischen) Fantasien zu verlieren (wie Florio in Eichendorffs ebenfalls im Jahr 1819 erschienener Novelle „Das Marmorbild"). – Die Figur des Dichters Balthasar unterscheidet sich grundlegend von anderen komplexen, zerrissenen, dämonischen oder getriebenen Künstlerfiguren E.T.A. Hoffmanns, von dem vom Scheitern bedrohten Kapellmeister Kreisler im „Kater Murr" und in den „Kreisleriana" oder dem Goldschmied Cardillac im „Fräulein von Scuderi", der zum Mörder wird, weil er sich nicht von seinen Werken trennen kann. „Von allen Geschichten Hoffmanns die einzige, da der Poet sich im Bürgerglück etabliert, das sollte schon zu denken geben. – Sonst enden seine Dichter zum Abgrund, auch wenn der […] nichts anderes ist als das Leben in der Poesie, und das verläuft windschief zu dem der Karrieren zum Hofrat und des trauten Heims mit Dienstpersonal." (Fühmann, 1978, S. 134) Der einzige Text Balthasars, der erwähnt wird, ein Werklein mit dem gefälligen Titel „Die Liebe der Nachtigall zur Purpurrose", ist offensichtlich ein Werbungsgedicht an die Geliebte im Stil des Rokoko, das auch der Zauberer nicht ernst nimmt. Man weiß nicht, was ihn außer der Sehnsucht zur zunächst unerreichbaren Geliebten zum Dichten treibt und was für Werke er schreiben könnte – auf keinen Fall Texte mit subjektivem Selbstbezug, sei es der Selbsterkenntnis oder der Persönlichkeitsentwicklung, sicher auch keine unheimlichen, grausamen oder verstörenden Texte.

Das Ergebnis wird festgehalten:

Der Dichter Balthasar

- „fromm – verständig – fleißig" (S. 25, Z. 1 f.)
- „reger herrlicher Geist" (S. 24, Z. 18)
- empfindsam
- schwärmerisches Erleben der Waldeinsamkeit
- Offenheit für Natureindrücke
- Sinn für das Wunderbare
- Intelligenz und Erkenntnisvermögen: er zieht die richtigen Schlüsse
- aufrichtig
- optimistisch
- couragiert, tatkräftig
- unkompliziert
- psychisch stabil

}

- positive Charaktereigenschaften
- keine zerrissene, problematische Künstlerfigur

Fast überraschend wird Balthasar vom Zauberer Prosper Alpanus in einer Art Vermächtnisrede (Kapitel 7, S. 86, Z. 24 ff.) zum wahren Dichter erklärt. Ob auch dies zum ironischen Spiel gehört, muss zunächst offenbleiben.

3.4.1 Prosper Alpanus' Vermächtnisworte an den Dichter Balthasar

In seiner Vermächtnisrede erklärt der Zauberer, dass Balthasar gerade aufgrund seines „reinen Herzen[s]" (S. 86, Z. 25) zum Dichter berufen sei, obwohl er außer dem Gedicht „Die Liebe der Nachtigall zur Purpurrose" noch nichts geschrieben hat und dieses Gedicht auch nicht den Vorstellungen des Zauberers von wahrer Poesie entspricht. Es geht also nur um die Bedingungen der Möglichkeit, sich zum Dichter zu entwickeln.

- *Lesen Sie Prosper Alpanus' Abschiedsrede (S. 86 f.) und notieren Sie die Kernbegriffe in seinen Aussagen über den Dichter Balthasar.*
- *Worin erkennt er Balthasars dichterische Begabung?*
- *Welche Art von Texten könnte Balthasar verfassen?*
- *Was ist ihre mögliche Wirkung?*

Die Kernbegriffe in Prosper Alpanus' Rede sind:

- Sehnsucht und Liebe im reinen Herzen
- Widerhallen herrlicher Akkorde aus dem Lande göttlicher Wunder (Indien) im eigenen Herzen
- Begabung mit innerer Musik: Verstehen der wunderbaren Stimmen der Natur und Antwort darauf mit dem göttlichen Ton aus dem eigenen Innern
- Offenheit, Ansprechbarkeit für die Wunder der Natur
- Musikalität (Klavierspiel)
- Fähigkeit, die innere Musik zu erleben und sie nachklingen zu lassen
- Bestreben, die innere Musik in einen Text umzusetzen

Auffällig ist die Affinität zwischen Poesie und Musik, die in dichter Wortfolge ausgedrückt wird („herrliche Akkorde", die „widerhallen" (S. 86, Z. 27), „innere Musik" (Z. 28), „Musik, die aus dem eigenen Innern heraustönt"(Z. 33f.), das „Sprechen" des Abendrots (Z. 36), das Verstehen von „murmelnden Quellen" (Z. 35), der „göttliche Ton" (S. 87,Z. 2f.) aus dem eigenen Innern, „die wundervolle Harmonie" (Z. 3), das „Nachklingen" eines „angeschlagenen Tons" (Z. 5f.), „innere Musik" (Z. 8). An einer Stelle wird ein Gefühl genannt („Sehnsucht und Liebe im reinen Herzen", S. 86, Z. 25), zweimal Naturwahrnehmungen (Quellen, Z. 35), aufflammendes Abendrot (Z. 36). Das Thema der denkbaren Texte Balthasars ist das Erleben der schönen Natur, das Glück des erfüllten oder euphorisch erlebten Augenblicks, das sich z.B. bei einem Sonnenuntergang einstellen kann. Naheliegend sind Lieder oder sprachlich reizvolle Gedichte. Prosper Alpanus äußert sich nicht über die Wirkung oder gar irgendeinen Wirkungsauftrag der Literatur. Die Wirkung liegt in der Erzeugung von Erlebnissen innerer Befreiung oder Ausweitung. Die Hauptgesichtspunkte werden an der Tafel in Stichworten gesammelt, eindeutige Formulierungen sind wegen der Vagheit des Texts und dessen Nähe zu synästhetischen Formulierungen kaum möglich.

■ *Welche sind die wesentlichen Elemente von Prosper Alpanus' Kunsttheorie?*

Prosper Alpanus' Kunsttheorie

- grundierendes Gefühl: Sehnsucht und Liebe
- inneres Vermögen, Klänge der Natur zu hören/zu imaginieren
- innerer Drang, die inneren Klänge in Worte zu fassen
- Auslösen von Resonanz beim Leser/Hörer
- Weite, Überschreiten der gegebenen engen Verhältnisse
- kreative Unruhe
- Auslöser des Schreibens: Empfindungen, keine Gedanken oder Ideen
- Ahnungen von Ich-Erweiterung (Gemütserregung)

Dieses Programm enthält wesentliche Elemente romantischer Literaturtheorie.
In diesem Zusammenhang kann das **Arbeitsblatt 9** „Romantische Ästhetik" (S. 78f.) herangezogen werden. Was in den Texten auf dem Arbeitsblatt nicht zur Sprache kommt, aber als auslösendes Moment einer neuen, der „romantischen" Literatur mitgedacht werden muss, ist das Leiden an der dem Nützlichkeitsprinzip unterworfenen modernen Welt, das auch im 1. Kapitel von „Klein Zaches" thematisiert wird (vergl. Baustein 4). „Denkt man an [...] die Klagen der Romantiker über ihre Entzauberung, so beruht das Unbehagen zum einen auf einer Verarmung und Verödung des Daseins. Ihr psychisches Korrelat ist die Langeweile. [...] In der extremen und erdrückenden Form der existenziellen oder ‚Lebenslangeweile', wie sie [...] besonders bei Tieck und Wackenroder spürbar ist, tritt sie zur Zeit der Romantik als typische Zeitkrankheit auf und weckt auch in der Romantik selber das Kompensationsbedürfnis nach einer schöneren und Erfüllung gewährenden Welt." (Pikulik 1992 S. 54)

■ *Worin besteht für W. Wackenroder und Novalis die Wirkung der Kunst? Lesen Sie dazu den Auszug aus der Berglinger-Novelle.*

■ *Inwiefern erlangt die Musik eine besondere Bedeutung in der romantischen Kunsttheorie?*

Prosper Alpanus' Aussagen über den zum Dichter begabten Balthasar weisen durch die Betonung der Musik eine erkennbare Affinität zum Musikerleben der Berglinger-Figur von Wackenroder auf, dessen „Gemütserregung" (Novalis) durch die Musik allerdings wesentlich differenzierter und anschaulicher dargestellt wird. Bei Berglinger wird die Musik zum Auslöser innerer Bilder. Der von Novalis geprägte Begriff der „Gemütserregungskunst", der zum Schlüsselbegriff des romantischen Kunstprogramms geworden ist, trifft in Maßen auch auf Prosper Alpanus' Kunstverständnis zu, vielleicht weniger im Sinne von Gemütserregung als von Gemütserweiterung. Die Verwandlung in bildliche Vorstellungen spielt in seiner Rede keine Rolle. Die Musik hat in der romantischen Kunst eine besondere Bedeutung, da sie (abgesehen von dem kleinen Segment der Programmmusik) die Kunstgattung mit dem geringsten Bezug zur Realität ist; sie ist nicht mimetisch („nachahmend"), sie bildet nichts Äußeres/Sichtbares ab, sie findet im Moment statt, sie löst über das Ohr innere Empfindungen aus, sie ist bewegt und dynamisch, und sie kann im Innern nachklingen. Seelische Ausweitung und Erregung sollen nicht nur durch die romantische Musik und Malerei (z. B. die Bilder von C.D. Friedrich), die Märchen, Romane und Lyrik, sondern auch durch die andeutenden, auf zukünftige Literatur bezogenen theoretischen Aphorismen („Fragmente") (vor allem von Novalis und Friedrich Schlegel) erreicht werden.

Der Brief Joseph Berglingers zeigt die Kehrseite, die Gefährdung des Künstlers:

- *In welchem unlösbaren Dauerkonflikt steckt Joseph Berglinger?*

Der zweite Berglinger-Text (Ein Brief Joseph Berglingers) auf dem Arbeitsblatt kann als Folie zu den beiden Gedichten von Novalis und Eichendorff und auch zu E.T.A. Hoffmanns Märchen herangezogen werden. Er thematisiert das Desinteresse der Romantiker an der Wirklichkeit im Plädoyer für die Freiheit der Kunst von allen Nützlichkeitserwägungen. Was Berglinger erfüllt, ist das enthusiastische Bedürfnis nach dem Aufgehen im Musizieren und Komponieren. Dennoch lässt sich die Pflicht der gesellschaftlichen Teilnahme nicht abweisen und stürzt ihn in einen unauflöslichen Konflikt und schwerste Selbstzweifel. Die Wirklichkeit wird als störend und widrig empfunden. Von dieser Zerrissenheit des Künstlers ist in den anderen Texten auf dem Arbeitsblatt ebenso wenig die Rede wie in Hoffmanns Märchen „Klein Zaches".

- *Welche Wirkung der Kunst wird in den beiden Gedichten von Novalis und Eichendorff angedeutet?*

Die beiden Gedichte deuten eine indirekte gesellschaftliche Wirkung der Poesie an, das Gedicht Eichendorffs bescheidener, als individuelles Erleben, das von Novalis selbstbewusster, als wirkungsvoller, verändernder Angriff auf die als „verkehrt" empfundene Welt, die, ähnlich wie die im ersten Kapitel des „Klein Zaches", als unfrei (Z. 5 f.) und durch den Primat der Nützlichkeit und Berechenbarkeit (Z. 1,4) als eingeschränkt und menschenfeindlich dargestellt wird; das ist die Welt, die von der von der Romantik kritisierten Aufklärung bestimmt wird (vgl. dazu BS 4).

Welche Rolle die Kunst in einer Nützlichkeitswelt spielt, zeigt Hoffmann in seinem ironischen Text über den bürgerlichen Kunstgenuss:

- *Wie ist diese Aussage über den Zweck der Kunst zu verstehen?*
- *Geben Sie die Aussagen des Textes mit Ihren eigenen Worten wieder.*

Diese Passage ist erkennbar ein Beispiel für ätzende Ironie. Die lobende Anerkennung des erfüllten Lebens der bürgerlichen Musikliebhaber und/oder Konzertbesucher drückt das Gegenteil aus – die hier beschriebenen Konzertbesucher stecken in einem uneigentlichen, fremdgesteuerten Leben, ohne dies zu durchschauen. Ihr Kunstgenuss ist eine Art Missbrauch der Kunst. Die Kritik gilt der bürgerlichen Normalität. Hier stellt sich die Frage, für welches Publikum der Dichter Balthasar schreibt und was er durch seine Kunst bewirkt.

Zusammenfassend sollen noch einmal wesentliche Elemente der romantischen Kunsttheorie, die in den Texten zur Sprache kommen, benannt werden:

- *Charakterisieren Sie die romantische Kunsttheorie, indem Sie folgende Gesichtspunkte berücksichtigen: Die Lebenssituation der Künstler; die angestrebte Wirkung der Poesie; die Gefährdung der Künstler und die in der Kunst realisierbaren Lösungsmöglichkeiten.*

Elemente romantischer Kunsttheorie

Ausgangssituation: Leiden an der entzauberten Welt, Langeweile; Bedürfnis nach einer schöneren, Erfüllung gewährenden Welt
Angestrebte Wirkung der Poesie: „Gemütserregung", Erzeugung innerer Bilder und wechselnder Empfindungen
Problematik: Gefahr der Isolation, des Wirklichkeitsverlusts, der Empathiefähigkeit; Musik als Droge; Dauerkonflikt, innere Zerrissenheit
Lösungsmöglichkeiten: Synästhetische Erlebnisse, utopische Hoffnung auf Veränderung der Weltwahrnehmung

Die Texte auf dem **Arbeitsblatt 9**, S. 78f., sind anschließbar an die Musikerlebnisse der Jugendlichen, durchaus auch an Popkonzerte, wo gesteigerte Gefühle und Vorstellungen erlebt werden.

Das **Zusatzmaterial 7**, S. 121, kann in diesem Zusammenhang herangezogen werden – deutlich wird das die Romantiker antreibende Bestreben nach innerer Ausweitung als universales menschliches Bedürfnis. Die von Rosa beschriebenen Resonanzerlebnisse sind eine abgeschwächte Version der stärker aufgeladenen romantischen Theorien. (Vgl. auch Textanhang „Romantik", S. 133ff.; **Zusatzmaterial 6**, S. 120)

Blickt man von hier aus auf das gesamte Märchen „Klein Zaches genannt Zinnober", stellt man fest, dass das von Berglinger erlittene Realitätsproblem dort auf andere Weise angegangen wird – nicht als Pflichtenkonflikt, sondern durch die den gesamten Text konstituierenden ironischen und satirischen Elemente. Das Märchen des Dichters E.T.A. Hoffmann weist wesentlich mehr Variationsbreite auf als das eher auf romantische Stimmungslyrik beschränkte Konzept von Prosper Alpanus. Dieses enthält weder das Moment der kreativen Fantasie noch den kritischen Blick auf die Welt. Nicht zufällig entschwebt der Verkünder einer spekulativen romantischen Poesie in die Ferne, in das Land weiter (vager) utopischer Träume und lässt seinen Dichter Balthasar in der Sicherheit der Luxusvilla zurück, wo er ein ungestörtes Leben genießen soll. Dieses Märchen des Musikers Hoffmann ist weniger von innerem Klingen erfüllt als von einer scharfen Wahrnehmung menschlicher Schwächen und Verkümmerungen und dem Bestreben, die politischen Versäumnisse in eine Erzählung mit komischen, grotesken, ironischen und witzigen Einfällen umzusetzen. Die Wirklichkeit wird mit den Mitteln der Satire gestaltet, das Glück des Dichters Balthasar auf ironische Weise.

„Das Leiden […] ist dann [ein] treuer Gefährte, wenn, was dem Balthasar geschehen wird, ein Talent durch Glück und Zufriedenheit paralysiert zu werden droht. – Seelenfrieden ist etwas anderes; Verfügungsmacht über Reichtum auch, aber Behaglichkeit aller sich erfüllenden Wünsche, das ist, so weiß Hoffmann, eine schlechte Mitgift für einen Dichter." (Fühmann 1978, S. 139)

Es bleibt zu fragen, inwiefern E.T.A. Hoffmanns Märchen ein romantischer Text ist. Angesichts der Erhebung Balthasars zum (romantischen) Dichter, dessen Talent durch das gut gemeinte Geschenk des Zauberers zu veröden droht, könnte wohl die Frage gestellt werden, ob Hoffmann das romantische Programm nicht eher in Frage stellt. Dazu hilft nicht so sehr die Frage, ob/inwiefern „Klein Zaches" ein romantisches Märchen sei, sondern die spezifischere Frage:

- *Wie geht E.T.A. Hoffmann in „Klein Zaches" mit der für die Romantik konstitutiven Spannung zwischen Fantasie und Realität um? Überlegen Sie, welche Rolle der Fantasie/dem Fantastischen in diesem Märchen zukommt*

Ausgehend vom Schluss kann man noch einmal feststellen, dass die Vorstellungen von einem glücklichen Leben gründlich verstört werden, und zwar durch (romantische) Ironie. Diese umfasst auch den „guten" Dichter Balthasar. Offen bleibt auch, was gute Dichtung ist, z. B. was Poesie in einer Zeit geistiger Dürre und polizeistaatlicher Kontrolle auslösen sollte oder könnte. Die Gesichtspunkte werden an der Tafel zusammengestellt.

„Klein Zaches" als romantischer Text

- Der Schluss löst Befremden und Unruhe aus, aktiviert Gefühl und Denken
- indirektes Plädoyer für Sehnsucht nach wirklichem Leben
- Erzeugung von Ungenügen an den bestehenden Verhältnissen
- Erzeugung des Bedürfnisses nach Freiheit und geistiger Beweglichkeit
- kein naives Märchen, sondern Spiel mit der Gattung Märchen (Reflexion, Distanz)
- ironische Infragestellung romantischer Ideen (Prosper Alpanus' Rede, Balthasars Waldschwärmerei)
- spielerische Textkomposition (z. B. die Abfolge: Balthasars Dichtertum – der Komfort auf dem Landgut)
- Erzeugung der Frage nach der Funktion der Kunst und Literatur
- Anregung der Fantasie durch die bizarre Figur des Zaches/Zinnober
- komische, groteske, witzige Episoden neben empfindsamen – Brechung des Gefühlsstroms

Fantasie und Satire als Mittel der Beunruhigung

Dieses Märchen des „skeptischen Fantasten" E.T.A. Hoffmann (R. Safranski) ist bestimmt durch Unruhe und Ungenügen am Bestehenden. Der Text erzeugt oder verstärkt die Sehnsucht nach weniger engen politischen, gesellschaftlichen, geistigen und seelischen Lebensmöglichkeiten. Die Mittel dazu sind der Verzicht auf (realistische) Nachahmung und das ironische Spiel mit der Form des Märchens, der Textgattung, die wie keine andere auf das Glück zuläuft. Die satirischen Elemente werden im Baustein 4 zum Thema.

Sicherheit und Aufbruch

Joseph von Eichendorff

Joseph von Eichendorff: Die zwei Gesellen

Es zogen zwei rüst'ge Gesellen
Zum ersten Mal von Haus,
So jubelnd recht in die hellen
Klingenden, singenden Wellen
Des vollen Frühlings hinaus.

Die strebten nach hohen Dingen,
Die wollten, trotz Lust und Schmerz,
Was Rechts in der Welt vollbringen,
Und wem sie vorüber gingen,
Dem lachten Sinnen und Herz. –

Der erste, der fand ein Liebchen,
Die Schwieger kauft' Hof und Haus;
Der wiegte gar bald ein Bübchen
Und sah aus heimlichem Stübchen
Behaglich ins Feld hinaus.

Dem zweiten sangen und logen
Die tausend Stimmen im Grund,
Verlockend' Sirenen, und zogen
Ihn in der buhlenden Wogen
Farbig klingenden Schlund.

Und wie er auftaucht' vom Schlunde,
Da war er müde und alt,
Sein Schifflein das lag im Grunde,
So still war's rings in die Runde,
Und über die Wasser weht's kalt.

Es singen und klingen die Wellen
Des Frühlings wohl über mir;
Und seh ich so kecke Gesellen,
Die Tränen im Augen mir schwellen –
Ach Gott, führ uns liebreich zu Dir!

(1818)

Joseph von Eichendorff: Werke. Hrsg. von W. Rasch. München: Hanser 1959, S. 56f.

- *Interpretieren Sie dieses Gedicht von Joseph von Eichendorff (1788–1857).*
  - *Beachten Sie, wie der Sprecher die beiden imaginierten Lebensläufe darstellt.*
  - *Was für eine Existenz vermuten Sie beim zweiten Gesellen?*
  - *Wird der Weg des ersten Gesellen als wünschenswerte Alternative dargestellt? Beachten Sie die Sprache (Wortwahl, Satzbau, Reime) in der 3. Strophe.*
- *Wie lässt sich das „uns" in der Schlusszeile deuten?*

Joseph von Eichendorff: Aus dem Leben eines Taugenichts (entstanden 1823, veröffentlicht 1826)

Der Ich-Erzähler, der Sohn eines Müllers, wird von seinem Vater weggeschickt, um sein eigenes Brot zu verdienen. Voller Freude, von der täglichen Arbeit befreit zu sein, nimmt er seine Geige und zieht in die freie Welt. Eine Kutsche, in der zwei Damen sitzen, nimmt ihn mit bis kurz vor Wien. Er verliebt sich in die eine von ihnen. Er wird an einem Schloss abgesetzt, wo er eine Anstellung als Gärtner bekommt. In der Hoffnung, der Dame im Schloss näher zu kommen, nimmt er die Stelle an. Doch die Hoffnung trügt und er fühlt sich bald als Gefangener im Garten. Wenn er am Sonntag die jungen Burschen zum Tanzboden hinausziehen sieht, wird ihm „zum Sterben bange". Dann bekommt er von der Schlossverwaltung unerwartet eine andere, bessere Stelle – die des Zolleinnehmers am Zollhäuschen an der Landstraße.

Der Taugenichts als Zolleinnehmer (aus dem 2. Kapitel)

„Dort war eben der Zolleinnehmer gestorben, der alles sonst bewohnte. Da kam eines Morgens frühzeitig, da ich noch im tiefsten Schlafe lag, der Schreiber vom Schlosse zu mir und rief mich schleunigst zum Herrn Amtmann. […] Als ich in die Kanzlei trat, wo es noch gar nicht recht Tag war, sah der Amtmann hinter einem ungeheuren Tintenfasse und Stößen von Papier und Büchern und einer ansehnlichen Perücke, wie die Eule auf ihrem Nest, auf mich und hob an: ‚Wie heißt er? Woher ist er? Kann er schreiben, lesen und rechnen? […] Und so war ich denn wirklich Zolleinnehmer, ehe ich mich's versah.
Ich bezog nun sogleich meine neue Wohnung und war in kurzer Zeit eingerichtet. Ich hatte noch meh-

Die Beförderung zum Zolleintreiber

rere Gerätschaften gefunden, die der selige Einnehmer seinem Nachfolger hinterlassen, unter anderem einen prächtigen roten Schlafrock mit gelben Punkten, grüne Pantoffeln, eine Schlafmütze und einige Pfeifen mit langen Röhren. Das alles hatte ich mir schon einmal gewünscht, als ich noch zu Hause war, wo ich immer unsern Pfarrer so bequem herumgehen sah. Den ganzen Tag (zu tun hatte ich weiter nichts) saß ich daher auf dem Bänkchen vor meinem Hause in Schlafrock und Schlafmütze, rauchte Tabak aus dem längsten Rohre, das ich von dem seligen Einnehmer vorgefunden hatte, und sah zu, wie die Leute auf der Landstraße hin und her gingen, fuhren und ritten. Ich wünschte nur immer, dass auch einmal ein paar Leute aus meinem Dorfe, die immer sagten, aus mir würde mein Lebtag nichts, hier vorüberkommen und mich so sehen möchten. – Der Schlafrock stand mir schön zu Gesichte; und überhaupt, das alles behagte mir sehr gut. So saß ich denn da und dachte mir mancherlei hin und her, wie aller Anfang schwer ist, wie das vornehmere Leben doch eigentlich sehr bequem sei, und fasste heimlich den Entschluss, nunmehr alles Reisen zu lassen, auch Geld zu sparen wie die andern und es mit der Zeit gewiss zu etwas Großem in der Welt zu bringen. Inzwischen vergaß ich über meinen Entschlüssen, Sorgen und Geschäften die schöne Frau keineswegs.
Die Kartoffeln und anderes Gemüse, das ich in meinem kleinen Gärtchen fand, warf ich hinaus und bebaute es ganz mit den auserlesensten Blumen […] (S. 15f.)
[…] Ich weiß nicht, wie es kam – aber mich packte da auf einmal wieder meine ehemalige Reiselust: alle alte Wehmut und Freude und große Erwartung." (S. 26)

Sein Weg führt ihn, auf der Suche nach der schönen Frau, durch allerlei Turbulenzen und Konfusionen nach Rom und wieder zurück zu dem Schloss, von dem er aufgebrochen war. Am Ende bekommt er die schöne Dame zur Frau; diese ist keine Adlige, sondern ein auf dem Schloss aufgewachsenes Waisenkind. Der Graf schenkt ihnen ein Schlösschen mit Garten und Weinberg. Die Erzählung endet mit den Worten „und es war alles, alles gut."

Aus: Joseph von Eichendorff: Aus dem Leben eines Taugenichts. Paderborn: Schöningh Verlag 2000 (= Reihe EinFach Deutsch, Textaushabe)

- *Interpretieren Sie diese Passage – wie wird sein Leben als Zolleinnehmer dargestellt?*
- *Stellen Sie die beiden Texte Eichendorffs in Bezug zum Schluss von „Klein Zaches genannt Zinnober" – wie erscheint die Existenz Balthasars im Licht dieser beiden Texte über Sicherheit und innere Unruhe?*

C.D. Friedrich:
Der Wanderer über dem Nebelmeer

Romantische Ästhetik

Wilhelm Wackenroder (1773–1798) und Novalis (Friedrich von Hardenberg 1772–1801) gehören zur ersten Phase der Romantik (Frühromantik). 1796 erschienen anonym die „Herzensergießungen eines kunstliebenden Klosterbruders", eine Sammlung von Erzählungen und kunsttheoretischen Essays, die W. Wackenroder und Ludwig Tieck gemeinsam verfasst hatten. Die darin enthaltene Erzählung „Das merkwürdige musikalische Leben des Tonkünstlers Joseph Berglinger" zeigt eine problematische und scheiternde Künstlerexistenz. Die in den beiden Texten anklingende Kunstbegeisterung entspricht der Lebens- und Welterfahrung dieser Schriftstellergeneration.

„Gemütserregungskunst" (Novalis)

Man sucht mit der Poesie, die gleichsam nur das mechanische Instrument dazu ist, innre Stimmungen und Gemälde oder Anschauungen hervorzubringen – vielleicht auch – geistige Tänze usw. Poesie gleich Gemütserregungskunst.

Novalis: Werke und Briefe, Herausgegeben von Alfred Kelletat. München (Winkler) 1953, S. 527

Wilhelm Heinrich Wackenroder – aus der Berglinger-Novelle

„Wenn Joseph in einem großen Konzerte war, so setzte er sich, ohne auf die glänzende Versammlung der Zuhörer zu blicken, in einen Winkel und hörte mit eben der Andacht zu, als wenn er in der Kirche wäre, – ebenso still und unbeweglich, und mit so vor sich auf den Boden sehenden Augen. Der geringste Ton entschlüpfte ihm nicht, und er war von der angespannten Aufmerksamkeit am Ende ganz schlaff und ermüdet. Seine ewig bewegliche Seele war ganz ein Spiel der Töne; – es war, als wenn sie losgebunden vom Körper wäre und freier umherzitterte, oder auch, als wäre sein Körper mit zur Seele geworden, – so frei und leicht ward sein ganzes Wesen von den schönen Harmonien umschlungen, und die feinsten Falten und Biegungen der Töne drückten sich in seiner weichen Seele ab. – Bei fröhlichen und entzückenden vollstimmigen Symphonien, die er vorzüglich liebte, kam es ihm gar oftmals vor, als säh' er ein munteres Chor von Jünglingen und Mädchen auf einer heitern Wiese tanzen, wie sie vor- und rückwärts hüpften, [...]. Manche Stellen in der Musik waren ihm so klar und eindringlich, dass die Töne *Worte* zu sein schienen. Ein andermal wieder wirkten die Töne eine wunderbare Mischung aus Fröhlichkeit und Traurigkeit in seinem Herzen, so dass Lächeln und Weinen ihm gleich nahe war; eine Empfindung, die uns auf unserm Wege durch das Leben so oft begegnet, und die keine Kunst geschickter ist auszudrücken als die Musik. Und mit welchem Entzücken und Erstaunen hörte er ein solches Tonstück an, das mit einer muntern und heitern Melodie, wie ein Bach, anhebt, aber sich nach und nach unvermerkt und wunderbar in immer trüberen Windungen fortschleppt, und endlich in heftig-lautes Schluchzen ausbricht, oder wie durch wilde Klippen mit ängstigendem Getöse daherrauscht. – Alle diese mannigfaltigen Empfindungen nun drängten in seiner Seele immer entsprechende sinnliche Bilder und neue Gedanken hervor: – eine wunderbare Gabe der Musik, – welche Kunst wohl überhaupt umso mächtiger auf uns wirkt und alle Kräfte unsers Wesens umso allgemeiner in Aufruhr setzt, je dunkler und geheimnisvoller ihre Sprache ist."

Wilhelm Heinrich Wackenroder: Das merkwürdige musikalische Leben des Tonkünstlers Joseph Berglinger. In: Wilhelm Heinrich Wackenroder und Ludwig Tieck: Herzensergießungen eines kunstliebenden Klosterbruders. Stuttgart (Reclam) o. J. S. 109 f., (erschienen 1796)

- *Worin besteht für W. Wackenroder und Novalis die Wirkung der Kunst?*
- *Inwiefern erlangt die Musik eine besondere Bedeutung in der romantischen Kunsttheorie?*

Wackenroder/Tieck: Phantasien über die Kunst. Ein Brief Joseph Berglingers

„Aus dem festesten Grunde meiner Seele presst sich der Ausruf hervor: Es ist ein so göttlich Streben des Menschen zu schaffen, was von keinem gemeinen Zweck und Nutzen verschlungen wird, – was, unabhängig von der Welt, in eignem Glanze ewig prangt, – was von keinem Rade des großen Räderwerks getrieben wird und keines wieder treibt. Keine Flamme des menschlichen Busens steigt höher und gerader zum Himmel auf als die Kunst! [...]
Die Kunst ist eine verführerische, verbotene Frucht; wer einmal ihren innersten, süßen Saft geschmeckt hat, der ist unwiederbringlich verloren für die tätige, lebendige Welt. Immer enger kriecht er in seinen selbsteignen Genuss hinein, und seine Hand verliert

ganz die Kraft, sich einem Nebenmenschen entgegenzustrecken. […]
Es ist entsetzlich, wenn ich's bedenke! Das ganze Leben hindurch sitz ich nun da, ein lüsterner Einsiedler, und sauge täglich nur innerlich die schönen Harmonien, und strebe den letzten Leckerbissen der Schönheit und Süßigkeit herauszukosten. – Und wenn ich nun die Botschaften höre, […] wie die erfindungsreichsten Heerscharen des Elends dicht um mich herum Tausende mit tausend verschiedenen Qualen in Krankheit, in Kummer und Not zerpeinigen, wie auch außer den entsetzlichen Kriegen der Völker der blutige Krieg des Unglücks überall auf dem ganzen Erdenrund wütet […], dass tausend Wesen erbarmungswürdig um Hilfe schreien – Und mitten in diesem Getümmel bleib ich ruhig sitzen wie ein Kind in seinem Kinderstuhle und blase Tonstücke wie Seifenblasen in die Luft, – obwohl mein Leben ebenso ernsthaft mit dem Tode schließt. […]
Was hilft's aber, wenn ich mitten in diesen entsetzlichen Zweifeln an der Kunst und an mir selber krank liege – und es erhebt sich eine herrliche Musik, – ha! Da flüchten alle diese Gedanken im Tumulte davon, da hebt das lüsterne Ziehen der Sehnsucht sein altes Spiel wieder an; […] und die ganze kindische Seligkeit tut sich von Neuem vor meinen Augen auf." […]

In: Wackenroder/Tieck: Phantasien über die Kunst. (1799) Herausgegeben von Wolfgang Nehring. Stuttgart (Reclam) 1973, S. 87ff.

- *In welchem unlösbaren Dauerkonflikt steckt Joseph Berglinger?*
- *Verfassen Sie einen Text (Brief oder Teil einer Rezension), in dem Sie auf sein Problem eingehen.*

Novalis

Wenn nicht mehr Zahlen und Figuren
Sind Schlüssel aller Kreaturen,
Wenn die, so singen oder küssen,
Mehr als die Tiefgelehrten wissen,
Wenn sich die Welt ins freie Leben,
Und in die Welt wird zurückbegeben,
Wenn dann sich wieder Licht und Schatten
Zu echter Klarheit werden gatten,
Und man in Märchen und Gedichten
Erkennt die ew'gen Weltgeschichten,
Dann fliegt von *einem* geheimen Wort
Das ganze verkehrte Wesen fort.

Novalis in: Gedichte der Romantik. Herausgegeben von Wolfgang Frühwald. Stuttgart (Reclam) 1984, S. 142

Joseph von Eichendorff: Wünschelrute

Schläft ein Lied in allen Dingen,
Die da träumen fort und fort,
Und die Welt hebt an zu singen,
Triffst du nur das Zauberwort.

Joseph von Eichendorff in: Gedichte der Romantik. Herausgegeben von Wolfgang Frühwald. Stuttgart (Reclam) 1984, S. 332

- *Welche Wirkung der Kunst wird in diesen beiden Gedichten angedeutet?*

E.T.A. Hoffmann: [Bürgerlicher Kunstgenuss]

„Der Zweck der Kunst überhaupt ist doch kein anderer, als dem Menschen eine angenehme Unterhaltung zu verschaffen und ihn so von den ernstern oder vielmehr den einzigen ihm anständigen Geschäften, nämlich solchen, die ihm Brot und Ehre im Staat erwerben, auf eine angenehme Art zu zerstreuen, so dass er nachher mit gedoppelter Aufmerksamkeit und Anstrengung zu dem eigentlichen Zweck seines Daseins zurückkehren, d.h. ein tüchtiges Kammrad in der Walkmühle des Staats sein und (ich bleibe in der Metapher) haspeln und sich trillen[1] lassen kann. Nun ist aber keine Kunst zur Erreichung dieses Zwecks tauglicher, als die Musik."

[1] trillen: drillen, drehen

Aus: E.T.A. Hoffmann: Kreisleriana. In E.T.A. Hoffmanns Werke in in 15 Teilen, hrsg. von Georg Ellinger, Berlin, Leipzig, Wien, Stuttgart o. J.

- *Wie ist diese Aussage über den Zweck der Kunst zu verstehen?*
- *Geben Sie die Aussagen des Textes mit Ihren eigenen Worten wieder.*

Baustein 4

Die Aufklärung und ihre Rolle im Märchen „Klein Zaches genannt Zinnober"

E.T.A. Hoffmann bringt die Aufklärung bereits im 1. Kapitel ins Spiel; liest man die entsprechenden Passagen, ist es naheliegend, den Autor in die Liste der zahlreichen Aufklärungskritiker der Romantik einzureihen, die lange Zeit durch ihre Gegnerschaft zur Aufklärung geradezu definiert wurde. Es herrscht in der Hoffmann-Literatur Konsens darüber, dass es in „Klein Zaches" um Aufklärungskritik geht, aber „nicht um eine Kritik der genuinen Aufklärungsgedanken eines Lessing oder Lichtenberg mit den Prinzipien der Gedankenfreiheit und Toleranz, sondern um die Satire einer heillos verflachten, ihren Prinzipien untreuen Spätaufklärung in ihrer politisch negativ wirksamen Verbindung von korrumpierter Aufklärung und Spätabsolutismus, die die restlose Indienstnahme des Menschen für die Zwecke des staatlichen und wirtschaftlichen Funktionierens zum Ziel hat." (Weglöhner 1992, S. 23f.) Häufig wird in den Interpretationen ein Bezug zur „Dialektik der Aufklärung", wie sie von Horkheimer und Adorno dargelegt worden ist, hergestellt, zuerst wohl bei Horst Fritz: „Der Beginn der ‚Klein Zaches'-Erzählung ist ein frühes Zeugnis der Einsicht in die bis heute immer deutlicher werdende Dialektik von Aufklärung, in deren Folge die Realisation menschlicher Freiheit zur rein technisch-organisatorischen Verfahrensweise verkümmert und solchermaßen die Möglichkeit des Totalitären eröffnet." (Fritz 1982, S. 64) In Bezug auf Hoffmanns Denkweise schreibt Lothar Pikulik: „Ein aufgeklärter Intellektueller, aber an der metaphysischen Leere leidend, welche die Reduktion der Welt auf das empirisch Erfahrbare und gesetzmäßig Erklärbare hinterlassen hatte, entläuft er der Schule der Aufklärung und begibt sich auf die Suche nach Spuren und Relikten noch unbekannter und unerforschter Territorien. Sie sind ihm nicht als Ort der Götter oder Gottes wichtig – Hoffmann war kein homo religiosus –, sondern als Ort des ‚Wunderbaren' des vielerlei umfassenden und vieldeutigen Inbegriffs alles dessen, was das Gegenteil der von Hoffmann immer wieder als eng und langweilig und bedrückend geschilderten alltäglichen Wirklichkeit ausmacht." (In: Steinecke 2006, S. 33) Wichtig – entscheidend – ist, dass Hoffmann keinen Essay schreibt, sondern eine Geschichte, ein Märchen über die Aufklärung erzählt. So sollte man auch von seinem Text ausgehen, ohne vorab den Begriff der Aufklärung, der überaus komplex ist, zu erläutern und zu klären. Selbstverständlich muss diese Klärung nachgeholt werden, denn die Geschichte, die erzählt wird, ist im Aufklärungsdiskurs der Zeit verortet. Dabei wird es auch um die Frage gehen, wie Hoffmann sich zu gegenaufklärerischen Positionen verhält, wie sie etwa bei Novalis zu finden sind.

Die folgenden Aspekte werden thematisiert: Aufklärung und Staat, Aufklärung und Wissenschaft, Aufklärung und Gesellschaft. (Zum Thema Romantik und Aufklärung vgl. auch Zusatzmaterial 3 und 4 sowie Textanhang S. 136ff.)

4.1 Von Demetrius zu Paphnutius

Das Märchen „Klein Zaches“ spielt im Reich des Fürsten Paphnutius, dessen Gründung und Vorgeschichte im Zusammenhang mit Fräulein von Rosenschöns Geschichte erzählt wird. Sie ist Opfer der Politik des Fürsten, ihr Zauber auf Zaches dient auch dazu, dem Fürsten einen Streich zu spielen, denn – für eine begrenzte Zeit – werden dadurch die angeblich aufgeklärten Verhältnisse zum Tanzen gebracht, was bedeutet, dass die Dummheit entlarvt wird. Die Schülerinnen und Schüler lesen noch einmal im 1. Kapitel die Seiten 14–19:

- *Der Herrschaft von Paphnutius geht die des Demetrius voraus: Wie war dieses Reich beschaffen? (Raum und Klima; Regierung; Bewohner)*
- *Wie kommt es zur Aufklärung unter Paphnutius? Was ändert sich dadurch im Staat?*
- *Wie unterscheiden sich die beiden Staatsformen?*
- *Wie bewerten Sie die Entwicklung von Demetrius zu Paphnutius? Wie verhält der Erzähler sich dazu?*

Explizit enthält sich der Erzähler in diesem Teil jeder Wertung; doch der Text enthält zahlreiche Signale, die die Leser zu einem eindeutigen Urteil kommen lassen. Zunächst wird der Staat des Demetrius vorgestellt – kein realer, sondern ein sehr poetischer, fantastischer Ort, ob Paradies oder Schlaraffenland, wäre zu diskutieren. Die gegebenen Fakten lassen sich, nach Oberbegriffen sortiert, folgendermaßen zusammenstellen:

Der Staat des Fürsten Demetrius

Raum, Klima	• von einem hohen Gebirge umschlossen • Ländchen – wie ein wunderbarer Garten; grüne, duftende Wälder, blumige Auen, rauschende Ströme, lustig plätschernde Springquellen • keine Städte, nur Dörfer und einzelne Paläste • mildes Klima
Regierung	• Regierung durch einen Fürsten, doch man merkt nichts davon
Bewohner	• sie lustwandeln, frei von jeder drückenden Bürde des Lebens • genießen volle Freiheit und sind zufrieden • glauben an das Wunderbare • sie sind deshalb frohe, gute Staatsbürger
Außergewöhnliche Bewohner	• Feen, die ebenfalls Wärme und Freiheit lieben • sie wirken Wunder

Poetischer, fantastischer Ort

Der Erzähler verwendet eine Fülle positiv konnotierter Adjektive, er gebraucht Alliterationen, sodass deutlich wird, dass es sich nicht um ein reales, sondern ein fantastisches Land handelt; „Personen, die die volle Freiheit in all ihrem Beginnen, eine schöne Gegend, ein mildes Klima liebten, konnten ihren Aufenthalt gar nicht besser wählen als in dem Fürstentum" (S. 14, Z. 30 ff.) – das könnte eine Vorlage für die Werbeanzeige für ein Ferien- oder Seniorendomizil sein. Es ist ein Land, in dem niemand arbeiten zu müssen scheint und in dem das schöne Leben durch Feen noch schöner wird. Im Verlauf der Erzählung wird erkennbar, dass der Glaube an das Wunderbare eine wesentliche Tugend der Menschen im Reich des Demetrius ist. Zauberei ist nur die äußerliche, zum Teil amüsante Seite des Wunderbaren. Diese so angenehme Welt dient aber auch dazu, einen Kontrast zur Regentschaft des Paphnutius zu bilden.

Die Konnotation von Aufklärung ist eigentlich positiv, die darin enthaltene Lichtmetaphorik kann man verstehen, auch wenn man gar nichts über die Epoche der neuzeitlichen Aufklärung weiß. In der Zusammenfassung stellt sich die Veränderung im Reich des Paphnutius so dar:

Das aufgeklärte Reich des Paphnutius

Wie kommt es zur Aufklärung?	• Wunsch des Herrschers zu regieren, ohne dass er weiß, wie • Andres, sein Kammerdiener und Minister, sagt, was zu tun ist; • er fordert ihn auf, die Aufklärung einzuführen; • Andres sagt, welche Maßnahmen zu ergreifen sind.
Was verstehen Andres/Paphnutius unter Aufklärung?	• Verbannung aller Leute mit gefährlichen Gesinnungen aus dem Staat; • schädliche Bücher verbieten.
Welche Maßnahmen sollen ergriffen werden?	• konkrete Maßnahmen: Wälder umhauen, Flüsse schiffbar machen, Kartoffeln anbauen, Dorfschulen verbessern, Akazien und Pappeln pflanzen, zweistimmiger Gesang der Jugend, Chausseen anlegen, Kuhpocken einimpfen lassen; • die Feen als Feinde der Aufklärung vertreiben/umsiedeln nach Dschinnistan; • das Wunderbare, die Poesie verbieten, weil sie unfähig zum Dienst an der Aufklärung machen; • einige Feen sollen zu nützlichen Mitgliedern des Staates umgeschaffen/umerzogen werden; • Utensilien der Feen werden eingezogen; • ihre geflügelten Pferde werden zu nützlichen Bestien zurechtgestutzt.

Staat der Aufklärung = Staat der Zwänge; Nützlichkeit als oberstes Prinzip

Besonders vor dem Hintergrund der in den schönsten Farben gemalten Welt des Demetrius wird offensichtlich, dass es sich beim Reich des Paphnutius um eine zutiefst negative Herrschaft handelt. Der Text enthält einige Signale, die das zum Ausdruck bringen:

- die Diskrepanz zwischen dem Veränderungs-, Herrschaftswunsch des Fürsten und seiner totalen Unfähigkeit, Ideenlosigkeit, Ahnungslosigkeit
- weiterer Beleg: Motiv für die Wahl des Kammerdieners/Ministers
- die Bildungsbruchstücke, die Andres aufgeschnappt hat: ‚ein Reich steigt aus nächtigem Chaos empor‘; „Sire! – führen Sie die Aufklärung ein“ (S. 15, Z. 22)
- die konkreten Maßnahmen – so willkürlich sie zusammengestellt sind – haben zum Teil etwas mit der Verbesserung der Lebensverhältnisse zu tun, doch sie reduzieren die Aufklärung auf reines Nützlichkeitsdenken;
- die Verdammung und Verbannung des Wunderbaren bedeutet das Verbot der Poesie, der Fantasie; sie ist, wie das Märchen lehrt, nicht Gegensatz und Feind, sondern notwendige Ergänzung, Korrektiv der Aufklärung.

Die Anspielung auf Schillers „Don Carlos“ sollte mit dem Originalzitat erläutert werden: „Sire, geben Sie Gedankenfreiheit!“ Für die Zeitgenossen und Leser von Hoffmanns Märchen schwingt die Freiheit mit, während Andres' nicht begriffene Aufklärung die Freiheit gerade unterdrücken will.

Die Schülerinnen und Schüler werden diese Signale erkennen und verstehen, dass es sich um ein negatives Bild handelt, das – ironisch – vom Staat des Paphnutius und von diesem selbst gezeichnet wird. Die Hauptmerkmale der beiden Staatsformen sollten noch einmal gegenübergestellt werden:

Hauptmerkmale der beiden Staatsformen

Fürst Demetrius	Fürst Paphnutius
• ein weiser Herrscher	• dummer Herrscher
• Leben in Freiheit	• Unfreiheit, Zwangsmaßnahmen
• Sinn für das Wunderbare	• Nützlichkeit als einzig zugelassenes Prinzip
• wohltätiges Wirken der Feen	• Verbannung der Feen und der Poesie

Diesem satirisch dargestellten Aufklärungsbegriff, dem in der Realität durchaus Geltung zukam, muss der andere, authentische Begriff entgegengestellt werden; dazu werden Texte aus der Zeit vorgelegt (**Arbeitsblatt 10**, Aufklärung, S. 94 f.):

- *Stellen Sie die Kernaussagen der Texte zusammen und benennen Sie die Schlüsselbegriffe.*
- *Welches Menschenbild wird zugrunde gelegt?*
- *Vergleichen Sie die Aufklärung des Paphnutius mit dem erarbeiteten Aufklärungsbegriff: Wie ist die Einführung der Aufklärung zu bewerten? Wie kann man die Darstellung im Märchen „Klein Zaches“ charakterisieren?*

Als Ergebnis der Auswertung der Texte lässt sich zusammenfassen:

Was ist Aufklärung?

Kant	• Ausgang aus selbstverschuldeter Unmündigkeit • sich selbstständig des eigenen Verstandes bedienen • Hinderungsgründe: fehlender Mut, Faulheit, Feigheit	Mündigkeit selbstständiger Vernunftgebrauch
Wieland	• die Gegenstände recht erkennen und voneinander unterscheiden	richtiges Erkennen und Unterscheiden
Schlegel	• Toleranz, Denkfreiheit, Publizität (= Öffentlichkeit), Humanität • Erfassung sämtlicher Angelegenheiten des Lebens • Vernichtung von Vorurteil, Wahn und Irrtum • Einführung richtiger Begriffe	Toleranz …
Lexikon	• Geistige und politische Selbstbestimmung, Selbstgesetzgebung durch Vernunft • Befreiung von Autoritäten	Selbstbestimmung
Aufgeklärter Absolutismus	• Gesellschaftsvertrag regelt Verhältnis zwischen Staatsoberhaupt und Untertanen • Zweck: friedliches und gerechtes Zusammenleben • Herrscher = erster Diener des Staats • Wahrung der Legalität der Herrschaft	Gesellschaftsvertrag Legalität

Zugrunde gelegt wird ein Menschenbild, das auf der Autonomie basiert: Die Menschen sind frei, ihren Verstand zu gebrauchen und selbstständig zu denken, d. h. sie sind fähig zur Mündigkeit. Wenn die subjektiven Vernunftvoraussetzungen gegeben sind, die Wahrheit zu erkennen, benötigen sie auch den Mut dazu – sich von Autoritäten zu befreien, Vorurteile zu erkennen und aufzugeben. Die politische Voraussetzung ist die Freiheit; das dazu geeignete Gesellschaftssystem beruht auf einem Gesellschaftsvertrag, der Herrscher ist der erste Diener des Staates, der sich für sein Handeln vor dem Volk verantworten und Gesetze einhalten muss. Die Grundwerte zusammengefasst:

Grundwerte der Aufklärung

Mündigkeit; Autonomie (Selbstbestimmung); Freiheit; Legalität

War schon bei der Lektüre des Märchens deutlich erkennbar, dass die ‚Revolution' im Reich des Paphnutius alles andere als Aufklärung ist, lassen sich nun die Defizite benennen:

- *Worin liegen die wesentlichen Mängel der sogenannten Aufklärung durch Paphnutius?*

Defizite der ‚Revolution' des Paphnutius

- die sog. Aufklärung wird per Edikt eingeführt;
- die erste Maßnahme zielt auf Unterdrückung der Freiheit;
- der Fürst ist unfähig, er ist nicht ‚erster Diener', sondern von den Einflüsterungen seines Dieners abhängig;
- alles Handeln wird allein vom Kriterium der Nützlichkeit (für wen?) diktiert;
- Austreibung der Feen/Unterdrückung der Poesie

‚Aufklärung' als Etikettenschwindel
Unterdrückung von Freiheit, Selbstbestimmung
Abrichtung zu nützlichen Idioten
Willkür des dummen Fürsten

Statt Aufklärung gibt es deren Parodie, der Text hat also den Charakter einer Satire. (Zur Satire vgl. Textanhang, S. 161 ff.)

Man könnte nun einwenden, dass es E.T.A. Hoffmann um einen trivialisierten Begriff von Aufklärung geht, der vor allem von Friedrich Nicolai (1733–1811) verbreitet wurde, der schon gegen Empfindsamkeit und Sturm und Drang polemisiert hatte (er hatte eine Parodie auf Goethes „Die Leiden des jungen Werthers" unter dem Titel „Freuden des jungen Werthers" geschrieben) und die Romantiker attackierte, von denen er ebenfalls heftig angegriffen wurde. Damit würde man allerdings die Hauptzielrichtung der Kritik Hoffmanns verfehlen, wie sich aus der Struktur und Thematik der gesamten Erzählung ergibt: Es geht nämlich darum, die Poesie, das Wunderbare, die Fantasie (letztlich als Chiffren der Freiheit) gegenüber dem Nützlichkeitsdenken zu verteidigen, wie im Baustein 3 schon gezeigt wurde. Anhand eines Auszugs aus August Wilhelm Schlegels „Vorlesungen über schöne Literatur und Kunst" (1801/02), die er in Berlin in privatem Rahmen gehalten hat und die großen Zulauf hatten, lässt sich dieser Gedanke vermitteln (**Arbeitsblatt 11**, A.W. Schlegel: Die Kunstlehre, S. 96):

- *Wie definiert Schlegel die Kunst?*
- *Inwiefern besteht – nach Schlegel – ein Gegensatz zwischen der Aufklärung und der Kunst?*

Schlegel wählt den Hausbau, um den Zweck eines Tuns zu erläutern; ein Gedicht oder ein Gemälde, ein Kunstwerk also, haben keinen Zweck in diesem Sinn, sie sind zweckfrei; sie sollen weder belehren noch moralisch die Menschen bessern, wie man es in der Kunsttheorie der Aufklärung lesen kann. Die Künste sind frei von aller Nützlichkeit, sie sind durch ihre Autonomie definiert. Die Tatsache, dass im Staate des Paphnutius die Vertreibung der Feen, des Wunderbaren, der Poesie so energisch betrieben wird, zeigt, dass sie gerade aufgrund ihrer (Zweck-) Freiheit so sehr bekämpft werden. Die Menschen, die sich der Poesie widmen, lassen sich nicht dem Verwertungszwang durch Nützlichkeit unterwerfen. Im Tafelbild kann festgehalten werden:

Die Rolle der Kunst

- Die Kunst ist frei.
- Sie ist nicht den Zwängen der Nützlichkeit unterworfen.
- Die Aufklärung des Paphnutius bekämpft die Poesie, die Kunst und damit die Freiheit.

Zaches macht als Zinnober eine rasante Karriere am Hof, einzelne Szenen beleuchten die Lächerlichkeit des Hofes und die Absurdität des Aufstiegs. Einer der Höhepunkte ist die Ordensverleihung an Zinnober (6. Kapitel).

4.2 Die Ordensverleihung als Karrierehöhepunkt – ein Beispiel für Hofsatire

Die Dummheit, die Beschränktheit der Repräsentanten des Staates zeigt sich schon, noch ehe die Karriere von Zaches beginnt. Als er durch Mosch Terpin in die Gesellschaft eingeführt wird, ist das auch der Beginn einer Reihe komischer bis absurder Szenen, die allesamt dadurch charakterisiert sind, dass einer, der über keinerlei Fähigkeiten verfügt und keinerlei Leistungen erbringt, von den Regierenden mit Lob und Anerkennung überhäuft wird – und zwar auf Kosten derjenigen, die tatsächlich etwas leisten. Als ein Beispiel, an dem erkannt werden soll, wie die Komik funktioniert, wird die Ordensverleihung näher untersucht (Kap. 6, S. 72–75). Das Komische erschließt sich unmittelbar bei der Lektüre; das könnte zum Anlass genommen werden, diese Szene zunächst spielerisch zu erarbeiten und umzusetzen und erst im zweiten Schritt zu analysieren. In Kleingruppen erarbeiten die Schülerinnen und Schüler Konzepte für eine auf Improvisation beruhende Darstellung:

■ *Gestalten Sie die Ordensverleihung um in eine improvisierte Spielszene.*

Es können, müssen aber keine Dialoge geschrieben werden, denn textlich lässt sich das Geschehen auch durch Improvisation umsetzen. Als Vorbereitung sollten in den Gruppen die einzelnen Phasen des Ablaufs der Szene beschrieben werden. Sie müssen sich überlegen, wie Zaches erscheinen soll: z. B. als bemalter Ball oder Luftballon oder als Marionette. Die Beschreibungen der Phasen könnten so aussehen:

1. Phase: Personen: der Fürst, Diener, Zaches. Der Fürst erklärt pompös, dass er Zaches belohnen und ehren wird mit der höchsten Auszeichnung, dem Orden des gefleckten Tigers; es folgen clowneske Versuche, das Ordensband anzulegen, dabei werden die vorgeschriebenen Maßangaben genannt.
2. Phase: Die Einsetzung der Kommission aus Ordensräten, Philosophen; die Maßnahmen, wie die Beratungen gefördert werden sollen; Streitereien; Berufung des Theaterschneiders.
3. Phase: Lösung des Problems

Im Anschluss an die Vorstellung der Spielszenen wird die Frage gestellt, die zum analytischen Teil führt:

■ *Warum und worüber lachen wir?*

Es wird gewiss das Agieren der Figuren genannt, ferner die Erscheinung von Zaches usw. Dass Zaches, der gar nichts leistet, dekoriert wird, ist eigentlich nicht komisch, sondern höchst ärgerlich; komisch ist also nicht die Handlung. Komisch wird das Geschehen durch die Performanz, durch die Darstellung – einmal die szenische Darstellung, aber auch die erzählerische, sprachliche Gestaltung. Die Arten des Komischen, die man hier antreffen kann:

- Versuche, das Ordensband anzulegen: clowneske Verrenkungen, Slapstick;
- sprachliche Darstellung

Zur sprachlich vermittelten Komik wird eine Textpassage untersucht (S. 73, Z. 6 f.). Es heißt über den Fürsten, dass er in solchen Dingen, die das eigentlichste Wohl des Staates betreffen, sehr genau ist. Der Leser verbindet damit die Vorstellung, dass er in wichtigen Staatsangelegenheiten wie Verträgen und Gesetzen sehr sorgfältig ist; doch hier wird die Aussage auf das Anlegen des Ordensbandes, eine ziemlich banale Handlung, bezogen. Der durch die Worte des Erzählers geweckten Erwartung wird nicht entsprochen; zwischen der Erwartung und der Handlung besteht ein Missverhältnis, das komisch ist und zum Lachen reizt. Im Tafelbild wird das Prinzip festgehalten:

Durch Sprache vermittelte Komik

Aussage: Der Fürst war in Sachen, die das Wohl des Staates betrafen, sehr genau (S. 73, Z. 6). *Beim Leser geweckte Sinnerwartung:* Der Fürst ist sorgfältig in wichtigen Staatsangelegenheiten wie Verträgen, Gesetzen	*Der im Text realisierte Sinn:* Der Fürst nimmt ein Maßband, um den genauen Sitz des Ordensbandes auszumessen. *Dem Leser vermittelter Sinn:* Es handelt sich um etwas höchst Banales.

Zwischen Ankündigung und tatsächlicher Aussage besteht ein Missverhältnis. Die Fallhöhe (Diskrepanz) wirkt komisch.

Die Funktion der Komik liegt auf der Hand: Der Fürst ist Gegenstand der Komik, das Ziel ist der Spott über den Regenten; bedenkt man die gesamte Handlung, zielt die Komik auf das Herrschaftssystem, das Objekt der Satire ist.

Man kann die Schülerinnen und Schüler auffordern, weitere Beispiele für Satire in Hoffmanns Märchen zu nennen:

- die Beschreibung des Ministers für auswärtige Angelegenheiten (Kap. 5, S. 54 ff.)
- Zinnober im zoologischen Kabinett (Kap. 7, S. 82, Z. 18 ff.)
- das Verhalten des Fürsten Barsanuph bei Zaches' Entzauberung (Kap. 8, S. 94, Z. 35 ff.)
- die Aussagen des Kammerdieners über Zinnober (Kap. 9, S. 99–101)
- der Fürst und die Aussagen des Leibarztes (Kap. 9, S. 108–110)
- das Leichenbegängnis (Kap. 9, S. 111)

4.3 Ein ‚aufgeklärter' Geograph

Im 2. Kapitel wird ein Geograph, Ptolomäus Philadelphus, ein angeblich weltberühmter Gelehrter, vorgestellt; es ist der Beginn der Wissenschaftssatire, in deren Mittelpunkt Mosch Terpin steht. Der Titel „vertraute Briefe" war im 18. Jahrhundert beliebt und verbreitet; der Theologe Friedrich Schleiermacher (1768–1834) verfasste „Vertraute Briefe über Lucinde",

Friedrich Schlegels Skandalroman. Das Wort „vertraut“ signalisiert einerseits Intimität, andererseits Bedeutsamkeit. Der in Hoffmanns Märchen vorgestellte vertraute Brief strotzt aber vor Banalität und nichts darin deutet auf einen weltberühmten Gelehrten. Der Spott richtet sich auf diesen Gelehrten; doch das Vorgehen, etwas sehr Bekanntes mit einem fremden Blick betrachten zu lassen, ist als Mittel satirischen Schreibens besonders in der Aufklärung oft benutzt worden, etwa von Montesquieu (1689–1755) in den „Lettres persanes“ (1721), in denen Paris und die französische Gesellschaft aus der Sicht von zwei Persern kritisch beschrieben werden. So wird zwar der Gelehrte satirisch gezeichnet, aber sein Blick auf die Studenten ist ebenfalls kritisch-satirisch.
Die Schüler sollen den Brief analysieren:

- *Welche Erwartung weckt die Ankündigung am Beginn des 2. Kapitels beim Leser?*
- *Wie stellt der Gelehrte sich und sein wissenschaftliches Vorgehen dar?*
- *Welche Vorstellung wird von den Studenten vermittelt?*
- *Welche Funktion hat Ihrer Meinung nach diese Passage?*

Die folgenden Ergebnisse kann man erwarten:

- Die Leser erwarten etwas Besonderes, tiefere Einsichten, Erkenntnisse, die ein weltberühmter Gelehrter gewonnen hat.
- Ptolomäus stellt sich als einen hart arbeitenden Menschen dar; er scheut die Sonnenstrahlen, das Licht (Aufklärungsmetapher!) – was für einen an der empirischen Wirklichkeit interessierten Wissenschaftler nicht günstig ist; er beschäftigt sich gern mit sich selbst, hat eine hohe Meinung von sich, besonders, wenn er behauptet, er habe Gewalt über die menschlichen Herzen.
- Seine wissenschaftliche Methode: Er versucht, die Wirklichkeit zu beschreiben, zwischen Traum und Wirklichkeit zu unterscheiden; seine Beobachtungen erfassen rein Äußerliches (Kleidung, Haartracht), er benennt Materialien, stellt eine Beziehung zu anderen geographischen Regionen (Japan, Türkei, Griechenland) her, wohl um zu zeigen, dass er die Welt bereist hat; aber er ist nicht in der Lage, das Beobachtete zu beurteilen, zu bewerten, auf Begriffe zu bringen, es in einen größeren kulturellen Zusammenhang einzuordnen. Von Kant gibt es das bekannte Diktum: Anschauungen ohne Begriffe sind blind.
- Die Studenten beschreibt er so, dass sie wie Müßiggänger wirken, die fröhlich und guter Dinge zu ihrer Lust über Land ziehen, die also nichts Ernsthaftes tun.
- Ein solcher Gelehrter passt zu einem Land, das so wenig aufgeklärt ist wie das Reich des Paphnutius: Der Spott gilt dem Gelehrten, aber auch der Universität und ihren Studenten.

Es könnte reizvoll sein, die Schülerinnen und Schüler auf der Basis der von Hoffmann hier vorgestellten Darstellungsweise Dinge aus ihrer Welt – verfremdend – beschreiben zu lassen. Als Anregung könnte ein Auszug aus dem Buch von Herbert Rosendorfer „Briefe in die chinesische Vergangenheit“ dienen (**Arbeitsblatt 12**, Herbert Rosendorfer: „Briefe in die chinesische Vergangenheit“, S. 97):

- *Vergleichen Sie die Vorgehensweise Rosendorfers mit derjenigen Hoffmanns im Brief des Ptolomäus.*
- *Schildern Sie mit einer ähnlichen Methode eine Sache, ein Geschehen aus Ihrer Erfahrungswelt.*

Ptolomäus beschreibt nur das Äußerliche; der Erzähler in Rosendorfers Text kommt aus einer anderen Zeit und aus einer anderen Kultur, überdies hat er nur seine eigene Sprache zur Verfügung. Er schildert das ihm völlig Fremde und Rätselhafte, auch Bedrohliche, indem er auf die ihm vertraute Welt rekurriert. Ziel ist es, die dem Leser vertraute Welt zu verfremden – mit humorvoll-kritischer Absicht. Hoffmann lässt seinen Gelehrten einen borniert-naiven Standpunkt einnehmen, der zunächst die Person in einem komischen Licht erscheinen lässt, dann aber auch die geschilderte studentische Welt.

4.4 Die Naturwissenschaft des Mosch Terpin

In Mosch Terpin, Professor der Naturkunde und Candidas Vater, begegnen wir einem weiteren Gelehrten/Wissenschaftler. Er wird dem Leser aus drei verschiedenen Perspektiven präsentiert: durch den Erzähler, durch Fabian und durch Balthasar. Die Schülerinnen und Schüler sollen sich zunächst ein Bild Terpins auf der Grundlage dieser drei Sichtweisen verschaffen und anschließend die Beschreibungen bewerten, auch unter Einbeziehung der Vorstellungen, die für die neuzeitliche Naturwissenschaft konstitutiv sind. Dass Mosch Terpin eine komische Figur ist, erfassen die Leser sofort; er gehört in die angeblich aufgeklärte Welt. Seine Beschreibung gehört folglich in den Komplex der Aufklärungskritik, mit der wiederum die Verblendung zusammenhängt, durch die es möglich wird, dass Zaches seine Karriere machen kann (wobei er auf die Unterstützung durch die Fee angewiesen ist).

- *Mosch Terpin wird aus drei verschiedenen Blickwinkeln vorgestellt (Erzähler, Fabian, Balthasar, S. 23–27): Welche Bilder werden dem Leser vermittelt?*
- *Wie bewerten Sie diese Sichtweisen?*
- *Welche Vorstellung haben Sie von der Arbeitsweise eines Naturwissenschaftlers?*

Die Präsentation Mosch Terpins durch den Erzähler:
- Er erklärt, wie es regnet, donnert, blitzt;
- warum die Sonne bei Tage scheint und der Mond bei Nacht;
- wie und warum das Gras wächst;
- Er hat die Natur in ein kleines niedliches Kompendium zusammengefasst;
- sein Ruf beruht auf seiner Erkenntnis, dass die Finsternis vom Mangel an Licht herrührt.

Bewertung:
- Seine Aussagen, seine angeblichen Erkenntnisse sind Tautologien; er erklärt nicht, indem er nach Gesetzen fragt, sondern er macht inhaltsleere Aussagen ohne Erkenntniswert.
- Mosch Terpin ist die Karikatur eines Wissenschaftlers; es handelt sich um Satire.

Fabians Sicht:
- Er lobt Terpin dafür, dass er jedes Pflänzchen kennt, d.h., er weiß seinen Namen und kann sagen, in welche Klasse es gehört.

Bewertung:
- Das Benennen und Klassifizieren ist noch keine Wissenschaft.

Balthasars Sicht:
- Er sieht in Terpins sogenannten Experimenten eine Verhöhnung des göttlichen Wesens in der Natur.

Bewertung:
- Balthasar hat einen poetischen, keinen wissenschaftlichen Naturbegriff.

Balthasars Kritik erfasst nicht das wissenschaftlich Defiziente an Terpins Naturbegriff, sondern er tritt ihm als Poet entgegen. Was müsste man aus wissenschaftlicher Sicht Mosch Terpin entgegnen? Dazu wird ein Text über die Grundlagen des neuzeitlichen naturwissenschaftlichen Denkens und Arbeitens gelesen (**Arbeitsblatt 13**, „Was versteht man unter neuzeitlicher Naturwissenschaft?“, S. 98):

- *Wodurch ist naturwissenschaftliche Erkenntnis definiert?*
- *Warum ist Mosch Terpin kein Wissenschaftler?*

E. P. Fischer legt die Grundlagen neuzeitlicher Naturwissenschaften dar, die im Prinzip seit dem 17. Jahrhundert galten, also auch zur Zeit der Handlung.
Prinzipien der Naturwissenschaft:

- Grundannahme: Alles Geschehen ist durch Naturgesetze bestimmt.
- Naturwissenschaftliches Erkennen vollzieht sich in folgenden Schritten: Hypothese – Experiment – Verifizierung/Falsifizierung.
- Die (Natur-)Wissenschaft hat nur hypothetisches Wissen.

Mosch Terpins physikalische Versuche werden vom Erzähler als „Kunststückchen“, „ergötzlicher Hokus Pokus“ (S. 24, Z. 8 f.) charakterisiert. Mosch Terpin erscheint in der Erzählung aber nicht nur als Gelehrter, sondern er spielt auch für die Handlung eine Rolle, die noch beleuchtet werden muss:

- *Welche Rolle spielt Mosch Terpin für die Handlung?*

Mosch Terpins Rolle für die Handlung:

- Er führt Zaches in die Gesellschaft ein und begründet damit dessen Karriere.
- Er befördert die Verlobung seiner Tochter Candida mit Zaches/Zinnober, und zwar deshalb, weil er für sich einen Vorteil davon erwartet.

Damit zeichnet sich ab, welchen Charakter der Gelehrte hat: Er ist geltungssüchtig und eitel, er verhält sich opportunistisch (als Zaches für die physikalischen Kunststücke gelobt wird, die er vorgeführt hat, schließt er sich dem Lob an); er sieht zwar, dass Zinnober ein missgebildetes Männchen ist, doch er will seine Tochter trotzdem mit ihm verloben; er profitiert durch die Verbindung, denn er erhält die Stelle des „Generaldirektors sämtlicher natürlicher Angelegenheiten im Staate“ (Kap. 7, S. 81, Z. 16). Die Untersuchung der Rolle Mosch Terpins führt zu folgendem Ergebnis:

Mosch Terpins Rolle in der Erzählung

- Er ist die Karikatur eines Wissenschaftlers.
- Er steht für ein Zerrbild von Aufklärung.
- Er handelt aus Eitelkeit, Ehrgeiz und materiellen, egoistischen Interessen.

4.5 Die komische Aufklärung von Zaches' Todesursache

Die Ärztesatire hat eine lange Tradition, bekannt sind die Komödien Molières. So kann man auch die Ausführungen des fürstlichen Leibarztes über den Tod von Zaches (9. Kapitel, Z. 107 ff.) als wichtigtuerischen, pseudowissenschaftlichen Unsinn betrachten und dabei die zwei komischen Pointen festhalten: Einmal die Aussage, dass es sich um einen humoristischen Tod handle, wobei es um ein Wortspiel geht, denn „Humor“ (Lat.) bedeutet „Flüssigkeit“, der Tod im Nachttopf ist aber auch humoristisch. Die andere Pointe ist der Satz von Fürst Barsanuph, der ihn charakterisiert und entlarvt: „Kurieren Sie meinen Leib, und lassen Sie meinen Geist ungeschoren, von dem habe ich niemals Inkommoditäten verspürt.“ (S. 109, Z. 30 ff.)

Man könnte aber auch einen genaueren Blick auf die ärztlichen Ausführungen werfen lassen, denn sie spielen auf die Medizin der Aufklärung und der Romantik an (vgl. **Zusatzmaterial 5**, S. 119, und Textanhang, S. 143 f.) Die Schülerinnen und Schüler sollen versuchen, die Ausführungen des Arztes in wenigen Sätzen zusammenzufassen:

- *Lesen Sie die Ausführungen des Leibarztes über Zaches' Tod und fassen Sie sie in wenigen Sätzen zusammen.*
- *Wie verhält Fürst Barsanuph sich zu den Aussagen?*

1. Aussage: Zaches sei am gänzlichen Ausbleiben des Atems gestorben, das sei durch den Sturz in den „Humor“ verursacht (S. 108, Z. 1). Diese Aussage, die etwa den Äußerungen Mosch Terpins entspricht, wird vom Arzt als seicht verworfen mit der Begründung, man könne das Phänomen nicht „aus schnöden physischen Prinzipien“ (Z. 4 f.) erklären.
2. Aussage: Der erste „Keim des Todes“ (S. 108, Z. 8 f.) war das Gewicht des Ordens; es wirkte auf die Nerven (Ganglien) des Rückgrats und über Zwischenstationen auf das Zerebralsystem, dadurch auf das Bewusstsein und die Persönlichkeit; das Bewusstsein wurde durch die Disharmonie im Nervensystem gestört. Der Tod sei schon eingetreten, noch bevor Minister Zinnober in den Nachttopf gestürzt sei. Fazit: Der Tod hatte keine physische, sondern eine psychische Ursache. Physisches und Psychisches wirken getrennt, der Leib ist nur „Vasall des Geistes“ (S. 109, Z. 28 f.).

Der Fürst ist zornig, weil der Orden als erster Keim des Todes genannt wird; er gibt zu, gar nichts zu verstehen, besteht aber auf dem Primat des Physischen.
Der Arzt und der Fürst vertreten konträre Positionen; während sich der Fürst durch seine Aussagen selbst diskreditiert, verhält es sich mit dem Arzt etwas komplizierter, wenn auch die Darlegung der Zusammenhänge mit der Trennung von Physischem und Psychischem komisch erscheint. Außerdem wirkt es komisch bzw. satirisch, wenn der Orden, die höchste Anerkennung der – angeblichen – Verdienste, nun zur Todesursache wird. Wulf Segebrecht kommentiert den Auftritt und die Aussagen des Arztes so: „Der Arzt wird hier parodistisch attackiert, weil er mit einem großen Aufwand naturphilosophischer Spekulationen den in Wirklichkeit recht banalen Tod des Klein Zaches gleichsam erhöht. In diesem Sinne dient er seinem Fürsten. Das gilt aber nicht für die theoretische Substanz seiner Ausführungen, die so lange gewissermaßen ‚herrschaftsfrei‘ geäußert werden kann, wie sie vom Fürsten nicht verstanden wird. Unter diesem Schutz des fürstlichen Unverstands kann der Arzt dem Klein Zaches im Nachhinein sogar gefahrlos bescheinigen, er habe seine Persönlichkeit bereits aufgegeben gehabt, als er noch Minister war und den höchsten fürstlichen Anerkennungsorden trug.“ (Segebrecht 1996, S. 88 f.) Hoffmann hat sich sehr für die romantische Medizin interessiert (vgl. dazu im Anhang zur Textausgabe das Kapitel „Romantische Naturwissenschaft und Psychologie“, S. 143 ff.). Im 18. Jahrhundert vollzog sich ein Umbruch in der

Lehre vom menschlichen Körper, man wandte sich von den Heilmethoden der Humoralpathologie ab, die alle Krankheiten aus den Körpersäften erklärte (vgl. dazu: Koschorke. 2004). Koschorke spricht vom „Wechsel vom humoralen zum neuronalen Körpermodell“ (S. 4); die Nerven koordinieren das Zusammenspiel der Organe im Körper, das Gehirn ist der Ort, der dem Leib die innere Einheit verleiht (Koschorke, S. 7). Der Leibarzt nimmt also medizinische Ideen der Romantik auf, doch er zeigt, dass er sie nicht verstanden hat, und so erscheinen seine Feststellungen eher als Parodie.
Man könnte die Schülerinnen und Schüler diese Szene auch spielen lassen, ohne dass man den Bezug auf die romantische Medizin im Einzelnen thematisiert hat:

- *Stellen Sie szenisch dar, wie sich der Fürst und der Arzt über die Todesursache streiten (als Improvisation oder mit einem in Gruppen vorbereiteten Dialogtext).*

4.6 Der Beinahe-Umsturz nach Zaches' Entzauberung

Die Pseudo-Aufklärung führt zur Verblendung nahezu der gesamten Gesellschaft und ermöglicht so den unerhörten Aufstieg des unfähigen Emporkömmlings Zaches. Diese Aufklärung findet unter der Ägide des aufgeklärten Absolutismus, also eines bestimmten Staats- und Herrschaftssystems statt, das somit auch Gegenstand der Kritik, der Satire ist. Es ist das Regierungssystem, das nach dem Wiener Kongress Europa weitgehend beherrschte (vgl. auch Anhang zur Textausgabe, S. 126ff.).
Nachdem Zaches entlarvt worden ist, kommt es für eine kurze Zeit zur Revolte; sie führt aber nicht zum Umsturz des Herrschaftssystems, sondern bleibt nur ein kurzes Strohfeuer. Auch die Revolte ist nur eine Schein-Revolution.
Eigentlich gibt es zwei Entlarvungsszenen: Die erste findet in der besseren Gesellschaft unter Anwesenheit des Fürsten Barsanuph anlässlich der Verlobung Zinnobers mit Candida statt (8. Kapitel, S. 94–96); die zweite lässt das Volk als Akteur erscheinen, ebenso die Dienerschaft (9. Kapitel, S. 101–104). Schließlich gibt es – als Nachspiel – noch das pompöse Leichenbegängnis (S. 111):

- *Lesen und vergleichen Sie die beiden Entlarvungsszenen (8. Kap., S. 94–96; 9. Kap. S. 101–104).*
- *Spielen Sie die 1. Entlarvungsszene: Entwerfen Sie ein Konzept für den Verlauf; überlegen Sie, wie man Zaches hier wirkungsvoll präsentieren könnte.*
- *Was bedeutet das Leichenbegängnis (S. 111) für die Geschichte?*

Es bietet sich an, die erste Entlarvungsszene spielen zu lassen.

Die 1. Entlarvungsszene:
<u>Anlass:</u> Verlobung Zinnobers mit Candida
<u>Personen:</u> bessere Gesellschaft, Adel
<u>Situation vor der Entlarvung:</u> Verlobungsakt steht unmittelbar bevor; Zinnober hat Candidas Hand gefasst, er grinst recht widrig, Candida blickt ihn „mit dem Ausdruck der innigsten Liebe an“ (S. 94, Z. 13). Erzählerkommentar: recht graulich anzusehen; Schuld: die Verblendung; alles hing an Zinnobers Lippen, der Unverständliches schnurrt.
<u>Entlarvung:</u> Auftritt von Balthasar, Pulcher, Fabian; Reaktion des Fürsten: Ausrufe – „Aufruhr“, „Rebellion“, er versteckt sich; Zaches' Katzengeschrei, Candidas Ohnmacht; Ausreißen der Haare

Wirkung: „Alle erwachen wie aus dem Traum" (S. 95, Z. 20). Man erkennt und benennt Zinnober: kleiner purzelbäumiger Kerl, kleines Ungetüm; tolles Gelächter; man wirft mit Zaches wie mit einem Ball.
Verhalten des Fürsten: Er verlässt den Saal in dem Glauben, es handle sich nicht um Zinnober, sondern um eine Komödienfigur, die Mosch Terpin ihm vorgeführt habe; Degradierung Terpins, Drohung mit Bestrafung wegen Landesverrat.

Bedeutung der 1. Entlarvungsszene

- Der Fürst bleibt verblendet.
- Die Gesellschaft denkt keinen Moment darüber nach, wie es möglich ist, dass sie selbst sich auf so lächerliche und beschämende Weise hat täuschen lassen.
- Candida versucht, sich zu rechtfertigen.

Die 2. Entlarvungsszene:
Personen: Diener, Volk, Frau Liese
Geschehen vor der Entlarvung: Zinnober ist unbemerkt heimgekehrt, die Diener hören ihn schnarchen, geben dem eine komische Deutung: er arbeite zum Wohl der Regierung; Überlegung hinsichtlich des Resultats der ‚Arbeit' – vielleicht werde man wieder Zöpfe tragen (= Symbol der Reaktion und Restauration); Zinnober als großer Mann (doppelte Ironie).
Entlarvung: Frau Liese klärt über die Identität auf; Ansammlung von Leuten, Zaches/Zinnober am Fenster; übermäßiges Gelächter der Leute, Spottnamen, auch die Diener lachen; Zaches' Drohungen haben keine Wirkung, man wirft Steine, Obst, Gemüse; der Kammerdiener hält das Ungetüm nicht für Zinnober (ähnlich wie der Fürst); man johlt und feixt, stürmt gegen das Haus.
Ende: Das Eingreifen des Fräuleins/der Fee beendet den Aufruhr; „Die Rebellion scheint vorüber." (S. 104, Z. 6) Der Kammerdiener findet Zinnober kopfüber im Nachttopf (S. 104, Z. 12).

Bedeutung der 2. Entlarvungsszene

- Naive Anstifterin ist die Mutter von Klein Zaches.
- Die Leute, auch die Diener fühlen sich entlastet.
- Der Kammerdiener gibt seine Verblendung nicht auf.
- Eigentlich handelt es sich nur um einen Spaß, nicht um eine ernsthafte Revolte.

Wie wenig ernsthaft und politisch das Geschehen ist, zeigt das pompöse Staatsbegräbnis, an dem, wie es ausdrücklich heißt, alle teilnehmen, weinen und lamentieren, dass der Staat seine beste Stütze verloren habe. Damit erhält das Geschehen einen ironischen, satirischen Schlusspunkt. Das letzte Kapitel verlässt die politische Ebene, die Ebene der Satire, und bringt eine poetische Wendung, die aber nicht frei von Ironie ist.

Aufklärung

Jacob und Wilhelm Grimm

„man spricht viel von aufklärung und wünscht mehr licht, mein gott, was hilft aber alles licht, wenn die leute entweder keine augen haben, oder die, welche sie haben, vorsätzlich verschlieszen." (Lichtenberg 1, 201)

Deutsches Wörterbuch von Jacob und Wilhelm Grimm (www.woerterbuchnetz.de)

Immanuel Kant: Beantwortung der Frage: Was ist Aufklärung? [1783]

„*Aufklärung ist der Ausgang des Menschen aus seiner selbstverschuldeten Unmündigkeit. Unmündigkeit* ist das Unvermögen, sich seines Verstandes ohne Leitung eines anderen zu bedienen. *Selbstverschuldet* ist diese Unmündigkeit, wenn die Ursache derselben nicht am Mangel des Verstandes, sondern der Entschließung und des Mutes liegt, sich seiner ohne Leitung eines anderen zu bedienen. Sapere aude! Habe Mut, dich deines eigenen Verstandes zu bedienen! ist also der Wahlspruch der Aufklärung.

Faulheit und Feigheit sind die Ursachen, warum ein so großer Teil der Menschen, nachdem sie die Natur längst von fremder Leitung freigesprochen, dennoch gerne zeitlebens unmündig bleiben; und warum es anderen so leicht wird, sich zu deren Vormündern aufzuwerfen. Es ist so bequem, unmündig zu sein. Habe ich ein Buch, das für mich Verstand hat, einen Seelsorger, der für mich Gewissen hat, einen Arzt, der für mich die Diät beurteilt usw., so brauche ich mich ja nicht selbst zu bemühen. Ich habe nicht nötig zu denken, wenn ich nur bezahlen kann; andere werden das verdrießliche Geschäft schon für mich übernehmen. Dass der bei weitem größte Teil der Menschen (darunter das ganze schöne Geschlecht) den Schritt zur Mündigkeit außer dem, dass er beschwerlich ist, auch für sehr gefährlich halte: dafür sorgen schon jene Vormünder, die die Oberaufsicht über sie gütigst übernommen haben." [...]

Zitiert nach: Ehrhard Bahr (Hg.): Was ist Aufklärung? Thesen und Definitionen. Stuttgart: Reclam 1974, S. 9

Christoph Martin Wieland: Sechs Fragen zur Aufklärung [1789]

„Also I. Was ist *Aufklärung*?

Antwort: Das weiß jedermann, der vermittelst eines Paars sehender Augen erkennen gelernt hat, worin der Unterschied zwischen Hell und Dunkel, Licht und Finsternis besteht. Im Dunkeln sieht man entweder gar nichts oder wenigstens nicht so klar, dass man die Gegenstände recht erkennen und voneinander unterscheiden kann: Sobald Licht gebracht wird, klären sich die Sachen auf, werden sichtbar und können voneinander unterschieden werden – doch wird dazu zweierlei notwendig erfordert: 1) dass Licht genug vorhanden sei, und 2) dass diejenigen, welche dabei sehen sollen, weder blind noch gelbsichtig seien, noch durch irgendeine andere Ursache verhindert werden, sehen zu können oder sehen zu wollen." [...]

Zit. nach ebenda, S. 23

August Wilhelm Schlegel: Geschichte der klassischen Literatur [1802/03]

„Alles, dessen sich unser Zeitalter in Ansichten und Gesinnungen berühmt, lässt sich unter den von ihm selbst konstituierten Begriff der *Aufklärung* zusammenfassen, worauf sich letztlich Toleranz, Denkfreiheit, Publizität, Humanität und was dergleichen mehr ist, reduziert. Diesem müssen wir also noch eine ganz kurze Prüfung widmen.

Bei einer näheren Betrachtung sieht man sogleich, dass zur Aufklärung nicht bloß eine gewisse Denkart über diesen und jenen Gegenstand hinreicht, sondern dass sie Maximen hat und Gesichtspunkte aufstellt, welche sich über alles erstrecken und die sämtlichen Angelegenheiten des Lebens, wie die Verhältnisse der menschlichen Natur, unter sich befassen sollen. Vorurteil, Wahn und Irrtum hierüber unternimmt sie zu vernichten und richtige Begriffe zu verbreiten. Sie gibt sich also auch mit den geselligen Verhältnissen ab, man hört von aufgeklärten Regierungen sprechen, und die gepriesene aufgeklärte Erziehung ist keine andere, als die eben geschilderte und auf ihren wahren Wert herabgesetzte. Ferner unterwirft sie auch die Wissenschaften ihrer Botmäßigkeit: Es gibt nicht nur eine aufgeklärte Theologie (denn den Aberglauben zu vertilgen ist ihre ganz spezielle Provinz), sondern eine aufgeklärte Ansicht der Geschichte, ferner eine aufgeklärte Physik, welche den Unternehmungen der Alchemie, der Astrologie, überhaupt allen magischen Vorspiegelungen sich widersetzt; ja, so Gott will, auch eine aufgeklärte Mathematik, welche die Leute abhalten soll, sich nicht auf die Quadratur des Zirkels und die Erfindung eines Perpetuum mobile zu legen."

Aus: August Wilhelm Schlegel: Schriften. Auswahl und Einleitung von Walter Flemmer. München: Goldmann o. J., S. 144f.

Philosophielexikon

„Aufklärung verkörpert in ihrem Kerngedanken den Anspruch auf Mündigkeit des Individuums. Sie fordert geistige wie politische Selbstbestimmung und Selbstgesetzgebung durch die menschliche Vernunft und die Befreiung von allen subjektiv nicht nachvollziehbaren Autoritäten. Die Aufklärung kann als Epochenbegriff, als Erkenntnisbegriff und als politisch-ideologischer Begriff gefasst werden. […]"

aus: Metzler Philosophie Lexikon. Begriffe und Definitionen. Herausgegeben von Peter Prechtl und Franz-Peter Burkhard, S. 47. © 1996. J. B. Metzlersche Verlagsbuchhandlung und Carl Ernst Poeschel Verlag in Stuttgart

Aufklärung und Absolutismus

„Die Zeit des Aufgeklärten Absolutismus, die man etwa ab Mitte des 18. Jahrhunderts datiert, gilt als Zeit der Reformen auf fast allen Gebieten des staatlichen und gesellschaftlichen Lebens. Viele der Reformen waren zwar bereits früher eingeleitet worden, jetzt aber wurden sie systematisch betrieben und mit den Idealen und philosophischen Prinzipien der Aufklärung begründet. […]
Grundlegend für das neue Verhältnis zwischen Staatsoberhaupt und Untertanen wurde im Aufgeklärten Absolutismus die Lehre vom Gesellschaftsvertrag: die Menschen hätten sich freiwillig zu Völkern zusammengetan und sich dann einem Herrscher und Sachwalter unterworfen, um in friedlichem und gerechtem Zusammenleben die Aufgaben der Gemeinschaft besser bewältigen zu können. Vom naiven Glauben, dass ein solcher Vertrag tatsächlich geschlossen worden sei, rückte man allmählich ab und betrachtete ihn nur noch als ein rationales Konstrukt, allerdings mit praktischen Folgen: Der Herrscher galt nicht mehr als Gesandter und Stellvertreter Gottes, sondern als der vom Volk selbst berufene ‚erste Diener' des Volkes bzw. des Staates (Friedrich II.). Er konnte zwar Gehorsam verlangen, war aber als Gegenleistung verpflichtet, die Interessen des Volkes wahrzunehmen und sich vor dem Volk für seine Regierungstätigkeit verantwortlich zu zeigen. […] Innerhalb des Staates sollten Fürst und Untertanen einträchtig auf das Ziel des allgemeinen Besten und der Glückseligkeit hinarbeiten, wobei der Regent freiwillig die Legalität seiner Herrschaft wahren und Reformen nur in Übereinstimmung mit den Vorstellungen der Aufklärung durchführen sollte."

Aus: Wilfried Barner u. a.: Lessing. Epoche – Werke – Wirkung. München: Beck 1975, S. 43f. (ISBN: 3-406-320651)

- *Stellen Sie die Kernaussagen der Texte zusammen und benennen Sie die Schlüsselbegriffe.*
- *Welches Menschenbild wird zugrunde gelegt?*
- *Vergleichen Sie die Aufklärung des Paphnutius mit dem erarbeiteten Aufklärungsbegriff: Wie ist die Einführung der Aufklärung zu bewerten? Wie kann man die Darstellung im Märchen „Klein Zaches" charakterisieren?*

Immanuel Kant (1724–1804)

August Wilhelm Schlegel: Die Kunstlehre

August Wilhelm Schlegel (1767–1845) hat als Übersetzer gewirkt; vor allem durch seine „Vorlesungen über schöne Literatur und Kunst“ hat er die Ideen der Romantik einem größeren Publikum vermittelt.

„Ein Haus dient, um darin zu wohnen. Aber wozu dient in diesem Sinne wohl ein Gemälde oder ein Gedicht? Zu gar nichts. Viele haben es gut mit den Künsten gemeint, aber schlecht verstanden, wenn sie sie vonseiten ihrer Nützlichkeit zu empfehlen gesucht haben. Das heißt sie aufs Äußerste herabwürdigen und die Sache geradezu auf den Kopf stellen. Vielmehr liegt es im Wesen der schönen Künste, nicht nützlich sein zu wollen. Das Schöne ist auf gewisse Weise der Gegensatz des Nützlichen: Es ist dasjenige, dem das Nützliche erlassen ist. Alles Nützliche ist dem untergeordnet, wozu es nützlich ist. Es muss demnach etwas geben, das letzter Zweck oder Zweck an sich ist, sonst würde man mit dem Nützlichen in einer unendlichen Reihe immer wieder an etwas anderes verwiesen und der Begriff des Nützlichen hätte am Ende gar keine Realität.
Einem solchen Zweck an sich müssen nun wohl die schönen Künste entsprechen, wenn sie nicht eine bloße Fratze sein sollen, da sie, wie wir gesehen haben, einem beschränkten Zwecke zu dienen sich nicht bequemen, noch dazu dienen. Dies widerspricht dem nicht, dass wir sie vorhin als zwecklos geschildert haben. Denn was einen absoluten Zweck hat, erscheint auf gewisse Weise wieder zwecklos, indem das, was wir gewöhnlich Zweck nennen, nur eine beschränkte Aufgabe des Verstandes und Verneinung eines absoluten Zwecks ist.“

[Schlegel erläutert anschließend, weshalb es eine philosophische Theorie der schönen Künste gibt.]

„Was würde also eine solche Kunstlehre oder Poetik zu leisten haben?
Sie würde als Grundsatz aufstellen müssen: Die Kunst soll sein, oder das Schöne, wenn wir einmal den Gegenstand derselben so nennen wollen, muss hervorgebracht werden. Diesen Grundsatz hätte sie an das oberste Prinzip der Philosophie überhaupt anzuknüpfen. Ferner würde sie die Selbstständigkeit des Schönen, seine wesentliche Verschiedenheit und seine Unabhängigkeit vom sittlich Guten dartun müssen: Sie würde die Autonomie der Kunst behaupten.“
„Die Aufklärung bezeugt hingegen eine zärtliche Besorgnis um das, was sie zum Wohl der Menschheit rechnet; sie bestellt gern die Resultate der Untersuchung im Voraus, damit ja nichts Zerstörendes und Gefährliches, nichts Allzukühnes oder dem Missbrauch Unterworfenes zum Vorschein komme. Da sie folglich überall auf halbem Wege stehen bleibt, die Wahrheit an sich aber durchaus nur zu einem unbedingten Streben anregen kann, so muss es wohl etwas sein, was sie von der Wahrheit will, mit einem Wort Brauchbarkeit und Anwendbarkeit. Hier zeigt sich nun schon die ganze verkehrte Denkart, das an sich Gute (wovon das Wahre ein Teil, eine Seite ist) dem Nützlichen unterzuordnen.“

Aus: August Wilhelm Schlegel: Schriften. Auswahl und Einführung von Walter Flemmer. München: Goldmann o. J., S. 87 ff.; S. 146

- *Wie definiert Schlegel die Kunst?*
- *Inwiefern besteht – nach Schlegel – ein Gegensatz zwischen der Aufklärung und der Kunst?*

Herbert Rosendorfer: Briefe in die chinesische Vergangenheit

In dem 1983 erschienenen Briefroman von H. Rosendorfer schildert ein chinesischer Mandarin aus dem 10. Jahrhundert, der sich durch eine Art Zeitreise in die deutsche Gegenwart versetzt, seine Erlebnisse in Bayern, in München. Der folgende Textauszug entstammt einem Brief kurz nach der Ankunft in der Stadt.

„Nichtsahnend schickte ich mich an, diese Allee zu überqueren, als sich ein unvorstellbares Heulen, Knirschen und Rattern näherte, für das in unserer Welt jeder Vergleich fehlt. Gleichzeitig raste mit der Geschwindigkeit eines großen Blitzes ein großes Tier – oder ein feuriger Dämon, schoss es mir durch den Sinn – auf mich zu, ja: schneller als jeder Blitz, so ungeheuer schnell, dass ich das Tier oder Ding gar nicht sehen konnte. Inzwischen weiß ich ungefähr, was für Dinge das sind – es sind keine Dämonen, jedoch mindestens so gefährlich wie für abergläubische Leute Dämonen –, aber damals war ich natürlich noch völlig unvorbereitet. Ich hatte die Straße schon zur Hälfte überquert, als mich – so meine ich – das schnaubende Tier erblickte. Alles spielte sich in Bruchteilen von Augenblicken ab. Ich erkannte, dass der Dämon es nicht auf mich abgesehen hatte. Er gab vielmehr einen – wenn möglich – noch größeren Heulton von sich und versuchte auszuweichen. Auch ich wollte ausweichen und sprang mit ein paar Sätzen zur Brücke zurück. Wie ein in höchster Wut schnaubendes Wildschwein aber konnte das Tier (größer als zehn Wildschweine) seine Richtung nicht so schnell ändern. Noch immer heulend, dann einen Knall ausstoßend, den man nur erzeugen könnte, wenn man das gesamte kaiserliche Feuerwerksmagazin für das Neujahrsfest auf einmal anzündete, sprang der Dämon, schien es mir, auf einen Baum hinauf. Ich stürzte zu Boden und verlor die Besinnung.

Als ich wieder erwachte, hatte sich eine noch größere Menge von Großnasen, von denen wieder einer aussah wie der andere, versammelt. Mich hatte man zwar auf eine Holzbank gelegt, die zwischen den Bäumen stand, kümmerte sich aber fast nicht um mich. Alles stand um den Baum herum, auf den der schnelle Dämon „Zehn Wildschweine" hinaufgeklettert war. Nein: er war nicht hinaufgeklettert, sah ich, als ich mich ein wenig erhob, er hatte sich am Stamm festgebissen. Heute weiß ich: Es war gar kein Dämon und auch kein drachengroßes Wildschwein. Es war ein Wagen aus Eisen. Herrn Shi-shmis Haus ist in der Nähe jener Brücke, und ich bin seitdem mehrmals an der Stelle vorbeigekommen. Der Baum, fürchte ich, wird eingehen.

Solche Wägen aus Eisen mit vier Rädern, die ganz ohne Pferde fahren und viel, viel schneller laufen als jemals ein Pferd, gibt es hier in überaus gefährlichen Mengen. In jedem Wagen sitzt in der Regel einer von den Großnasen, der an einem weiteren Rad im Inneren des Wagens dreht und damit recht und schlecht den Wagen lenkt. Sie fahren so schnell, dass sie, ehe du dich's versiehst, links verschwunden sind, noch ehe sie rechts auftauchen. Auf allen Steinstraßen hier kann kein Mensch gehen, so zahlreich sind diese Eisen-Wägen. Sie rasen kreuz und quer durcheinander, und ich frage mich, wie sie das machen, dass sie nicht dauernd zusammenstoßen. Wahrscheinlich haben sie ein Mittel, das sie voneinander wegmagnetisiert. Sperlinge fliegen ja auch in verwirrenden Scharen durcheinander um die Bäume, und noch nie habe ich gesehen, dass zwei Sperlinge mit den Köpfen aneinandergestoßen wären. So ähnlich stelle ich mir das mit den Eisen-Wägen vor. Aber auch das werde ich zu erkunden versuchen. Sie nennen die Eisen-Wägen übrigens: A-tao. Das ist eines der ersten Wörter der Lärm-Sprache, die ich gelernt habe."

Aus: Herbert Rosendorfer: Briefe in die chinesische Vergangenheit. München: dtv 2009, S. 18–20

- *Vergleichen Sie die Vorgehensweise Rosendorfers mit derjenigen Hoffmanns im Brief des Ptolomäus.*
- *Schildern Sie mit einer ähnlichen Methode eine Sache, ein Geschehen aus Ihrer Erfahrungswelt.*

Was versteht man unter neuzeitlicher Naturwissenschaft?

Für den Philosophen Immanuel Kant ist die Natur das „Dasein der Dinge, sofern es nach allgemeinen Gesetzen bestimmt ist". Zum Paradigma der mechanistischen Natur, wie sie der neuzeitlichen Naturwissenschaft zugrunde liegt, wird das Planetensystem, dessen Dynamik von Isaac Newton erklärt worden war.
Der Wissenschaftshistoriker Ernst Peter Fischer stellt in seinem Buch „Die andere Bildung. Was man von den Naturwissenschaften wissen sollte" die Geschichte und die Grundlagen der Naturwissenschaften dar.

Ernst Peter Fischer: Die Hypothese und ihre Prüfung

„Wer fragt, wie sich wissenschaftlich gewonnene Erkenntnisse von anderen unterscheiden, wird als Antwort den Hinweis auf deren experimentelle Überprüfbarkeit bekommen. Die Einsicht, dass Pflanzen Licht von der Sonne benötigen, um zu wachsen, kann man bestätigen, indem man sie eine Zeit lang in einen lichtlosen Raum sperrt und anschließend ihre Größe bestimmt, um sie mit dem Ausgangswert zu vergleichen. Natürlich weiß man auch ohne solch ein Experiment, dass die Sonne von Bedeutung ist, aber es könnte ja auch die von ihr produzierte Wärme sein, die von den Pflanzen benötigt wird, und die könnte in der Dunkelheit von einer Heizung geliefert werden. Um herauszufinden, ob die unsichtbare Wärme oder das sichtbare Licht maßgeblich sind, muss man ein Experiment machen, und obwohl diese Idee heute ganz selbstverständlich klingt, irgendjemand muss sie im Laufe der Geschichte als Erster geäußert und vorgeschlagen haben, wie dabei vorzugehen ist.
Die Erfindung des Experiments verdanken wir vermutlich Francis Bacon [1561–1626], der erkannt hat, weshalb dabei Einsichten möglich werden. Ein Wissenschaftler beginnt mit einer Hypothese wie „Schlangen orten ihre Beute (z. B. ein Kaninchen) mithilfe ihrer Augen", das heißt, er beginnt mit einer Annahme, die in einem Versuch überprüfbar sein muss. Nur solch eine Hypothese kann als wissenschaftlich gelten. Die Vermutung „Krankheiten werden von Gott gesandt" gehört ebenso wenig dazu wie die Behauptung „die Benzinpreise sind nicht marktgerecht", und beide finden im Rahmen der Naturwissenschaften zum Glück keinen Platz.
Wissenschaftliche Hypothesen müssen nicht kompliziert klingen wie der Satz „Das lichtsensitive Pigment von Zygomyceten besteht aus zwei kovalent verbundenen Vitamin-A-Molekülen." Vielmehr klingen sie oft ganz einfach, zum Beispiel „Metall dehnt sich bei Erwärmung aus". Wichtig ist nur, dass sich die Behauptungen testen lassen. Was das Metall angeht, so braucht man nur einen Ofen als Wärmequelle, ein Thermometer und ein Lineal. [...]
Bacon bemühte sich nun darum, die Logik zu formulieren, die diesem Vorgang der Hypothesenbildung und ihrer Überprüfung zugrunde liegt. Er bemerkte dabei etwas Seltsames, nämlich, dass eine einzige Beobachtung, die einer Hypothese widerspricht, ausreicht, um sie hinfällig sein zu lassen. Diese *Logik der Forschung* hat der Philosoph Karl Popper im 20. Jahrhundert wieder entdeckt, und im Anschluss an seine Arbeiten hat sich dafür der Begriff Falsifizierung eingebürgert [...].
Diese Idee führt zu einigen merkwürdigen Konsequenzen. Zum Ersten folgt aus ihr, dass es in der Wissenschaft kein sicheres, sondern nur hypothetisches Wissen gibt. Selbst wenn sich eine Hypothese in tausend Fällen bewährt hat, kann es ja einen 1001sten Fall geben, an dem sie scheitert. Zum Zweiten teilt uns Poppers bzw. Bacons Logik mit, dass mein Wissen nicht weiterkommt, wenn das Experiment gut verläuft und meine Vermutung verifiziert, sondern nur dann, wenn das Experiment schief geht und meine Hypothese falsifiziert. Jetzt bin ich nämlich gezwungen, mir etwas Neues einfallen zu lassen, und damit darf ich die Hoffnung haben, einen Schritt näher an die Wahrheit zu kommen."

Aus: Ernst Peter Fischer: Die andere Bildung. Was man von den Naturwissenschaften wissen sollte.

„Allen Bemühungen der wissenschaftlichen Forschung liegt dabei ‚der Gedanke zugrunde, dass alles Geschehen durch Naturgesetze bestimmt sei', wie Albert Einstein einmal in einem Brief schrieb, der an ein Schulmädchen gerichtet war. Einstein vergleicht diesen Leitgedanken mit einem Glauben, der ergänzt wird durch einen zweiten, nämlich die Überzeugung, dass sich die Naturgesetze erkunden und formulieren lassen."

Ebenda

- *Wodurch ist naturwissenschaftliche Erkenntnis definiert?*
- *Warum ist Mosch Terpin kein Wissenschaftler?*

BS 4

Baustein 5

Spielarten der Fantasie

Romantik und Fantasie können geradezu als Synonyme angesehen werden. Gleichwohl ist der Fantasiebegriff über die Romantik hinaus von zentraler Wichtigkeit, um menschliches Denken, Vorstellen, Gestalten und Empfinden zu erfassen. Die Fantasie kann antizipieren und nacherleben, sie überschreitet Grenzen und entwirft Vorstellungen davon, wie es auch anders sein könnte, im Negativen wie im Positiven; sie ermöglicht Probehandeln und die Verwirklichung von Wunschbildern. In diesem Baustein sollen Gesichtspunkte, die um die Fantasie kreisen, noch einmal aufgenommen werden – im Blick auf die Romantik und auf Fantasy-Literatur; die Schülerinnen und Schüler sollen sich mit dem Begriff und dem Phänomen Fantasie auseinandersetzen.

5.1 Prosper Alpanus' Entschwinden nach Indien – eine Utopie?

Mosch Terpin hat sich mit dem Platzen der Verlobung seiner Tochter mit Zinnober/Zaches ausgesöhnt; dank des Blicks durch Balthasars Lorgnette hat er erkannt, dass Zinnober nur ein „ungeschlachter, ungebärdiger Knirps" (S. 113, Z. 5f.) war. Nun verabschiedet er sich von seinem Dasein als Naturforscher und widmet sich den Weinen in Prosper Alpanus' bzw. Balthasars Weinkeller – ein ironischer Schlusspunkt seiner Karriere.
Der Zauberer selbst entschwindet „über die flammenden Regenbogen hinweg, bis sein Fuhrwerk zuletzt in den höchsten Lüften erschien wie ein kleiner funkelnder Stern" (S. 115, Z. 5). Er geht fort ins „fernste Indien" wie er Balthasar verkündet, als er ihm sein Vermächtnis, vor allem auch sein Landhaus übergibt (Kapitel 7, S. 88, Z. 3). In Lessings Drama „Nathan der Weise" sagt Al-Hafi: „Am Ganges nur gibt's Menschen" (II, 9). Welches Motiv bewegt Prosper Alpanus? Dazu sollen die einschlägigen Textstellen noch einmal untersucht werden:

■ *Wie erläutert Prosper Alpanus seine Reise nach Indien? (Text: S. 86, Z. 26f.)*

Er beschreibt Indien folgendermaßen:
- Ein Land (Raum), in dem „jene herrlichen Akkorde widerhallen, die dem fernen Lande voll göttlicher Wunder angehören" und „das seine Heimat ist";
- dort ist eine „innere Musik";
- aus dem eigenen Innern entstammt „der göttliche Ton, den die wundervolle Harmonie des tiefsten Wesens der Natur entzündet";
- der Zauberer Lothos habe ihn besucht und Grüße und Klagen der Prinzessin Balsamine, die er vor ungefähr 2000 Jahren geliebt hat, überbracht;
- die Prinzessin liebe ihn;
- auch sein Freund Yuchi vom Polarstern habe ihm freundlich zugewinkt.

Dieses Indien ist ein fantastisches, poetisches Land. Wenn Alpanus sagt, vernünftige Leute (= von Vernunft, Rationalität bestimmte Leute) würden seine (= Prosper Alpanus') Existenz nur im Märchen gelten lassen, so unterstreicht er zwar die Realität seiner Existenz, aber es ist die Realität in einem Raum der Fantasie, der Poesie. Dass dieser Raum besonders durch Musik geprägt ist, wird durch Aussagen etwa Ludwig Tiecks (in Wackenroders „Phantasien über die Kunst") deutlich; dort heißt es, die Musik sei „die hohe poetische Sprache", die „das Wunderbare in uns enthüllt und alle Tiefen aufdeckt" (Feldges/Stadler 1989, S. 247). Hoffmann selbst, der ja auch Musiker war, sagt über die Musik, dass sie dem Menschen „ein unbekanntes Reich" aufschließe, „eine Welt, die nichts gemein hat mit der äußeren Sinnenwelt, die ihn umgibt, und in der er alle durch Begriffe bestimmbaren Gefühle zurücklässt, um sich dem Unaussprechlichen hinzugeben" (ebenda, S. 248). Die Schlaraffenlandwelt, die mit dieser poetischen Welt in der Realität korrespondiert, ist die perfektionierte Alltagswelt eines bequemen Daseins, die sich zur poetischen Innenwelt ironisch verhält und die auch zu den Anforderungen einer wahren Aufklärung im Widerspruch steht.

E.T.A. Hoffmann knüpft – rein äußerlich – an das Indienbild der Romantik an; wie er sich tatsächlich dazu verhält, soll anhand eines Textes untersucht werden (**Arbeitsblatt 14**, „Das Indienbild der Romantik", S. 108):

- *Welches Interesse haben die Europäer an Indien?*
- *Wie verhält sich das Indien in E.T.A. Hoffmanns „Klein Zaches" dazu?*

Die Hauptpunkte in der Zusammenfassung:

Indien aus der Sicht Europas

- **Antike:** Land der Wunder und Absonderlichkeiten
- **Herder:** Volk mit herausragenden Geistesgaben, vollendeter Schönheit; Charakter: Sanftmut, Höflichkeit, Mäßigung, Keuschheit; idyllisches Land
- **Romantik:** Gegensatz zum Utilitarismus, Säkularismus, Fortschrittsglauben Europas; Morgenland = das eigentliche Vaterland der Menschheit; Harmonie von Mensch, Natur und Gott

Indien wird instrumentalisiert für eine Kritik an der europäischen Aufklärung, die hauptsächlich durch den Utilitarismus charakterisiert wird; außerdem ist es Symbol einer poetischen Welt. Fantasie und Poesie stehen in Hoffmanns Märchen im Gegensatz zur pseudoaufgeklärten Welt, zur Schrumpfform von Aufklärung, die sich als Restauration manifestiert. Indien ist Chiffre für die freie, poetische Welt, die ihren Ort zwar in der Fantasie hat, die aber ein notwendiges Korrektiv zur beschränkten realen Welt darstellt und von der aus diese reale Welt kritisiert werden kann und muss. Im Tafelbild wird das Ergebnis festgehalten:

Das Indien des Prosper Alpanus

- Welt der Poesie und der Fantasie
- Ort der Freiheit
- Kontrast zur pseudoaufgeklärten, bornierten, restaurativen Welt des Fürsten Barsanuph

Die Tatsache, dass Prosper Alpanus nach Indien entschwindet und dass dieses Indien ein reines Produkt der poetischen Fantasie ist, zeigt, dass auch hier keine reale Utopie aufscheint;

vielmehr löst sich das poetische Wesen Prosper Alpanus quasi in Luft auf, was ein ironischer oder humorvoller Schlussakzent ist. Wenn B. Brecht die Götter im „Guten Menschen von Sezuan" entschwinden lässt, ohne dass sie einen brauchbaren Hinweis auf die Lösung der Probleme gegeben haben, könnte er durch E.T.A. Hoffmanns Märchen angeregt worden sein.

5.2 Novalis: Die Christenheit oder Europa

Anklänge an utopische Verhältnisse, einen utopischen Staat findet man im Reich des Demetrius und in Balthasars Leben auf dem Landgut des Prosper Alpanus; es handelt sich um Anklänge, nicht um Utopien. Ob es sich bei Novalis' Bild vom christlichen Mittelalter um eine Utopie handelt, ist zweifelhaft; die Rede ist eine Reaktion auf Verhältnisse, wie sie sich nach der Französischen Revolution entwickelt haben: „Novalis verfasst seine Rede in dem historischen Augenblick, da Napoleon sich anschickt, zum Beherrscher des kontinentalen Europa zu werden und es tatsächlich so aussieht, als würde das alte christliche Europa verschwinden. Französische Truppen haben im Februar 1798 Rom gebrandschatzt und Papst Pius VI. gefangengesetzt und nach Valence verschleppt, wo er im August 1799 stirbt. Die katholische Kirche scheint enthauptet und es gibt gute Gründe, daran zu zweifeln, ob sie sich jemals wieder erholen wird, denn Napoleon steht für die Dynamik und Expansivität des säkularen Glaubens." (Safranski 2009, S. 125) Doch diese aktuelle Situation kann nicht erklären, weshalb das christliche Mittelalter derart idealisiert erscheint. Zunächst sollen die Schülerinnen und Schüler den Textauszug verstehen (**Arbeitsblatt 15**, Novalis: „Die Christenheit oder Europa", S. 109):

- *Welches Bild entwirft Novalis vom Mittelalter?*
- *Wodurch sieht er jenen Staat bedroht?*
- *Vergleichen Sie diesen Staat mit den Staaten von Demetrius und Paphnutius: Mit welchem bestehen Ähnlichkeiten?*

Aus der großen Zahl positiver Merkmale werden die wichtigsten zusammengestellt:

Das christliche Europa und seine Gegenkräfte

- **Positiv:**
  - schöne glänzende Zeiten
  - *ein* christliches Land
  - von gemeinschaftlichem Interesse geleitetes geistliches Reich
  - *ein* Oberhaupt, eine für jeden offene exekutive Zunft (= Priesterschaft), die Hilfe und Schutz bietet
  - kindliches Zutrauen der Menschen zu den ‚Oberen' („heilige Menschen")
  - Vertrauen der Menschen in sichere Zukunft
  - Frieden
  - Kirche als friedenstiftende Gesellschaft, die die ganze Welt zu gewinnen sucht
  - eingeschränktes Wissen, Primat des Glaubens, der Religion
- **Gegenkräfte:**
  - freche Ausblidung menschlicher Anlagen auf Kosten des heiligen Sinns
  - gefährliche Entdeckungen im Gebiet des Wissens
  - das Wissen dem Glauben vorziehen
  - die Welt durch Naturgesetze erklären
  - Religionsschlaf
  - „Wo keine Götter sind, walten Gespenster."

Es handelt sich nicht um das reale Mittelalter (das Wort wird auch nicht verwendet), sondern um einen – aus Novalis' Sicht – idealen Zustand; es herrscht Harmonie unter einer zentralen Führung. Es ist ein hierarchischer Staat nach dem Muster einer patriarchalischen Familie. Die Religion (der Glaube) ist die Existenzgrundlage dieses Staates, aus dem alles verbannt werden muss, was den Glauben beeinträchtigen kann – das ist das Wissen, das sind die Wissenschaften, das ist die Aufklärung. Vergleicht man damit die beiden Staatsformen in „Klein Zaches", ergibt sich das folgende Bild:

Vergleich von Novalis und E.T.A. Hoffmann

Novalis	Demetrius	Paphnutius
• Harmonie und Frieden unter einer zentralen Leitung • patriarchalisch • Glaube statt Wissen	• abgeschlossenes, agrarisches Land • unsichtbare Regierung • Freiheit und gutes Leben	• Diktat der Zweckmäßigkeit, Nützlichkeit • Verbot, Verfolgung des Wunderbaren
antiaufklärerisch	**Voraufklärung**	**Pseudo-Aufklärung**

Offensichtlich sind die Vorstellungen und Denkweisen der beiden Autoren nicht kompatibel; für Hoffmann spielt die Religion keine Rolle, ihm geht es darum, das Wunderbare, die Poesie, die Fantasie zu verteidigen. Er entwirft keine Utopie, wenn man etwa die folgende Definition zugrundege legt:

„Als literarische Utopie bezeichne ich den Entwurf einer hypothetisch möglichen, d. h. unter Setzung bestimmter Axiome denkbaren/vorstellbaren Welt (Gesellschaftsverfassung, Lebensform), entworfen in räumlicher oder zeitlicher Projektion als Gegenbild (Negation) zu den explizit oder implizit kritisierten Missständen der jeweiligen Zeit. Im Unterschied zu expositorischen Texten (z. B. dem philosophischen Traktat) gehört es zur Intention der literarischen Utopie, das Gegenbild zu versinnlichen, d. h. deskriptiv und/oder narrativ zu vergegenwärtigen bzw. ‚wahrscheinlich' zu machen."

Hans-Joachim Mähl: Philosophischer Chiliasmus. Zur Utopiereflexion bei den Frühromantikern. In: Silvio Vietta (Hg.): Die literarische Frühromantik. Göttingen: Vandenhoeck 1983, S. 150

Novalis tritt als Kritiker der Aufklärung auf: „Ohne die großen emanzipatorischen und freiheitlichen Ideale und Wirkungen der Aufklärung zu würdigen, wertet Novalis die Aufklärung als den seelenlos-erkältenden Versuch, die Herrschaft der ‚Zahl', des bloßen ‚Nutzens' und des ‚Geschäfts' zu etablieren, sowie alles ‚Wunderbare' und ‚Poetische' zu vertilgen." (Schmidt 1989, S. 21)

Eine ähnliche, aufklärungskritische Haltung nimmt Eichendorff in seiner „Geschichte der poetischen Literatur Deutschlands" ein, in der er E.T.A. Hoffmann vorwirft, dass sich die Fantasie vom religiösen Gefühl gelöst habe: „Immer deutlicher und entschiedener löst sich das religiöse Element von der Fantasie, und weil diese, so isoliert, notwendig in leere Spielerei oder Verzerrung verfliegt, so zieht das religiöse Gefühl sich immer scheuer in sich selbst zurück, bis beide allmählich einander fremd und daher unbequem und störend, ja zuletzt feindlich gegenüberstehen. Die daraus entspringende innere Ungenüge, umso stechender, je schärfer die Zerklüftung hervortritt, wird nun, wie wir oben nachgewiesen, gar bald zur Zerrissenheit, bis dann auch das Bewusstsein jener Ungenüge schwindet, und diese endlich nur noch als ein bloßes ästhetisches Kunststück wohlgefällig sich selbst bespiegelt." (Joseph von Eichendorff: Geschichte der poetischen Literatur Deutschlands. Hg. W. Kosch. Kempten/München o. J., 2. Teil, S. 491)

5.3 Das „serapiontische Prinzip" und der Humor

Die Duplizität der Welt kommt in der Erzählung deutlich an Balthasar zur Geltung: Es ist das „Missverhältnis des innern Gemüts mit dem äußern Leben", das ihn leiden macht, etwa wenn er hört, wie Mosch Terpin über die Natur doziert; es lässt ihn – in den Augen Fabians – aber auch komisch erscheinen. Die Duplizität ist eine Spaltung der Welt in eine Ebene der (äußeren) Wirklichkeit und eine Sphäre der inneren Welt, der Fantasie. Der wahnsinnige Serapion (in E.T.A. Hoffmanns Sammlung von Erzählungen und Märchen, unter dem Titel „Die Serapions-Brüder" 1819–1821 erschienen) ist der absolute Dichter der Fantasie; um nicht in den Wahnsinn zu verfallen, muss der Fantasie ein Gegengewicht in der Wirklichkeit entgegengestellt werden. „Das einseitige Verharren in der Realität, in der „Außenwelt", ist das Zeichen des Philisters, des Alltäglichen, Banalen; dem steht das Reich der Fantasie und des Traums entgegen." (Steinecke 2004, S. 363) Deshalb ist ein Ausgleich zwischen den beiden Welten erforderlich – „die Basis der Himmelsleiter muss im Leben befestigt sein". Der Ausgleich wird aber nicht nur dadurch geschaffen, sondern auch durch den Humor, der sich in „Klein Zaches" besonders im Spiel mit der Erzählfunktion manifestiert.

Anhand der Textauszüge sollen die Schülerinnen und Schüler wenigstens in Grundzügen die Denkweise und Poetik Hoffmanns kennenlernen und auf die Erzählung anwenden: **Arbeitsblatt 16**, Das serapiontische Prinzip und der Humor, S. 110.

- *Was wird vom wahren Dichter erwartet?*
- *Welche Wirkung soll die Literatur, das Erzählen haben?*
- *Welche Rolle spielt der Humor?*

Die Auswertung der Texte führt zu folgendem Ergebnis:

Das serapiontische Prinzip und der Humor

Der wahre Dichter	Die Leserwirkung	Der Humor
• Er muss das schauen, was er verkündet; • das innere Bild mit all seinen Gestalten, Farben, Lichtern und Schatten erfassen und ins äußere Leben tragen; • die Basis der Himmelsleiter (Fantasie) muss im Leben befestigt sein.	• Er ergreift Herz und Gemüt; • er soll den innern Geist entzünden und die Fantasie anregen; • er soll das Fantasiereich als Teil des Lebens wahrnehmen; • er soll in ihm wie in einem Blumengarten lustwandeln können und die düstern Mauern der Stadt verlassen.	• Die Duplizität, das Missverhältnis des innern Gemüts mit dem äußern Leben, ist Basis des Komischen. • Der humoristische Dichter soll an keine Rücksichten gebunden sein.

Der Gegensatz von Fantasie und Realität kann auf verschiedene Weise zum Tragen kommen; in „Klein Zaches“ etwa manifestiert er sich an Balthasar, wenn er als einer von der Fantasie, vom innern Gemüt Beherrschter zur komischen Figur wird – in den Augen der Umwelt, für seinen Freund Fabian (z. B. im 2. Kapitel).

Als poetisches (ästhetisches) Gestaltungsprinzip soll der Humor im Folgenden noch thematisiert werden. Von Ironie und Satire war schon die Rede, hier soll das Interesse auf das Spiel mit der Erzählfunktion gelenkt werden:

- *Welche Bedeutung haben die Inhaltshinweise am Anfang der Kapitel für die Leser?*

Die Schülerinnen und Schüler werden erkennen, dass die Hinweise nicht etwa eine Kurzfassung des Inhalts liefern, sondern auf Teil- oder Nebenaspekte der Handlung verweisen. Es geht nicht eigentlich darum, Spannung zu erzeugen, sondern eine komische Diskrepanz zwischen Ankündigung und Inhalt zu schaffen. Natürlich ist das kein von Hoffmann erfundenes Verfahren; auch Jean Paul spielt in ähnlicher Weise mit der Lesererwartung. Der Erzähler schafft eine humorvolle Distanz zur erzählten Geschichte.
Er bringt sich außerdem immer wieder selbst ins Spiel und redet auch die Leser an; in Bezug auf das serapiontische Prinzip ist der Anfang des letzten Kapitels aufschlussreich:

- *Lesen Sie den Anfang des letzten Kapitels (die Leseranrede): Wie beschreibt der Erzähler die Geschichte? Wie bezieht er sich auf die Leser?*

- Der Erzähler hat eine persönliche, emotionale Beziehung zum Leser, eine Beziehung der Nähe;
- Ursprung des Erzählten: das Innere des Erzählers, eine Eingebung des spukhaften Geistes Phantasus, der als bizarr und launisch geschildert wird;
- die erwünschte Haltung des Lesers: heiteres, unbefangenes Gemüt; er möge sich mit den Gestalten befreunden; der Zweck ist erfüllt, wenn der Leser im Innern gelächelt hat;
- Charakterisierung der Handlung: tragischer Tod des kleinen Zinnober;
- Schluss: Happy End ist der angemessene Schluss.

Zwischen dem Erzähler und den Lesern wird Einverständnis vorausgesetzt, sie sollen die gleiche Wellenlänge haben; die Fiktion sollen sie mit Heiterkeit aufnehmen; sie werden belohnt mit einem Happy End, denn das entspricht ihren Wünschen. Fragen könnten sie sich, ob denn „tragisch“ eine angemessene Bezeichnung für Zaches' Ende ist – nach allem, was man gelesen hat, kann es sich hierbei nur um Ironie handeln. Auch der so poetische Schluss ist mit all seinen Übertreibungen von Humor geprägt. Damit wird aber auch die suggerierte Harmonie zwischen Erzähler und Lesern aufgebrochen – die Leser können und sollen sich nicht einfach dem Erzähler überlassen und ihm in seinen Bewertungen und Urteilen folgen, zumal von allen satirischen Elementen überhaupt keine Rede ist. Als Fazit kann festgehalten werden:

Das Verhältnis zwischen Erzähler und Leser

- Der Erzähler suggeriert vollständige Übereinstimmung zwischen sich und den Lesern;
- der Erzähler beruft sich auf die Fantasie und verwischt jeglichen Realitätsbezug;
- die Leser müssen den Realitätsbezug selber herstellen.

Das Spiel mit der Erzählfunktion ist eigentlich eine Aufforderung an die Leser, das Verhältnis von Fiktion und Realität zu reflektieren.

5.4 Fantasie und Fantasy

Warum spielt die Fantasie eine so wichtige Rolle? Das Wunderbare, das auch als Synonym genommen werden kann, gibt einen Hinweis: Es ist die Grenzüberschreitung des Alltäglichen, Normalen, Zweckrationalen. „Der gegen die Fantastik oft erhobene Vorwurf der Wirklichkeitsflucht allerdings ist vorschnell und ungerechtfertigt; eher als um Eskapismus geht es um den entwicklungspsychologisch notwendigen Aufbau einer Gegenwelt mit der Funktion eines Moratoriums als Rückzugsraum für das ‚Unerledigte'. Solche Rückzugsräume werden nicht nur von Heranwachsenden, sondern auch von Erwachsenen gebraucht." (Abraham 2012, S. 13)
Fantasie und fantastische Literatur/Fantasy sollen zum Abschluss thematisiert werden. Als Einstieg wird ein Auszug aus Wilhelm Buschs „Balduin Bählamm" vorgeschlagen (**Arbeitsblatt 17**, Wilhelm Busch: „Balduin Bählamm", S. 111); denkbar sind auch andere Impulse: Der Eintritt in das Landhaus/die Welt des Prosper Alpanus (6. Kapitel) oder Harry Potters „Abreise von Gleis neundreiviertel" (Joanne K. Rowling: Harry Potter und der Stein der Weisen; es ist der 1. Band der Reihe, der den meisten Schülerinnen und Schülern bekannt sein dürfte; vgl. dazu **Zusatzmaterial 10**, S. 124). Die Aufgabe, die in Kleingruppen gelöst werden soll, lautet:

- *Was ist Fantasie? Gehen Sie aus von literarischen Beispielen (Wilhelm Busch; „Klein Zaches", Kap. 6; Harry Potters „Abreise von Gleis neundreiviertel" in „Harry Potter und der Stein der Weisen"); beziehen Sie Situationen der Lebenswirklichkeit ein (Künste, Spiel, Traum, Wissenschaft/Forschung, Werbung, Wirtschaft usw.).*

Während Wilhelm Busch die skeptische Variante wählt, der vermeintliche Dichter landet unsanft in der Realität, wird bei E.T.A. Hoffmann und J.K. Rowling eine Schwelle überschritten. Die beiden Pole, zwischen denen man sich bei der Klärung, was Fantasie ist, bewegt, sind Fantasie und Realität; aber Fantasie ist nicht durch diesen Gegensatz schon erklärt. Facetten des Begriffs werden nach der Arbeit in den Gruppen gesammelt; dabei werden sicher genannt:

Fantasie vs. Realität

- Kreativität
- Fähigkeit, Alternativen zu denken
- schöpferischer Einfall
- Intuition
- Illusion
- Eskapismus
- Ersatzwirklichkeit
- Wunscherfüllung
- Wahnsinn
- Grenzüberschreitung
- Ermöglichung von an sich Unmöglichem
- Traum
- ...

Es lassen sich die Funktionen der Fantasie unterscheiden:
- Fantasie als Möglichkeitsbedingung zum Denken von Alternativen
- Fantasie als Idee, Einfall
- Fantasie als Problemlösung
- Fantasie als Wunsch-, Traum-, Ersatzwirklichkeit

Der Lexikonartikel (**Zusatzmaterial 8**, S. 122) stellt zur abschließenden Klärung die wesentlichen Punkte dar.

E.T.A. Hoffmanns ‚Märchen' gehört zur fantastischen Literatur; welche Rolle die Fantasie spielt, zeigt sich einmal an der Gestaltung, der Erzählweise. Zum andern ist die Erzählung aber auch ein Plädoyer für die Fantasie als künstlerisches Vermögen und als Voraussetzung für eine wahre Aufklärung, die gerade dadurch definiert ist, dass sie Grenzen, Normierungen, Ideologien überschreiten kann. Andernfalls führt sie in eine von Vorurteilen und Autoritäten beherrschte Welt, in der die Verblendung dazu führt, dass Kreaturen wie Zaches Karriere machen, protegiert von unfähigen Eliten.
In zwei Lexikon-Artikeln erhalten die Schülerinnen und Schüler Definitionen von fantastischer Literatur und Fantasy (**Arbeitsblatt 18**, Fantastische Literatur/Fantasy, S. 112):

- *Stellen Sie zusammen, wie fantastische Literatur und Fantasy in den beiden Lexikon-Artikeln definiert werden.*
- *Wie würden Sie „Klein Zaches genannt Zinnober" einordnen? Warum?*

Folgende Merkmale werden in den Lexikon-Artikeln angeführt:

Merkmale von fantastischer Literatur bzw. Fantasy

Fantastische Literatur	Fantasy
• erzählende Texte, in denen die empirische Wirklichkeit verlassen wird • Welten, in denen übernatürliche Elemente Realitätscharakter besitzen • Gattungen: Mythen, Sagen, Märchen, Legenden, Tierfabeln, Schauerromane, Science Fiction, Fantasy • erheiternd, oft auch unheimlich • nicht rational auflösbar • das Übernatürliche darf nicht als normal empfunden werden • Ventilfunktion	• märchenhaft • Medien: Literatur, Film, Hörspiel, Computerspiel • oft archaische, mittelalterliche Schauplätze; unberührte Natur • den Helden hilft Magie, nicht Technik • episodisch (oft: Reise) • aktionsbetont • Auseinandersetzung zwischen moralisch klar definierten Positionen (Gut-Böse)
Spannung zwischen Natürlichem und Übernatürlichem, das in die normale Alltagswelt einbricht	**Autonomie der wunderbaren, übernatürlichen Welt**

„Klein Zaches" ist keine Fantasy, das Fantastische ist nicht wirklich bedrohlich; es erscheint ironisch gebrochen, spielerisch. Die Verblendung wird auf der Handlungsebene durch Zauberei/Entzauberung aufgehoben. Doch eigentlich geht es um die reale Welt, die in der

Weise aufgeklärt werden soll, dass in ihr keine Ideologie (= Schein-Aufklärung) herrscht und dass Poesie, Fantasie, das Wunderbare möglich sind; da aber in der Realität die Verblendung und die Schein-Aufklärung herrschen, muss man versuchen, ihr mit Ironie und Satire beizukommen. Es wird Folgendes überliefert: „Auf dem Aachener Kongress von 1818, dem ersten Kongress der sogenannten ‚Heiligen Allianz'", machte, wie Graf Pückler berichtet, das Gerücht die Runde, ‚Zinnober sei ein solcher Ausbund, dass er gar nicht das Licht der Welt werde erblicken dürfen'. Als er dann doch erschien, wurde er zu einer literarischen Sensation." (Günzel 1979, S. 348)

Notizen

Das Indienbild der Romantik

„Indien hat für Europa von den Anfängen seiner Geschichte an eine besondere Rolle gespielt. Schon bei den ältesten griechischen Autoren, die über Indien berichtet haben, erscheinen bestimmte Topoi über dieses Land, die bis weit in die Neuzeit lebendig geblieben sind. Von Anfang an war Indien das Land der Wunder und Absonderlichkeiten. [...]

Eine wichtige Voraussetzung für die lebhafte Rezeption der indischen Kultur in Deutschland war der Einfluss *Johann Gottfried Herders*. Er war es, der den geistigen Boden für die romantische Indienbegeisterung bereitet hatte. [...] Herder schildert die Hindus als ein Volk mit herausragenden Geistesgaben und vollendeter körperlicher Schönheit. Als ihre charakteristischen Eigenschaften nennt er Sanftmut, Höflichkeit, Mäßigung und Keuschheit. Herder zeichnet das Portrait eines edlen Volkes mit einer hohen Kultur, das in einem idyllischen Land lebt. [...]

Bei Herder ist der Kern des Indienbildes, das man das romantische nennen kann, bereits vorhanden, aber vollständig wird es erst bei den Brüdern Schlegel und einigen anderen sogenannten Frühromantikern. Bei ihnen wird deutlich und klar eine Verbindung zwischen Indienbegeisterung und einer harschen Kritik an Europa gezogen. [...] August Wilhelm Schlegel veröffentlichte im Jahre 1803 in seiner Zeitschrift *Europa* eine Polemik gegen bestimmte Ideale der Aufklärung. Vor allem wandte er sich darin gegen die ‚ausschließliche Richtung auf das Nützliche', gegen das absolute Vorherrschen des ‚ökonomischen Prinzips'. [...] Friedrich Schlegel verurteilte vor allem die Abkehr von der Religion, seine Kritik richtet sich also gegen Säkularisierung und Fortschrittsglauben. Er beklagt an Europa ‚die gänzliche Unfähigkeit zur Religion, ... die absolute Erstorbenheit der höheren Organe. Tiefer kann der Mensch nicht sinken; das ist nicht möglich'. Ferner geißelt er ‚diese absolute Unbekanntschaft mit der eigenen Bestimmung, die unendliche Schreibseligkeit und Geschwätzigkeit, und dabei die törichte Einbildung von sich selbst, und das absolute Nichtgefühl für alles Große, was schon wirklich auf Erden war; alles das zusammen muss den denkenden Mann mit einer Verachtung gegen sein Zeitalter erfüllen.' Diesem Europa des Utilitarismus, des Säkularismus und des Fortschrittsglaubens wird nun Indien als positives Gegenbild entgegengehalten.

In den zitierten Briefen aus Frankreich schreibt Friedrich Schlegel, er möchte ‚demjenigen, der Religion sehen will, raten, er solle, wie man nach Italien geht, um die Kunst zu lernen, ebenso zu seinem Zwecke nach Indien reisen, wo er gewiss sein darf, wenigstens noch Bruchstücke von dem zu finden, wonach er sich in Europa zuverlässig vergeblich umsehen würde.' Ähnliche Äußerungen finden wir bei anderen Dichtern der romantischen Schule, vor allem auch bei Novalis, von dem der Ausspruch stammt: Das Morgenland ist das eigentliche Vaterland der Menschheit. Indienlob und Europakritik gehören also bei den Romantikern zusammen. [...]

Im romantischen Indienbild verkörpert die indische Kultur das, was das moderne Europa verloren zu haben glaubt: die ursprüngliche Vollkommenheit und Ganzheitlichkeit der menschlichen Existenz, die Harmonie von Mensch, Natur und Gott, die religiöse Geborgenheit, die poetische, göttlich beseelte Welt."

Auszüge aus: Jürgen Lütt: Deutschland, Indien und das deutsche Indienbild. In: Der Bürger im Staat 48 (1998), H. 1 (Landeszentrale für politische Bildung Baden-Württemberg), S. 60f., 63

- *Welches Interesse haben die Europäer an Indien?*
- *Wie verhält sich das Indien in E.T.A. Hoffmanns „Klein Zaches" dazu?*

Novalis: Die Christenheit oder Europa [1799]

Novalis (1772–1801) hat diese Rede zuerst vor seinen romantischen Freunden vorgetragen, die mit seinen Vorstellungen nicht einverstanden waren und deshalb eine Veröffentlichung ablehnten. Im Druck erschien der Text zuerst 1827.

„Es waren schöne glänzende Zeiten, wo Europa ein christliches Land war, wo Eine Christenheit diesen menschlich gestalteten Weltteil bewohnte; Ein großes gemeinschaftliches Interesse verband die entlegensten Provinzen dieses weiten geistlichen Reichs. – Ohne große weltliche Besitztümer lenkte und vereinigte Ein Oberhaupt die großen politischen Kräfte. – Eine zahlreiche Zunft, zu der jedermann den Zutritt hatte, stand unmittelbar unter demselben und vollführte seine Winke und strebte mit Eifer, seine wohltätige Macht zu befestigen. Jedes Glied dieser Gesellschaft wurde allenthalben geehrt, und wenn die gemeinen Leute Trost oder Hilfe, Schutz oder Rat bei ihm suchten und gerne dafür seine mannigfaltigen Bedürfnisse reichlich versorgten, so fand es auch bei den Mächtigeren Schutz, Ansehn und Gehör, und alle pflegten diese auserwählten, mit wunderbaren Kräften ausgerüsteten Männer, wie Kinder des Himmels, deren Gegenwart und Zuneigung mannigfachen Segen verbreitete. Kindliches Zutrauen knüpfte die Menschen an ihre Verkündigungen. – Wie heiter konnte jedermann sein irdisches Tagewerk vollbringen, da ihm durch diese heiligen Menschen eine sichere Zukunft bereitet und jeder Fehltritt durch sie vergeben, jede missfarbige Stelle des Lebens durch sie ausgelöscht und geklärt wurde. Sie waren die erfahrenen Steuerleute auf dem großen unbekannten Meere, in deren Obhut man alle Stürme gering schätzen und zuversichtlich auf eine sichere Gelangung und Landung an der Küste der eigentlichen vaterländischen Welt rechnen durfte. Die wildesten, gefräßigsten Neigungen mussten der Ehrfurcht und dem Gehorsam gegen ihre Worte weichen. Friede ging von ihnen aus. – Sie predigten nichts als Liebe zu der heiligen, wunderschönen Frau der Christenheit, die mit göttlichen Kräften versehen, jeden Gläubigen aus den schrecklichsten Gefahren zu retten bereit war. [...] Mit welcher Heiterkeit verließ man die schönen Versammlungen in den geheimnisvollen Kirchen, die mit ermunternden Bildern geschmückt, mit süßen Düften erfüllt und von heiliger erhebender Musik belebt waren. [...] Emsig suchte diese mächtige friedenstiftende Gesellschaft, alle Menschen dieses schönen Glaubens teilhaftig zu machen, und sandte ihre Genossen in alle Weltteile, um überall das Evangelium des Lebens zu verkündigen und das Himmelreich zum einzigen Reiche auf dieser Welt zu machen. Mit Recht widersetzte sich das weise Oberhaupt der Kirche frechen Ausbildungen menschlicher Anlagen auf Kosten des heiligen Sinns und unzeitigen gefährlichen Entdeckungen im Gebiete des Wissens. So wehrte er den kühnen Denkern, öffentlich zu behaupten, dass die Erde ein unbedeutender Wandelstern sei, denn er wusste wohl, dass die Menschen mit der Achtung für ihren Wohnsitz und ihr irdisches Vaterland auch die Achtung vor der himmlischen Heimat und ihrem Geschlecht verlieren und das eingeschränkte Wissen dem unendlichen Glauben vorziehn und sich gewöhnen würden, alles Große und Wunderwürdige zu verachten und als tote Gesetzwirkung zu betrachten. [...]

Erst durch genauere Kenntnis der Religion wird man jene fürchterlichen Ereignisse eines Religionsschlafs, jene Träume und Deliria des heiligen Organs besser beurteilen und dann erst die Wichtigkeit jenes Geschenks recht einsehn lernen. Wo keine Götter sind, walten Gespenster. [...] Nur die Religion kann Europa wieder aufwecken und die Völker sichern und die Christenheit mit neuer Herrlichkeit sichtbar auf Erden in ihr altes, friedenstiftendes Amt installieren." [...]

Aus: Novalis: Werke und Briefe. Hg. Alfred Kelletat. München: Winkler 1953, S. 398 ff.; 416; 419

- *Welches Bild vom Mittelalter entwirft Novalis?*
- *Wodurch sieht er diesen Staat bedroht?*
- *Vergleichen Sie diesen Staat mit den Staaten des Demetrius und Paphnutius: Mit welchem Staat bestehen Ähnlichkeiten?*

Das „serapiontische Prinzip" und der Humor

Unter dem Titel „Die Serapions-Brüder" (1819–1821) hat Hoffmann eine umfangreiche Sammlung von Texten in vier Bänden publiziert, die in eine Rahmenhandlung eingebettet sind; diese besteht aus Gesprächen von vier befreundeten Dichtern. Vorbild war Ludwig Tiecks „Phantasus" (1812–1816), letztlich auch Giovanni Boccaccios (1313–1375) Novellensammlung „Il Decamerone". Die Freunde, die sich regelmäßig treffen, machen den Einsiedler Serapion zu ihrem Schutzpatron. In ihren Gesprächen formulieren sie die Voraussetzungen ihres Erzählens, für die sie den Begriff „serapiontisches Prinzip" wählen.

„Dein Einsiedler, mein Cyprianus, war ein wahrhafter Dichter, er hatte das wirklich geschaut, was er verkündete, und deshalb ergriff seine Rede Herz und Gemüt. – Armer Serapion, worin bestand dein Wahnsinn anders, als dass irgend ein feindlicher Stern dir die Erkenntnis der Duplizität geraubt hatte, von der eigentlich allein unser irdisches Sein bedingt ist. Es gibt eine innere Welt und die geistige Kraft, sie in voller Klarheit, in dem vollendetsten Glanze des regesten Lebens zu schauen, aber es ist unser irdisches Erbteil, dass eben die Außenwelt, in der wir eingeschachtet, als der Hebel wirkt, der jene Kraft in Bewegung setzt. Die innern Erscheinungen gehen auf in dem Kreise, den die äußern um uns bilden und den der Geist nur zu überfliegen vermag in dunklen geheimnisvollen Ahnungen, die sich nie zum deutlichen Bilde gestalten. Aber du, o mein Einsiedler!, statuiertest keine Außenwelt, du sahst den versteckten Hebel nicht, die auf dein Inneres einwirkende Kraft; und wenn du mit grauenhaftem Scharfsinn behauptetest, dass es nur dein Geist sei, der sehe, höre, fühle, der Tat und Begebenheit fasse, und dass also auch sich wirklich *das* begeben was er dafür anerkenne, so vergaßest du, dass die Außenwelt den in den Körper gebannten Geist zu jenen Funktionen der Wahrnehmung zwingt nach Willkür." (S. 68)

„Jeder prüfe wohl, ob er auch wirklich das geschaut, was er zu verkünden unternommen, ehe er es wagt, laut damit zu werden. Wenigstens strebe jeder recht ernstlich darnach, das Bild, das ihm im Innern aufgegangen, recht zu erfassen mit all seinen Gestalten, Farben, Lichtern und Schatten, und dann, wenn er sich recht entzündet davon fühlt, die Darstellung ins äußere Leben zu tragen." (S. 69)

„Sonst war es üblich, ja Regel, alles, was nur Märchen hieß, ins Morgenland zu verlegen und dabei die Märchen der Dschehezerade zum Muster zu nehmen. Die Sitten des Morgenlandes nur eben berührend, schuf man sich eine Welt, die haltlos in den Lüften schwebte und vor unsern Augen verschwamm. Deshalb gerieten aber jene Märchen meistens frostig, gleichgültig und vermochten nicht den innern Geist zu entzünden und die Fantasie anzuregen. Ich meine, dass die Basis der Himmelsleiter, auf der man hinaufsteigen will in höhere Regionen, befestigt sein müsse im Leben, sodass jeder nachzusteigen vermag. Befindet er sich dann, immer höher und höher hinaufgeklettert, in einem fantastischen Zauberreich, so wird er glauben, dies Reich gehöre auch noch in sein Leben hinein und sei eigentlich der wunderbar herrlichste Teil desselben. Es ist ihm der schöne prächtige Blumengarten vor dem Tore, in dem er zu seinem Ergötzen lustwandeln kann, hat er sich nur entschlossen, die düstern Mauern der Stadt zu verlassen." (S. 720 f.)

Aus: E.T.A. Hoffmann: Die Serapionsbrüder. Hg. W. Segebrecht u. U. Segebrecht. Deutscher Klassiker Verlag im Taschenbuch Bd. 28, Frankfurt 2008

„Das Missverhältnis des innern Gemüts mit dem äußern Leben, welches der reizbare Mensch fühlt, treibt ihn wohl zu besonderen Grimassen, die die ruhigen Gesichter, über die der Schmerz so wenig Gewalt hat als die Lust, nicht begreifen können, sondern sich nur darüber ärgern." (Die Serapionsbrüder, S. 38)

„Der Kontrast einer inneren Gemütsstimmung mit den Situationen des Lebens ist eine Grundbasis des Komischen, welches in dem Märchen [Meister Floh] vorherrschen sollte." (S. 466)

„Dem humoristischen Dichter Dichter muss es freistehen, sich in dem Gebiet der fantastischen Welt frei und frisch zu bewegen. Soll er sich in tausend Rücksichten, in misstrauische Zweifel darüber, wie seine Gedanken gemissdeutet werden könnten, wie in das Bett des Prokrustes einengen? Wie würde es ihm möglich sein, geistreich, anmutig zu schreiben und Gemüt und Herz seiner Leser zu ergreifen?" (S. 469)

Aus: Klaus Günzel: E.T.A. Hoffmann. Leben und Werk in Briefen, Selbstzeugnissen und Zeitdokumenten. Düsseldorf: Claassen 1979

- *Was wird vom wahren Dichter erwartet?*
- *Welche Wirkung soll die Literatur, das Erzählen haben?*
- *Welche Rolle spielt der Humor?*

Wilhelm Busch: „Balduin Bählamm, der verhinderte Dichter"

Der Maler, Zeichner und Schriftsteller Wilhelm Busch (1832–1908) erzählt in seiner Bildergeschichte, wie der Ausflug in das Gebiet der Poesie misslingt. In der Einleitung heißt es: „Im Durchschnitt ist man kummervoll/ Und weiß nicht, was man machen soll. –/Nicht so der Dichter. Kaum missfällt/Ihm diese altgebackne Welt,/So knetet er aus weicher Kleie/Für sich privatim eine neue/ Und zieht als freier Musensohn/In die Poetendimension."

Viertes Kapitel

Wie lieb erscheint, wie freundlich winkt
dem Dichter, der noch etwas hinkt,

Des Dörfleins anspruchloses Bild,
In schlichten Sommerstaub gehüllt.

Hier reitet Jörg, der kleine Knabe,
Auf seinem langen Hakenstabe.

Die Hahnenfeder auf der Mütze,
Kindlich naiv durch eine Pfütze.

Dort mit dem kurzen Schmurgelpfeifchen,
Auf seinem trauten Düngerhäufchen
Steht Krischan Bopp und füllt die Luft
Mit seines Krautes Schmeichelduft.

Er blickt nach Rike Mistelfink,
Ein Mädel sauber, stramm und flink.
Sie reinigt grad den Ziegenstall;
Und Friede waltet überall.

Sofort im ländlichen Logis
Geht Bählamm an die Poesie.
Er schwelgt im Sonnenuntergang,

Er lauscht dem Herdenglockenklang,
Und ahnungsfroh empfindet er's:
Glück auf! Jetzt kommt der erste Vers!

Klirrbatsch! Da liegt der Blumentopf
Es zeigt sich ein gehörnter Kopf.

Das Maulwerk auf, die Augen zu,
Und plärrt posaunenhaft: Ramuh!!

Erschüttert gehen Vers und Reime
Mitsamt dem Kunstwerk aus dem Leime.
Das tut die Macht der rauen Töne.
die Sängerin verlässt die Szene.

Zitiert nach: P. Mettenleiter/St. Knöbl (Hg.): Blickfeld Deutsch Oberstufe. Paderborn: Schöningh 1991, S. 288f.

- *Lassen Sie sich von Wilhelm Busch anregen und versuchen Sie zu erläutern: Was ist Fantasie? Denken Sie dabei an verschiedene Lebensphasen, an Literatur, Film, Spiel …*

BS 5

Fantastische Literatur/Fantasy

Fantastische Literatur, phantastische Literatur

„1) im weiteren Sinn ein Sammelbegriff für erzählende Texte (seltener Dramen), die über die Darstellung der empirisch begreifbaren Welt hinausgehen und Welten entwerfen, in denen übernatürliche Elemente Realitätscharakter besitzen. In diesem Sinne bezieht sich der Begriff auf keine einzelne, sondern eine Vielzahl literarischer Gattungen: von Mythen, Märchen, Sagen, Legenden und Tierfabeln über Schauerromane, Fantasy und Science Fiction bis zu den Werken des Surrealismus und magischen Realismus.
2) im engeren Sinn bezeichnet fantastische Literatur einen Teilbereich der nicht-mimetischen Literatur, der sich durch eine ausgeprägte Spannung zwischen Natürlichem und Übernatürlichem auszeichnet. Fantastische Erzählungen beschreiben, wie etwas Übernatürliches, Unerklärliches in die normale Alltagswelt einbricht, was für den Leser in Einzelfällen als erheiternd, meist aber als verstörend oder unheimlich empfunden wird. Das unerklärliche Ereignis – etwa eine Geistererscheinung, die Verwandlung eines Menschen in ein Tier oder das Wirksamwerden eines Fluchs – lässt sich dabei auch im Nachhinein nicht rational erklären, etwa als Sinnestäuschung oder als Traum. Diese beabsichtigte Unschlüssigkeit des Lesers, ob das unheimliche Ereignis eine natürliche oder übernatürliche Ursache hat, kann als Kennzeichen der fantastischen Literatur angesehen werden. Das Übernatürliche darf innerhalb der Geschichte nicht als normal empfunden werden: Gerade darin unterscheidet sich die fantastische Erzählung von Märchen und Fantasy, die eine homogene Welt schildern, in der das Übernatürliche seinen selbstverständlichen Platz hat. Auch dort, wo das Unglaubliche lediglich benutzt wird, um das Vertraute in satirischer oder didaktischer Absicht zu verfremden (z.B. in der Tierfabel), liegt keine fantastische Literatur im engeren Sinn vor. [...]
Die anhaltende Faszination des Fantastischen, die sich auch in Verkaufszahlen entsprechender Titel und im Erfolg von Filmen mit fantastischen Elementen äußert, lässt vermuten, dass es unter rezeptionspsychologischem Aspekt eine Ventilfunktion hat. Es thematisiert offenbar existenzielle, im Alltag verdrängte Ängste, die durch künstlerische Gestaltung quasi gebändigt und damit ästhetisch genießbar gemacht werden.“ [...] (S. 760)

Fantasy

„1) *Literatur*: Bezeichnung für längere Erzähltexte märchenhaften Inhalts, aus dem englischen Sprachraum in den 1960er-Jahren ins Deutsche übernommen (auch als Fantasy Fiction oder Fantasy Literatur), gleichfalls verwendet für entsprechende Filme, Hörspiele oder Computerspiele.
Fantasy hat Ähnlichkeiten mit dem (Kunst-)Märchen und Berührungspunkte mit anderen Gattungen der literarischen Fantastik wie Science Fiction und Schauerroman. Fantasy-Romane sind länger und komplexer als Märchen, entwerfen aber wie diese eine autonome, in sich geschlossene Welt, die in mancher Hinsicht der erfahrenen Realität gleicht, jedoch auch wunderbare oder übernatürliche Elemente (Elfen, Riesen, Zwerge, Feen, Hexen, Ungeheuer) enthält. In der Autonomie dieser „Anderswelt“ liegt der entscheidende Unterschied zum Schauerroman, der von der Alltagswelt ausgeht, in die das Unheimliche eindringt. Im Gegensatz zur Science Fiction bevorzugt die Fantasy archaische oder mittelalterliche Schauplätze und unberührte Natur; nicht höchstentwickelte Technik hilft den Helden weiter, sondern Magie. Ähnlich wie im realistischen Abenteuerroman und in der Science Fiction ist die Handlung meist episodisch und aktionsbetont; sie konzentriert sich auf die Abenteuer eines Helden, seltener einer Heldin oder einer Gruppe, und bedient sich oft des strukturierenden Motivs der Reise oder Suche. Wie in den meisten Gattungen der Unterhaltungsliteratur liegt das Hauptinteresse der Fantasy nicht in komplexen Charakteren, sondern in aktionsbetonten Auseinandersetzungen zwischen moralisch klar definierten Positionen, was dem Bedürfnis vieler Leser nach Ordnung und Überschaubarkeit der fiktionalen Welt entgegenkommt. Dieser Kampf zwischen Gut und Böse kann in trivialen Formen der Fantasy vordergründig als Serie von Kampfhandlungen dargestellt sein. Die damit einhergehende Gewaltverherrlichung ist von manchen Kritikern der gesamten Gattung angelastet worden, doch werden in anspruchsvolleren Texten die Konflikte differenzierter gestaltet, den Figuren werden schwierige Entscheidungen abverlangt, die Reifungsprozesse auslösen.“ [...]

aus: Die Brockhaus Enzyklopädie in 30 Bänden © F.A. Brockhaus/wissenmedia in der inmediaONE] GmbH, Gütersloh, München. Brockhaus Enzyklopädie. 21. Aufl. Leipzig/Mannheim 2006, S. 761 f.

- *Stellen Sie zusammen, wie fantastische Literatur und Fantasy in den beiden Lexikon-Artikeln definiert werden.*
- *Wie würden Sie „Klein Zaches genannt Zinnober“ einordnen? Warum?*

BS 5

Volksmärchen und Kunstmärchen

Merkmale von Märchen – ursprüngliche Bedeutung: „kleine Erzählung"

Volksmärchen	Kunstmärchen
angeblich mündliche Tradierung	*Werk eines bestimmten Autors*
ortlos, zeitlos	Fixierung von Ort und Zeit
einfache Sprache	künstlerische Sprache
einsträngige Handlung	mehrsträngige Handlung
stereotype Handlung	originelle Handlung
stereotype Schauplätze	charakteristische Schauplätze
eindimensionale Charaktere, Typen	mehrdimensionale Charaktere
keine Psychologisierung der Figuren	Psychologisierung der Figuren
Figuren sind gut oder böse	gemischte Figuren
Happy-End	kein eindeutiges Happ-End/schlechter Ausgang
formelhafter Anfang und Schluss	keine Formeln
einfaches Weltbild	komplexes Weltbild

i. d. R. gemeinsame Merkmale:
magische Requisiten (Zauberstab, Besen ...)
Zahlensymbolik, Natursymbolik
Tiere können sprechen/animistische Weltsicht
Verbindung zum Mythos/Transzendenz
symbolisches Verhandeln und Bewältigen alltäglicher Probleme

Aus: Stefan Neuhaus: Märchen. Tübingen und Basel: A. Francke Verlag 2005, Seite 9

Volksmärchen, für die prototypisch die Kinder- und Haumärchen der Brüder Grimm stehen, lassen sich am leichtesten über textinterne Merkmale bestimmen. Ihre Handlung ist immer (idealtypisch gesprochen) einsträngig, es gibt keine Nebenhandlungen. Das Geschehen ist ort- und zeitlos, alle entsprechenden Angaben sind so allgemein, dass man nicht rekonstruieren kann, wann und wo es sich zuträgt. Die Figuren sind eindimensional, flächig, also entweder gut oder böse, klug oder dumm, wenn beide Merkmalspaare vorkommen, gut und klug oder böse und dumm. Eine Psychologisierung findet nicht statt. Bestimmte Figuren kehren immer wieder: Königinnen und Prinzessinnen, Könige und Prinzen als gesellschaftliche Rollenzuschreibungen, Schwester und Bruder, Mutter, Vater und Stiefmutter als familiäre Rollenzuschreibungen. Daneben dienen auch Handwerksberufe zur Figurencharakterisierung. Namen finden sich selten (außer, sie sind sprechend), eher schon Attribute, z. B. „Das tapfere Schneiderlein". Die Heldin oder der Held des Volksmärchens wird gleich zu Beginn mit einer Mangelsituation oder einem Problem konfrontiert, die es abzustellen oder das es zu lösen gilt. Auf dem Weg zum guten Ende helfen wunderbare Requisiten oder Figuren. Im Volksmärchen können Tiere sprechen und Menschen sich mit ihnen unterhalten, manchmal gilt dies auch für Pflanzen, Minerale, Metalle oder Gebrauchsgegenstände. Das Volksmärchen ist sprachlich einfach: Es gibt hauptsachlich Hauptsätze, keine schwierigen Vokabeln und immer wiederkehrende Formeln. Auch die Symbolik und Metaphorik ist einfach und einprägsam. Die wichtigsten Symbolzahlen finden Verwendung: 3, 4, 7, 12 und 13.

Ebenda, S. 5

Die „Gattung Grimm" – wirkungsästhetische Einschätzungen

Brüder Grimm: Kinder- und Hausmärchen – aus der Vorrede

„So herrlich ist lebendige Sitte, ja auch das hat die Poesie mit allem Unvergänglichen gemein, dass man ihr selbst gegen einen andern Willen geneigt sein muss. Leicht wird man übrigens bemerken, dass sie nur da gehaftet hat, wo überhaupt eine regere Empfänglichkeit für Poesie oder eine noch nicht von den Verkehrtheiten des Lebens ausgelöschte Fantasie vorhanden war. Wir wollen in gleichem Sinne diese Märchen nicht rühmen oder gar gegen entgegengesetzte Meinung verteidigen: Ihr bloßes Dasein reicht hin, sie zu schützen. Was so mannigfach und immer wieder von Neuem erfreut, bewegt und belehrt hat, das trägt seine Notwendigkeit in sich und ist gewiss aus jener ewigen Quelle gekommen, die alles Leben betaut, und wenn es auch nur ein einziger Tropfen wäre, den ein kleines zusammenhaltendes Blatt gefasst hat, so schimmert es doch in dem ersten Morgenrot.

Darum geht innerlich durch diese Dichtungen jene Reinheit, um derentwillen uns Kinder so wunderbar und selig erscheinen: Die haben gleichsam dieselben blaulichweißen makellosen glänzenden Augen, die nicht mehr wachsen können, während die andern Glieder noch zart, schwach und zum Dienst der Erde ungeschickt sind. [Es war zugleich unsere Absicht], dass die Poesie selbst, die darin lebendig ist, wirke und erfreue, wen sie erfreuen kann, also auch, dass es als ein Erziehungsbuch diene. Wir suchen für ein solches nicht jene Reinheit, die durch ein ängstliches Ausscheiden dessen, was Bezug auf gewisse Zustände und Verhältnisse hat, wie sie täglich vorkommen und auf keine Weise verborgen bleiben könnte, erlangt wird [...]. Wir suchen die Reinheit in der Wahrheit einer geraden, nichts Unrechtes im Rückhalt bergenden Erzählung. Dabei haben wir jeden für das Kindesalter nicht passenden Ausdruck in dieser neuen Ausgabe sorgfältig gelöscht. Sollte man dennoch einzuwenden haben, dass Eltern eins und das andere in Verlegenheit setze und ihnen anstößig vorkomme, [so können sie] dann leicht eine Auswahl treffen: Im Ganzen, das heißt für einen gesunden Zustand, ist sie gewiss unnötig. [...]

Gedeihlich aber kann alles werden, was natürlich ist, und danach sollen wir trachten." (S. 23f.)

Aus: Kinder- und Hausmärchen gesammelt durch die Brüder Grimm. insel taschenbuch 112, 23. – 30. Tausend, Frankfurt 1976, S. 23f.

André Jolles: Einfache Formen

„Man könnte beinahe sagen, allerdings auf die Gefahr hin, eine Kreisdefinition zu geben: Ein Märchen ist eine Erzählung oder eine Geschichte in der Art, wie sie die Gebrüder Grimm in ihren Kinder- und Hausmärchen zusammengestellt haben. Die Grimm'schen Märchen sind mit ihrem Erscheinen, nicht nur in Deutschland, sondern allerwärts, ein Maßstab bei der Beurteilung ähnlicher Erscheinungen geworden. [...] Und so wollen auch wir [...] zunächst allgemein von der Gattung Grimm sprechen." (S. 219)

„Eigentümlich ist, dass [...] mit einer gewissen Vorliebe betont wird, dass das Märchen eine moralische Erzählung sei. [So schreibt Perrault in der Einleitung seiner Märchen 1696/97]: ‚Überall wird die Tugend belohnt, das Laster bestraft. Diese Erzählungen wollen zeigen, wie großen Nutzen es bringt, anständig, geduldig, besonnen, arbeitsam, gehorsam zu sein ... und wie schlechte Folgen es hat, wenn man es nicht ist.'" (S. 238)

„Sehen wir aber genauer zu, so bemerken wir allerdings, dass hier gewisse Personen glücklich werden, aber inwieweit hier ausgerechnet Tugend belohnt, Laster bestraft wird, ist mehr als fraglich. [...] Wenn nun aber Personen und Begebenheiten des Märchens auch nicht den Eindruck des eigentlich Moralischen machen, so kann man doch nicht leugnen, dass sie eine Befriedigung gewähren – und diese Befriedigung beruht weniger darauf, dass hier ‚unsere Neigung zum Wunderbaren' mit ‚unserer Liebe zum Natürlichen und Wahren' befriedigt wird, als darauf, dass es in diesen Erzählungen so zugeht, wie es unserem Empfinden nach in der Welt zugehen müsste." (S. 239)

„[Das Märchen ist] nicht moralisch im Sinn einer philosophischen Ethik. Sagen wir mit Kant, dass die Ethik antwortet auf die Frage: ‚Was muss ich tun?' und dass unser ethisches Urteil demzufolge eine Wertbestimmung des menschlichen Handelns umfasst, so gehört das Märchen nicht hierher. Sagen wir aber: dass es darüber hinaus eine Ethik gibt, die antwortet auf die Frage: ‚Wie muss es in der Welt zugehen?' und ein ethisches Urteil, das sich nicht auf Handeln, sondern auf Geschehen richtet, so sehen wir, dass dieses Urteil in der Form Märchen von der Sprache ergriffen wird. Im Gegensatz zur philosophischen Ethik, zur Ethik des Handelns, nenne ich diese Ethik die Ethik des Geschehens oder die naive Moral. [...] Bestimmen wir von hier aus unsere Form, so können wir sagen, dass im Märchen eine Form vorliegt, in der das Geschehen, der Lauf der Dinge so geordnet sind, dass sie den Anforderungen einer naiven Moral

völlig entsprechen, also nach unserem absoluten Gefühlsurteil ‚gut' und ‚gerecht' sind." (S. 239ff.)
„Das Paradoxon, das die eigentliche Grundlage des Märchens bildet: Das Wunderbare ist in dieser Form nicht wunderbar, sondern selbstverständlich." (S. 243)
[Damit hängen weitere Eigenschaften des Märchens zusammen]: „Die Örtlichkeit liegt ‚in einem fernen Lande, weit, weit von hier, die Zeit ist langelange her" oder der Ort ist nirgends und überall, die Zeit nie und nimmer. [...] Dies gilt auch von den Personen, auch sie müssen jene unbestimmte Sicherheit besitzen, an der eine unmoralische Wirklichkeit zerschellt. Wenn der Prinz im Märchen den Namen eines historischen Prinzen trüge, so würden wir sofort von der Ethik des Geschehens in die Ethik des Handelns überführt werden." (S. 244)

Aus: André Jolles: Einfache Formen. Darmstadt: WBG WISSENVERBINDET 1968, Seite 219, 238, 239ff., 243, 244 (Auszüge, gek.)

Leander Petzold: Funktion und Wirkung des Märchens

„Entwicklungspsychologisch gesehen, greift das Märchen Prozesse auf, die jeder Mensch bzw. Jugendliche im Laufe seiner Entwicklung durchlaufen muss. Das Märchen hilft dem Heranwachsenden eigene Entwicklungsschwierigkeiten zu erkennen und zu bewältigen. Märchen entsprechen der besonderen Art kindlicher Wirklichkeitserfassung durch ihre Durchmischung des realen Lebens und seiner Alltäglichkeit mit dem Übernatürlichen, Wunderbaren (Eindimensionalität). Auch ihre Bildhaftigkeit, Analogiebildungen, Betonung der Handlung und Aktivität des Helden spricht Kinder in bestimmten Phasen ihrer Entwicklung an.
[...] Auch der Absolutheitsanspruch des Märchens, das nur gut oder böse kennt, entspricht dieser Entwicklungsstufe. Hier können Kinder im sanktionsfreien Raum ihre Ängste und verdrängten Aggressionen auf exemplarische Weise, die im Märchen bildhaft konkretisiert wird, bewältigen und überwinden. Auch die ‚Grausamkeit' des Märchens wird durch die abstrakte Darstellungsweise weitgehend entschärft. Trotzdem sollte man bedenken und darauf hinweisen, dass das Leben eine weite Skala von Entscheidungsmöglichkeiten zwischen Gut und Böse kennt und dass unsere Märchen einer vorindustriellen, patriarchalischen Welt entstammten, die vor allem agrarisch organisiert war. Es vermittelt Wertvorstellungen, die nicht immer unserer Zeit entsprechen, und es zeigt keine realen Konfliktlösungen auf. [...]
Mehr denn je wird heute das Märchen, mit seinem scheinbar in jeder Epoche neu ausdeutbaren Symbolgehalt als fantasieanregende Lektüre mit einem gewissen eskapistischen Zug, von den verschiedensten Richtungen rezipiert und in einer ahistorischen Betrachtungsweise interpretiert. [...]
Nachdem die KHM bis heute gewissermaßen als sakrosankt gelten und höchstens bestimmte Märchen mit hohem Bekanntheitsgrad als Vorlage zu Parodien dienten [...], kündigte sich in den siebziger Jahren eine Wende an, in der bestimmte Märchen bearbeitet und umgedichtet wurden (Janosch erzählt Grimms Märchen, 1972; Fetscher: Wer hat Dornröschen wachgeküsst? Das Märchenverwirrbuch, 1972) oder neue Märchen kreiert wurden, die die Lebensrealität der Kinder und ihr Verhältnis zu den Erwachsenen einbeziehen."

In: Günter Lange (Hrsg.): Taschenbuch der Kinder- und Jugendliteratur, Bd 1: Grundlagen – Gattungen. Baltmannsweiler: Schneiderverlag Hohengehren. 2. korr. Auflage, 2000, S. 250 (gek.)

Iring Fetscher: Hänsel und Gretels Entlarvung oder Eine Episode aus der Geschichte des Präfaschismus

„Das Märchen *Hänsel und Gretel* muss man wie eine Kriminalgeschichte lesen. Der freundliche Ton, in dem es gewöhnlich erzählt wird, und die Selbstverständlichkeit, mit der die Märchen-Tradition den Aussagen der Beteiligten Glauben schenkt, lenkt von der Tatsache ab, dass hier nicht ein, sondern zwei Verbrechen geschildert werden, von denen das zweite allerdings als ‚Notwehr' entschuldigt zu sein scheint." (S. 161)
[Der erste Kriminalfall: der Mordanschlag der Eltern auf die Kinder]. „Der zweite Märchenteil muss mit kritischer Skepsis gelesen werden. Was dort erzählt wird, dürfte ausschließlich auf dem Bericht der beiden Kinder beruhen, die natürlich alles Interesse haben mussten, ihre Tat im besten Licht erscheinen zu lassen." (S. 162)
„Kurz gesagt, es besteht Anlass zu glauben, dass die Einsperr- und Mäst-Geschichte glatt erfunden ist und lediglich die Tatsache beschönigen soll, dass die Geschwister ein paar Wochen später die alte Frau umgebracht und beraubt haben." (S. 164)
„Das Märchen *Hänsel und Gretel* ist, wenn man alle Umstände berücksichtigt, eine ‚präfaschistische Pogrom-Story'. [...] Zur Anlegung einer Strafakte ‚Hänsel und Gretel (Raubmord)' ist es inzwischen zu spät, auch trifft die eigentliche Schuld in diesem Fall die Gesellschaft, die bereits damals kindliche Delinquenz erzeugte, aber die beschönigende Darstellung ihrer Tat, wie der Komplizenschaft des Vaters bei den zwei misslungenen Versuchen des Kindsmords, sollte schleunigst revidiert werden." (S. 165f.)

Aus: Iring Fetscher: *Wer hat Dornröschen wachgeküsst? Das Märchen-Verwirrbuch.* Claassen Verlag 1974.

Albrecht Koschorke – Märchen als vormoderne „Untergrundliteratur"

„[In der romantischen Märchendichtung trifft eine] – artistisch verfeinerte – ‚Untergrundliteratur' mit einem antiaufklärerischen, und das heißt in diesem Fall auch: antipädagogischen Impuls zusammen." (S. 143)

„Jacob und Wilhelm Grimm befreien die Märchen von Unterschichtenmerkmalen (Derbheiten, Flüche, Zoten), [...], um die redaktionell stark bearbeiteten Texte schließlich als geläuterte, politisch entschärfte ‚Stimme des Volkes' wieder in Umlauf zu bringen. Und es sind nun auch nicht mehr Ammen, die den Kindern Märchen aufbinden. Vielmehr lesen, ganz im Sinne der neuen Pädagogik, Mütter das von gebildeten Männern kindgerecht aufbereitete Märchengut vor." (S. 146)

„Im selben Atemzug, in dem die Brüder Grimm beteuern, die Märchen um ihrer Ursprünglichkeit willen wortgetreu und mit philologischer Sorgfalt aufgezeichnet zu haben, weisen sie zur Beruhigung besorgter Mittelschichtseltern darauf hin, sie hätten ihre Vorlagen von allem Anstößigen und Pöbelhaften gereinigt. Sie regen sogar eine Nachkontrolle der Eltern an." (S. 151)

„Auf krasse Weise sticht das Schicksal der kindlichen Märchenhelden von den Familienwerten ab, die für das Zielpublikum der Brüder Grimm gelten: Kinder, die in bitterster Armut aufwachsen, werden von lieblosen Eltern verraten, zur Arbeit in die Fremde geschickt, zwangsverheiratet oder dem Tod überlassen; Waisen, Handwerksgesellen, Glücksritter und Gauner vagabundieren durch die Geschichten und tragen, so scheint es, einen Nachklang agrargesellschaftlicher Migrationsströme in die abendliche Vorlesestunde am Kachelofen hinein. Die *Hausmärchen* handeln von zutiefst unbehausten Figuren: ‚Der Märchenheld ist *wesenhaft* ein *Wandernder*' wie Max Lüthi schreibt. [In den Märchen spiegelt sich nicht die Realität von] in einem eigens für sie errichteten ‚Schonraum' aufwachsenden Bürgerkindern." (S. 155)

„Die tiefe Milieufremdheit der Märchen zeigt sich in der Schilderung von Not und von aus der Not geborener Grausamkeit (einschließlich der vormodernen Strafpraktiken [...]." (S. 160)

Aus: Albrecht Koschorke: Kindermärchen. Liminalität in der Biedermeierfamilie. In: Albrecht Koschorke u. a.: Vor der Familie. Grenzbedingungen einer modernen Institution. Konstanz/University Press; München/Fink 2010

- *Welche förderlichen Wirkungen werden den Märchen zugeschieben? (Perrault, Brüder Grimm, Petzold)?*
- *Wie wird die Moral der Märchen der Märchen eingeschätzt (Perrault, Jolles, Fetscher, Koschorke)?*
- *Welche Bedenken werden heute gegen die Kinder- und Hausmärchen geltend gemacht?*

Aufklärung

„Aufklärung: Die das ausgehende 17. und das 18. Jh. beherrschende Geistesbewegung. A. wird als „Beginn und Grundlage der eigentlich modernen Periode der europ. Kultur und Geschichte im Gegensatz zu der bis dahin herrschenden kirchlich und theologisch bestimmten Kultur" (E. Troeltsch) charakterisiert. Die A. ist nach Ländern und Kontinenten verschieden, bei ihrer Ausbreitung durch Europa nach Phasen, Tendenzen, Intensität und Wirkung beträchtlich verschoben. In der zweiten Hälfte des 17. Jahrhunderts setzte sich die A. in den Generalstaaten (Grotius, Spinoza) und in England durch (Locke, Hume, Newton). Von dort griff sie nach Frankreich über, wo sie ihren rationalistisch-materialistischen Höhepunkt (Voltaire, Diderot, Helvetius, Holbach) erreichte und politisch in der Französischen Revolution ausmündete. Die zeitlich und inhaltlich stark abgestufte deutsche Aufklärung wird etwa repräsentiert durch Leibniz, Wolff, Thomasius, Reimarus, Lessing, Moses Mendelssohn, Nicolai, Pestalozzi, Campe Kant; die politischen Auswirkungen im aufgeklärten Absolutismus durch Friedrich II., Joseph II. [...]. Das Erbe der Aufklärung ist in der Gegenwart auf allen Lebensgebieten präsent. [...]
Die A. hat keine geschlossenen Systeme, sie ist voller Widersprüche, einig allein im Streben nach Überwindung der „selbstverschuldeten Unmündigkeit" (Kant), nach mathematischer Begrifflichkeit, Vernünftigkeit, Ordnung, Fortschritt. Vernunftoptimismus, Szientismus, Toleranzstreben, Rationalisierung der Religion, Nivellierung der Bekenntnisunterschiede, Verpflichtung zur ‚Tugend' sind weitere Kennzeichen. Die A. ist eine spezifische Form des neuzeitlichen Subjektivismus und Individualismus. In ihren Anfängen vom Adel getragen, vom Aufschwung der Naturwissenschaften entscheidend gefördert, ist die A. insgesamt eine bürgerliche Bewegung mit den gesellschaftlich-politischen Zielen des Dritten Standes, wirkt aber über die Grenzen des Bürgertums hinaus. [...]
Die anthropozentrische Aufklärung ist durch pädagogischen Enthusiasmus ausgezeichnet. Durch Erziehung zu naturgemäßer vernünftiger Lebensweise, durch gesteigerte Geistesbildung soll das sittliche und soziale Wohl sowohl des Einzelnen wie der Gesamtheit gefördert, die Glückseligkeit der Menschen erreicht werden (Wohlfahrtsstaat des aufgeklärten Absolutismus). [...]
Beachtlich war auch der Einfluss der Aufklärung auf das Rechts- und Staatsleben. Das aufklärerische Naturrecht, die jura connata (die angeborenen Rechte des Menschen; Christian Wolff), die Übertragung der Vertragslehre (Herrschafts- und Unterwerfungsvertrag) auf den Staat, schließlich der Einfluss der Aufklärung auf Herrscher, Höfe, Verwaltung, Justiz (Abschaffung der Folter; Milderung des Strafvollzugs) führen zu einer Modifizierung des monarchischen Absolutismus, die sich unter Beibehaltung der alten ‚Losgelöstheit' vom Volk und der starren ständischen Gliederung vor allem darin niederschlägt, dass sich der Herrscher nicht mehr Gott und dem persönlichen Gewissen allein, sondern auch der alles beherrschenden Vernunft und der ‚Öffentlichkeit' (öffentl. Meinung) verantwortlich weiß und als erster Diener seines Staates fühlt. [...]
In Dichtung (moral. Wochenschriften, bürgerliches Trauerspiel, Idylle, bürgerlicher Roman) und bildender Kunst (Ende des Reichsbarocks, des Rokoko, Beginn des Klassizismus) hat die Aufklärung, verglichen mit anderen Epochen, keine überragenden Schöpfungen hervorgebracht." [...]

Aus: Konrad Fuchs/Heribert Raab: dtv-Wörterbuch zur Geschichte. Band 1. München: Deutscher Taschenbuch Verlag, 6. Auflage 1987, S. 67ff.

■ *Stellen Sie die Fragen zusammen, auf die der Lexikon-Text antwortet.*

Romantik und Aufklärung

„Groß geworden in der Schule der Aufklärung, setzen sich die frühen Romantiker mit der Aufklärung kritisch auseinander, zum Teil in heftiger Opposition, einige von ihnen (die Brüder Schlegel, Novalis, Schleiermacher) führen aber auch Ansätze der Aufklärung weiter, ja radikalisieren sie und gehen über die Aufklärung hinaus.

Anstößig ist die Vernunftkultur den Romantikern in der Gestalt, in der sie eigentlich bloß Verstandeskultur ist: als zur bürgerlichen Moral degenerierte Lehre des common sense[1], des goldenen Mittelmaßes, der Nützlichkeit. [...] [Die] Kritik an der ‚seichten Aufklärung' fällt im Übrigen weitgehend zusammen mit der romantischen Philisterkritik, denn auch am Philister werden Mittelmaß, Enge des Blicks, platte Alltäglichkeit angeprangert. [...]

Der Tendenz aufklärerischen Denkens, das Universum kausalgesetzlich zu erklären und es als von selbst fortlaufenden, vom Schöpfer unabhängigen Mechanismus zu begreifen, wirft Novalis vor, ‚die unendliche schöpferische Musik des Weltalls zum einförmigen Klappern einer ungeheuren Mühle' gemacht zu haben, die, ohne Baumeister und Müller, ‚eigentlich ein ächtes Perpetuum mobile, eine sich selbst mahlende Mühle sey'.

Damit zeigt sich schon, dass der Romantiker an der Aufklärung vornehmlich das verurteilt, was an ihr spezifisch cartesianisch[2] ist: die mechanistische Welterklärung sowie die Voraussetzungen, auf denen sie beruht, d.h. die analytische Vernunft, den Dualismus von Geist und Materie, die Spaltung von Subjekt und Objekt. Und was sein eigenes Denken als Position hiergegen aufbaut, ist denn auch – in genauer Antithese – die Erklärung der Welt als Organismus, die Synthese von Geist und Materie, die Einheit von Subjekt und Objekt. [...] Überhaupt ächtet die Romantik nicht schlechthin den Gebrauch der Vernunft, sondern nur den Dogmatismus und Absolutismus der Vernunft. Sie befehdet insofern zwar den Rationalismus, aber nicht das Prinzip der Rationalität. [...]

[Die Romantiker] schleifen die Bastionen des Nützlichen, sie relativieren absolute Positionen, die der Absolutismus der Vernunft errichtet hat, wie zum Beispiel den Gegensatz von Traum und Wirklichkeit, sie attackieren den Dogmatismus der Empirie, der nur die sinnlich erfahrbare Wirklichkeit als allein existent gelten lassen will, aber sie betreten mit dem an sich aufklärerischen Versuch, solche Ansichten als Vorurteile zu entlarven, den Boden der Spekulation. [...]

Und doch verhält es sich keineswegs so, als werde das Prinzip der Vernunft verdrängt. Es wird nur ergänzt und bereichert durch die Kompetenz der Fantasie. Aus einem hierarchischen Verhältnis in der Aufklärung wird nun eine Polarität. Im Zeitalter der Vernunft ordnet sich die Fantasie, im 18. Jahrhundert zumeist ‚Einbildungskraft' genannt, der dominierenden Autorität der Ratio unter, in der Romantik ordnet sie sich der Ratio gleichberechtigt zu. Polar im Sinne des romantischen Denkens ist das Verhältnis deshalb, weil Vernunft und Fantasie dabei zwar einerseits einen Gegensatz bilden, andererseits aber sich nicht ausschließen, sondern sich vereinigen, gewissermaßen als das Harmonischentgegengesetzte. [...]

Der Verschwisterung von Fantasie und Vernunft in der Romantik ist ihr doppelter Reiz zu verdanken, der beim Leser sowohl die ‚Tag'- wie die ‚Nacht'-Seite des Gemüts anspricht. Noch nie in der deutschen Geistesgeschichte ist so fantasievoll gedacht und intellektuell fantasiert worden wie in dieser Epoche." (S. 20–25)

Aus: Lothar Pikulik: Frühromantik. Epoche – Werke – Wirkung. München: Beck 1992, S. 20–25 (Auszüge) (ISBN: 978-3406-470301)

1 common sense: der gesunde Menschenverstand;
2 cartesianisch: nach dem Philosophen René Descartes (1596–1650), dem Begründer des von der philosophischen Souveränität der Vernunft überzeugten modernen Rationalismus

■ *An welchen Ideen der Aufklärung halten die Romantiker fest, welche kritisieren sie?*

Hoffmann und die romantische Medizin

„1780 hatte John Brown seine *Elementa medicinae* veröffentlicht. Er brach darin mit der antik-mittelalterlichen Lehre von den Körpersäften Blut, Schleim, gelbe und schwarze Galle, die ausgewogen Gesundheit, unausgewogen Krankheit bedeuteten. Statt dessen nahm er an, dem Menschen sei ein begrenztes Maß an Erregbarkeit mitgegeben. Sie bilde durch die Reaktion auf innere und äußere Reize Lebensenergie. Gesundheit sei demnach Gleichgewicht zwischen angemessener Reizung und Erregbarkeit, Krankheit oder Irrsinn das Ungleichgewicht, das zum Tod führe. Bei Übererregung sollten deshalb schwächende Reize wie Ruhe, Aderlass, Erbrechen, Abführen, Schwitzen, Schonkost, kalte Umschläge, bei Schwäche leichte Bewegung, gute Kost, Wein oder Spirituosen verabreicht werden. Als Arznei waren Opium, Kampfer, Äther und Moschus empfohlen. Jeder Therapieerfolg beruhe auf der Dosierung der Reize.
Führend bei der Behandlung nach Brown war der Arzt Adalbert Friedrich Marcus, der am 1789 eröffneten Bamberger Allgemeinen Krankenhaus wirkte. Seine Heilerfolge in dem nach neuesten Erkenntnissen gebauten Spital brachten Bamberg einen glänzenden Ruf, zumal er in der aufkommenden Psychiatrie und Psychotherapie hypnoseähnliche Methoden nach Franz Anton Mesmers Theorie des animalischen Magnetismus nutzte, während andernorts Wahnsinnige wie Verbrecher noch immer in Ketten gelegt und in Kerkern gehalten wurden. Laut Mesmer ist jeder Organismus von belebender magnetischer Energie durchflossen, die ihn zugleich mit der gesamten Natur verbindet. Krankheiten gehen dabei auf Störungen des Energieflusses zurück, die in tranceartigem Zustand mittels Magneten beseitigt werden können. Erregungs- und Magnetismuslehre galten damals als der Beginn einer künftigen „romantischen" Medizin, da sie Geist, Körper und Natur als untrennbare Einheit betrachteten. Beide Lehren wirkten auf die Naturphilosophie Friedrich Wilhelm Schellings, mit der sich Hoffmann eingehend beschäftigte. Sie vor allem prägte fortan sein Schreiben, und besonders in seinem Märchen *Der goldene Topf* und seiner Erzählung *Der Sandmann* griff er auf die dort gewonnenen Einsichten zurück." (S. 100 f.)

„E.T.A. Hoffmann hatte die um 1800 weit verbreitete Diskussion der Ursachen von Gemütskrankheiten und Irrsinn aufmerksam verfolgt. Johann Christian Reils *Über die Erkenntnis und Kur der Fieber* sowie dessen *Rhapsodieen über die Anwendung der psychischen Kurmethode auf Geisteszerrüttungen*, die Übersetzung von Philippe Pinels *Philosophisch-medizinische Abhandlung über Geistesverwirrungen oder Manie* und Carl Alexander Ferdinand Kluges *Versuch einer Darstellung des animalischen Magnetismus als Heilmittel* waren Hoffmann bestens vertraut, wobei besonders Philippe Pinel Wahnsinn und Vernunft nicht als Gegensatz sah, sondern von fließenden Übergängen zwischen beidem überzeugt war. Hoffmann, der in Bamberg seine eigenen Erfahrungen mit der Unterbringung und Behandlung von Geisteskranken gemacht hatte, übernahm diese Auffassung und verknüpfte sie mit der Naturphilosophie der Romantik, insbesondere mit der Friedrich Wilhelm Schellings und Gotthilf Heinrich Schuberts. [...] Gotthilf Heinrich Schuberts *Ansichten von der Nachtseite der Naturwissenschaft*, die Hoffmann in der Leihbibliothek von Carl Friedrich Kunz vorfand, spiegeln diese [Schellings] Naturphilosophie wider. Schubert nennt die Potenzen Schellings kosmische Momente, aus denen sich jeweils höhere Arten von Leben bis hin zum Menschen entwickeln. Jede Entwicklungsstufe trägt dabei den Keim der nächsten in sich. Das Bewusstsein des Menschen ermöglicht ihm, sich als weitere Entwicklung das Göttliche zu erschließen, dem die Poesie angehört. In rauschhaften, tranceartigen oder kreativen Zuständen spüre der Mensch diese letzte Entwicklungsstufe voraus und hat an ihr teil." (S. 122 f.)

Aus: Peter Braun: E.T.A: Hoffmann. Dichter, Zeichner, Musiker. Düsseldorf und Zürich: Patmos/Artemis & Winkler 2004 (Auszug, gek.)

- *Welches ist der Kerngedanke der romantischen Medizin?*
- *Was interessiert Hoffmann an der Medizin?*

Sehnsucht

„Nach irgendetwas sehnen kann sich jeder. Und wenn er's erreicht hat, soll er glücklich sein. Am Ziel seiner Wünsche angekommen. Stillstand. Ruhe. Zufriedenheit.

Sehn*sucht* ist etwas gänzlich anderes. Die kennt kein Ende. Die ist ebenso maß- wie rastlos. Wie heißt es beim romantischen Dichter Clemens Brentano? ‚Lieb und Leid im leichten Leben,/Sich erheben, abwärts schweben,/Alles will das Herz umfangen,/Nur verlangen, nie erlangen ...'

Mit aller Macht drängt Sehnsucht nach ihrer Erfüllung – und zuckt in dem Moment zurück, in dem sie das Begehren zum Greifen nahe hat. Sehnsucht ist weder Zustand noch beständiges Streben, sondern unendliches Hin- und Hergerissensein. Der Sehnsüchtige spielt Katz und Maus mit sich selbst. Bettina von Arnim, Dichterin wie ihr Bruder Clemens Brentano, träumt davon, ‚Sehnsuchtsenergien' zu bündeln, eine ‚Schwebereligion' zu stiften.

Man mag Sehn-Sucht eine Krankheit nennen, wie es das Grimm'sche Wörterbuch tut – aber keine Krankheit verleiht der Seele mehr Spannkraft.

Reinhold Messner, der Extremalpinist, der als erster Mensch auf allen vierzehn Achttausender-Gipfeln der Erde gestanden hat, [...] kennt die Sehnsucht – und ihr dynamisches Leiden. [...]

Auch im neonhellsten Treppenhaus mit Bohnerwachs und Spießigkeit kann die Sehnsucht den Familienvater, der nur eben Zigaretten holen will, überfallen, sodass es aus ihm hervorbricht: ‚Ich war noch niemals in New York, ich war noch niemals auf Hawaii,/Ging nie durch San Francisco in zerriss'nen Jeans./Ich war noch niemals in New York, ich war noch niemals richtig frei,/Einmal verrückt sein und aus allen Zwängen flieh'n.' Dass der Aufbruch am Schluss vor dem heimischen Fernseher versandet – was soll's. [...]

Das Ziehen in der Brust, der Schmerz, der entsteht, wenn die Seele ihre Flügel ausspannt, um *Dahin! Dahin!* Zu fliegen, kennt verschiedene Intensitäten. Es kann als sanfte Wehmut daherkommen, kaum mehr als ein Schleier, der die Farben der Welt ein wenig abschattiert. [...] Der Sehnsuchtsschmerz kann zur glühenden Qual werden, wie Goethe seine arme Mignon in einem [...] Lied singen lässt: ‚Nur wer die Sehnsucht kennt,/Weiß, was ich leide!/Allein und abgetrennt/Von aller Freude/Seh' ich ans Firmament/Nach jener Seite./Ach, der mich liebt und kennt,/Ist in der Weite./Es schwindelt mir, es brennt/Mein Eingeweide./Nur wer die Sehnsucht kennt,/Weiß, was ich leide.'

Die Sehnsucht kann sich brennglasgleich auf den oder das Geliebte/n richten, der/die/das in der Ferne weilt. Dann gibt es nur noch das Eine, Unerreichte, der Rest der Welt versinkt im faden Dunkel. Die Sehnsucht kann sich zum allumfassenden Weltschmerz aufschwingen. [...]

Nur eins darf die Sehnsucht nicht: aufhören. Das wäre das Ende. Nicht bloß ihres, es wäre das Ende desjenigen, der sein ganzes Selbstgefühl daraus bezieht, sich im Sehnen zu spüren. Mit jedem Schritt wird die Erfüllung heftiger herbeigesehnt – mit jedem Schritt wird sie weiter weggeschoben. [...]

Nie würde es die Sehnsucht ertragen, mit ansehen zu müssen, wie das Ersehnte, so innigst Ausgemalte in den Waschgängen des Alltags ausbleicht, fadenscheinig wird, zerfällt. Deshalb ist der Sehnsüchtige immer auf dem Sprung. Oder er setzt an zum letzten Finale. Don Giovanni oder Tristan."[...]

Aus: Thea Dorn/Richard Wagner: Die deutsche Seele © 2011 Albrecht Knaus Verlag, München, in der Verlagsgruppe Random House GmbH

- *Wie erscheint Balthasars Sehnsucht nach Candida im Vergleich mit dieser Darstellung?*
- *Balthasar am Schluss des Märchens – ist er am Ziel aller Träume?*

Hartmut Rosa: Resonanzerfahrungen[1]

[...] „Wenn wir uns fragen, in welchen Momenten wir uns am wenigsten entfremdet fühlen oder gefühlt haben, wo wir den Eindruck haben, ganz bei uns selbst und doch offen für die Welt zu sein, dann kommen uns sehr häufig ästhetische Momente und Erfahrungen in den Sinn. Viele Menschen kennen beispielsweise überwältigende Momente des Musikerlebens, die so tief und schön sind, dass wir zu Tränen bewegt werden. Ich nenne solche Momente Resonanzerfahrungen: Wir werden durch etwas Äußeres in unserem Innersten berührt und ergriffen, und zwar so, dass Innen und Außen eine resonierende und konstitutive Verbindung eingehen. Das Wundersame an der Musik ist ja, dass wir nicht genau sagen können, ob sie innen oder außen ist, und die Resonanzmetapher ist nicht zufällig ein musikalischer Begriff.
Ganz ähnliche Resonanzmomente erleben Menschen auch in der Natur – etwa wenn sie in einen Wald treten, auf einem Berggipfel stehen oder am Rand des Ozeans die Wellen heranrollen hören und sehen und dabei das Gefühl haben, die Welt atme und stehe in einem Antwortverhältnis zum Subjekt. Es ist ganz sicher kein Zufall, dass wir immer wieder in die Berge und ans Meer fahren und uns Berg- und Meereskalender aufhängen. Sie symbolisieren für uns einen Weltbezug, ein Weltverhältnis, bei dem die Dinge da draußen für uns nicht nur eine instrumentelle oder kausale Bedeutung haben, nicht nur Werkzeuge oder Einflussfaktoren sind, sondern mit uns in einer tieferen Resonanzverbindung stehen. [...]
Natürlich suchen und finden allerdings die meisten Menschen heute Resonanzbeziehungen in zwischenmenschlichen Begegnungen; die Liebe, vor allem in Form ihrer romantischen Idealisierung, ist der reinste oder paradigmatische Fall einer zwischenmenschlichen Resonanzerfahrung, bei der das eigene und das fremde Wesen so sehr verschmelzen, dass wir beim und im anderen ganz bei uns selbst sein können. [...]
Es gehört nun aber zum unwandelbaren Wesen solcher konstitutiver Resonanzmomente, dass sie sich nicht mechanisch reproduzieren oder wiederholen lassen: Man kann sein Lieblingslied hören, den schönsten Punkt am Meer aufsuchen, das innigste Gebet sprechen und die besten Freunde um sich scharen und es passiert überhaupt nichts: Wir werden nicht berührt und nicht bewegt, die Resonanzachsen bleiben stumm, es schleicht sich das Gefühl der Entfremdung zwischen uns und die anderen oder die Welt. [...]
Ich habe schon angedeutet, dass die hohen Geschwindigkeiten des sozialen Lebens und vor allem des sozialen Wandels möglicherweise systematisch die Ausbildung von Resonanzverhältnissen untergraben. Das Ausbilden von Resonanzverhältnissen ist fast immer schlicht zeitintensiv. [...] Und so verwundert es vielleicht nicht, dass die Geschichte der Moderne, die ja eine Beschleunigungsgeschichte ist, zugleich eine Geschichte der Sorge, ja der Angst vor dem Erkalten der Welt, vor dem Verstummen der Resonanzachsen ist. [...]
Ein überaus eindrucksvolles popmusikalisches Zeugnis dieser Angst haben übrigens Roger Waters und Pink Floyd in ihrer The Wall-Oper und dem gleichnamigen Musikfilm vorgelegt. Dieser findet seinen vielleicht erschütterndsten Moment dort, wo der nur noch medial mit der übrigen Welt verbundene Protagonist, der Musiker *Pink*, am Rande des Wahnsinns, halbnackt, mit blutenden Fingern an einer überaus dichten, undurchdringlichen und unüberwindbaren Wand aus schwarzen Blöcken entlang tastet, während über einem unheimlich-düsteren musikalischen Motiv monoton immer die gleiche Frage wiederholt wird – *Is There Anybody Out There?!* Und die einzige Resonanz scheint dabei aus Pinks Innerem zu kommen: Die Trennung zwischen Subjekt und Welt hat sich verabsolutiert. [...]
Indessen wäre es unangebracht, die Geschichte der Moderne im Blick auf die Resonanzverhältnisse nur schwarz zu malen, als Geschichte des Niedergangs und des Resonanzverlustes zu erzählen. Es kann kein Zweifel daran bestehen, dass die Neuzeit auch durch eine ungeheure Steigerung der Resonanzensibilität gekennzeichnet ist. Die gesamte Traditionslinie der Empfindsamkeit und der Romantik zeugt davon: Joseph Freiherr von Eichendorff beispielsweise beschwört nicht nur in seiner berühmten ‚Wünschelrute' die singende Welt – wenn er dichtet: *Und die Welt hebt an zu singen, triffst du nur das Zauberwort* –, und dass wir heute die Natur und die Kunst und die Liebe als mächtige Resonanzquellen erfahren, ist ja selbst eine Leistung und ein Ergebnis der modernen Romantisierung der Welt im positiven Sinne." [...]

Aus: Hartmut Rosa: Rasender Stillstand. Die Beschleunigung der Gesellschaft. Manuskript eines Radiovortrags, gesendet in: SWR2 Aula vom 23.9.2012 (www.swr2.de)

[1] Vgl. auch: Hartmut Rosa: Weltbeziehungen im Zeitalter der Beschleunigung. Suhrkamp Taschenbuch Wissenschaft, Berlin 2012

■ *Was versteht Rosa unter Resonanzerfahrungen? Inwiefern gelten sie für Balthasar und für die Romantiker?*

Fantasie

„*Psychologie* und *Philosophie*: Vorstellung und Vorstellungsvermögen, das reproduktiv aus der Erinnerung, als freie Ausgestaltung der Erinnerungsinhalte oder als Neuproduktion anschaulicher Inhalte wirksam ist. Auf diese Weise ist Fantasie ein schöpferisches Vermögen, sich in andere als die gegebenen Situationen hineinzuversetzen und auch erinnerte oder gegebene Inhalte neuartig zu kombinieren. Fantasie wird oft mit Kreativität, Einbildungskraft, Imagination gleichgesetzt, wobei die Fantasie-Produktionen, im Unterschied zu kreativen Ideen, meistens unabhängiger von den konkreten Aufgabenstellungen und Rahmenbedingungen der Lebenspraxis sind. Fantasie dient der alltäglichen Problembewältigung, greift als poetische Ausgestaltung über die erlebte Wirklichkeit hinaus und liefert auch die individuellen und kollektiven Bilder und Schemata, nach denen die Wirklichkeit interpretiert wird. Fantasie enthält rational-denkerische, bildhafte wie auch emotionale Elemente; kennzeichnend sind der spielerische und (im Unterschied zur Rationalität) der von vorgegebenen Regeln weitgehend freie Vollzug. [...]

Die höheren, komplexen Leistungen der Fantasie liegen in einer virtuellen Steigerung und Ausweitung des gesamten Erlebnisraums. Fantasie ist die Bedingung aller schöpferischen Arbeit. Sie hilft, die Gewohnheiten der Wahrnehmung, des Denkens und Handelns aufzubrechen und damit neue Sacherfahrungen zu gewinnen. Die Bedeutung der Fantasie für die Kunst wurde insbesondere auch von der Romantik betont, so von Jean Paul („Vorschule der Ästhetik"); schöpferische Fantasie galt schon Kant als das Merkmal des Genies.

Insofern die reproduktive (z.B. Inhalte der Kunst nachvollziehende) oder die aktiv gestaltende Fantasie dem Individuum auch den Zugang zu Hoffnungen und eigenen Ausdrucksformen eröffnet, die über sein Bestimmtsein durch vorfindliche Gegebenheiten und die Umwelt (geprägte Denk- und Verhaltensmuster, Normen, Rollenerwartungen) hinausgreifen, trägt sie wesentlich zur Bildung einer autonomen und kritischen Persönlichkeit bei. Auch in der Erziehung kommt somit der Förderung der Fantasie, etwa durch (F.-)Spiel, Zeichnen, Erzählen, Musik, Anregung zur Suche vielfältiger oder von der Norm abweichender Lösungen von Aufgaben eine große Bedeutung zu. – Im Zusammenhang der Bewusstmachung und Veränderung von Einstellungen und Verhaltensweisen hat die Fantasie (etwa als freies Assoziieren oder, vorgegebene Themen gestaltend, als ‚aktive Imagination', auch als Rollenspiel) eine hohe therapeutische Bedeutung in der Psychologie."

- *Fassen Sie die Hauptgesichtspunkte zusammen.*
- *Wie erklären Sie sich die wichtige Rolle, die der Fantasie in der Romantik zukommt?*

Spießbürger

„Zu den am deutlichsten negativ besetzten Begriffen im heutigen Deutsch gehört der Spießbürger. Schon seit dem Mittelalter trägt er seinen Makel mit sich. Beim Spießbürger handelte es sich ursprünglich um den Bürger in der freien Reichsstadt, der je nach Vermögen seiner Familie zur Verteidigung und Selbstverteidigung seiner Stadt beizutragen hatte. Jene Bürger aber, die am wenigsten besaßen, waren nur mit einem Spieß, einem Speer bewaffnet.
Im späten Mittelalter entfernte sich das geregelte Leben der Oberschichten immer mehr von der Realität, es wurde zum leeren Ritual, zu Sport. Je weniger reale Existenzberechtigung die Kaste der Ritter hatte, desto mehr bekannte sie sich zum Turnierleben. So war der Spießbürger für den hochgerüsteten Ritter zunächst einmal eine Lachnummer. Diese Art Gegner war eine Beleidigung seines elitären Aufwands. Der Skandal bestand vor allem darin, dass es für den Spießbürger mit seiner improvisierten Waffe ein Leichtes war, gegen den im Eisen steckenden Ritter vorzugehen, [...]. Ihn aus dem Sattel zu kippen, sollte Kriegskunst erfordern. Dass man das aber auch mit einem einfachen Spieß erzielen konnte, war eine kapitale Regelverletzung. Sie machte den Ritter lächerlich und überflüssig.
Der Spießbürger galt als nicht standesgemäße Figur der mittelalterlichen Welt, einer Welt, in der man mit Eigentum und Privilegien protzte. Aus seiner Notsituation und vor allem aus seinen irregulären Fähigkeiten, dem Gegner das Spiel zu verderben, entwickelte der Spießbürger ein nicht unerhebliches Selbstbewusstsein. Er fühlte sich im Recht, und das bald nicht nur, was die Bewaffnung anging und den unseligen Aufwand, der damit verbunden sein sollte, der Spießbürger fühlte sich in allem im Recht. [...]
Der Spießbürger hat sich im Lauf der Zeit seine eigene Welt eingerichtet. Sie sieht zwar der tatsächlichen Welt verdammt ähnlich, in ihr ist aber alles eine Nummer kleiner.
[...]
Der Spießer hat keine Vorbilder, er hat bloß Gewohnheiten, denen er folgt und die er pflegt. Er ist regelmäßig empört über die Zugverspätung, und vom Wetterbericht hält er gar nichts. Der Spießbürger kritisiert nicht, er stellt fest. [...] Der Spießbürger verachtet seine Gegner, wie ihn seinerzeit der Ritter verachtet hat.
Überall, wo seine Gegner sind – und sie sind überall – herrscht das Chaos, sagt er. Seine Angelegenheiten werden schlecht verwaltet. Mit dieser Ansicht ist er nicht allein. Davon ermutigt, neigt er dazu, sich der Mehrheit anzuschließen, er hat geradezu ein Gespür für den Trend. Der Trend ist der beste Utopieersatz.
[...]
Der Spießer hat keine Prinzipien, er macht aber gelegentlich aus seinen Gewohnheiten Prinzipien. Was dabei herauskommt, ist ein später Sieg des Eklektizismus über die Aufklärung." [...]
[rw]

Aus: Thea Dorn/Richard Wagner: Die deutsche Seele © 2011 Albrecht Kraus Verlag, München, in der Verlagsgruppe Random House GmbH

- *Definieren Sie vorab die Bedeutung von „Spießer" und „spießig". Versuchen Sie, die in dem Begriff steckende Kritik mit Beispielen und Beobachtungen von Ihrer Ansicht nach spießigem Verhalten und Denken zu illustrieren.*
- *Wie weit stimmen Sie diesem Text zu?*
- *Inbegriff der Spießertums („Philistertums") ist für E.T.A. Hoffmann die im „Klein Zaches genannt Zinnober" dargestellte Gesellschaft von Kerepes. Worin sieht er die entscheidende Eigenschaft der Spießer/„Philister"?*

Joanne K. Rowling: Die Harry-Potter-Romane

„Ab 1997 erschien eine Reihe von fantastischen Kinderbüchern, die in kürzester Zeit eine phänomenale weltweite Popularität erlangten: Harry Potter and the Philosopher's Stone 1997 (Harry Potter und der Stein der Weisen); Harry Potter and the Chamber of Secrets, 1998 (Harry Potter und die Kammer des Schreckens) […].

Obgleich alle Bände ähnliche Titel und Handlungsschemata aufweisen, handelt es sich streng genommen nicht um eine Serie, sondern um eine Heptalogie, denn das Werk wurde von Anfang an auf sieben Bände angelegt, die eine fortlaufende Geschichte erzählen, wobei jeder Band ein Jahr erzählter Zeit umfasst. Die Grundidee der im zeitgenössischen Großbritannien spielenden, aber gleichwohl fantastischen Romane ist, dass es zauberkundige Menschen gibt, die weitestgehend unerkannt unter den normalen Bürgern (den „Muggels") leben, dabei aber eine eigene Gemeinschaft bilden, mit einem eigenen, auf Magie statt auf Technologie basierenden Lebensstil und einer kompletten kommunalen Infrastruktur – einschließlich Verwaltung, Währung, Presse, Geschäften und Schulen.

Im ersten Band erfährt der Protagonist, der bislang als Waise in der Familie seiner Tante gelebt hat und dort wie ein ‚Aschenputtel' behandelt wurde, an seinem elften Geburtstag, dass er zu den mit magischen Fähigkeiten begabten Menschen gehört und von nun an Hogwarts, die Internatsschule der Zauberer, besuchen darf. Aber auch in der magischen Welt nimmt er eine Sonderstellung ein: Seine Eltern wurden von einem mächtigen Zauberer, der sich der schwarzen Magie verschrieben hatte, ermordet. Er selbst überlebte die Gewalttat als Baby auf wundersame Weise und trägt seither eine Narbe in Form eines Blitzes auf der Stirn.

In der folgenden, knapp ein Jahr umfassenden Handlung lernt Harry nicht nur das Internatsleben kennen, gewinnt Freunde und Feinde unter Schülern und Lehrern und studiert diverse Disziplinen der Magie, sondern wird auch mit rätselhaften und bedrohlichen Ereignissen konfrontiert, die darauf hindeuten, dass Voldemort, der Mörder seiner Eltern, ihm nach dem Leben trachte. Seit seinem gescheiterten Versuch, sich die absolute Macht zu sichern, führt Voldemort ein schattenhaftes, entkörperlichtes Dasein. Im ersten Band versucht er, sich mithilfe eines Lehrers des Steins der Weisen zu bemächtigen, der ihm ewiges Leben schenken würde, was Harry aber verhindern kann. Dass es sich dabei nur um einen Teilsieg handelt, zeigen die folgenden Bände, in denen das im ersten Band etablierte Handlungsschema (Ferien außerhalb des Internats – Reise nach Hogwarts – Schulalltag – Kämpfe gegen Voldemort und seine Helfershelfer – Rückkehr in die Welt der Muggel) in seinen Grundzügen wiederholt, dabei aber immer komplexer ausgestaltet wird.

Der Reiz der Harry-Potter-Romane liegt sowohl in der Verbindung von archetypischen Handlungsmustern mit einer ungemein vielfältigen, detailliert geschilderten Fantasiewelt, die gleichwohl in satirischer Verfremdung auch die alltägliche Erfahrungswirklichkeit widerspiegelt. In dem über 3500 Seiten umfassenden Werk tritt eine Vielzahl von Figuren auf, von denen nicht wenige über ihre zunächst typenhafte oder skurrile Zeichnung hinauswachsen und Individualität erlangen. Zugleich webt Rowling mit spielerischer Leichtigkeit das gesamte Erbe der kollektiven fantastischen Imagination des Abendlandes ein – von Alraune bis Zentaur, von Aberglaube bis Zauberei – und ergänzt es durch eigene skurrile Erfindungen. Die Darstellung der Schulwelt folgt dem Muster des Schulromans, einer spezifisch englischen Gattung mit 150-jähriger Tradition. […]

Selbst in den Anfangsbänden ist die Hauptfigur Harry Potter niemals ein ungebrochen strahlender Held, sondern ein mittelmäßiger Schüler, und für die Lösung seiner Aufgaben ist er auf die Zusammenarbeit mit seinen Freunden und die Hilfe wohlgesonnener Lehrer angewiesen. Sein Überlebenskampf zwingt ihm zunehmend schwierige moralische Entscheidungen auf, konfrontiert ihn mit Gewalt, Tod und seiner eigenen Fehlbarkeit und stellt ihn vor die Aufgabe, die Vergangenheit seiner Eltern zu erforschen und damit seine eigene Identität zu suchen. Nur auf den ersten Blick herrscht in den Anfangsbänden ein simples Gut-Böse-Schema, und nachfolgend wird ein solches immer nachdrücklicher infrage gestellt."

[…]

Aus: Dieter Petzold: „Joanne K. Rowling. Die Harry-Potter-Romane". In: Kindlers Literatur Lexikon. 3. völlig neu bearbeitete Auflage. Herausgegeben von Heinz Ludwig Arnold. Band 14. Ror-Sez., S. 96–97 © 2009 J.B. Metzlersche Verlagsbuchhandlung und Carl Ernst Poeschel Verlag in Stuttgart

Hartmut Steinecke: Zur Rezeption E.T.A. Hoffmanns

„Hoffmann wollte unterhaltsam und ‚lebendig' schreiben; wichtig war ihm Lesernähe – dass er diese Ziele in ganz ungewöhnlichem Maße erreicht hat, zeigt die Wirkungsgeschichte seiner Werke. Das gilt bereits für sein erstes Buch, die *Fantasiestücke*. Das Werk fand ein ungewöhnlich vielfältiges und fast ausnahmslos positives Echo in der Literaturkritik. [...] Während Goethe sich durchweg distanziert oder ablehnend äußerte, musste er beobachten, dass der romantische Konkurrent zum Liebling der Weimarer Damenwelt wurde, ja dass der Hoffmann-Bazillus sogar in das eigene Haus eindrang (die Schwiegertochter Ottilie war eine begeisterte Hoffmann-Leserin).
Seit 1815 gehörte Hoffmann zu der kleinen Gruppe von Erzählern, um deren Manuskripte sich die Verleger und Herausgeber von Taschenbüchern und Almanachen rissen – natürlich nicht in erster Linie wegen deren literarischer Qualität, sondern aufgrund des Publikumszuspruchs. [...] Unter den zeitgenössischen Künstlern war das Echo auf seine Werke zwar überwiegend freundlich (Fouqué, Chamisso, Carl Maria von Weber), aber keiner erkannte im Grunde Hoffmanns Besonderheit und Rang (am ehesten Heine)." [...] (S. 585 f.)
„Während Hoffmanns Ruhm in Deutschland, auch in der Folge einer allmählichen Hinwendung zum Realistischen und mit dem Wiedererstarken der klassizistischen Normen, stagnierte und zurückging, begann er sich in Westeuropa – und damit in den kulturellen Zentren der Welt – zu verbreiten. In Großbritannien bestand ein besonderes Interesse an den ‚gotischen' Texten (*Die Elixiere des Teufels* wurden 1824 als erstes Werk übersetzt) und am Fantastisch-Märchenhaften. Der europäische Erfolgsautor der Zwanzigerjahre, Walter Scott, fühlte seine Position gefährdet und wandte sich in einem langen programmatischen Beitrag *On the Supernatural in Fictitious Composition (1827)* – bei einigem Lob im Einzelnen – scharf gegen Hoffmann – im Negativen wie im Positiven. Goethe übersetzte die besonders polemische Zusammenfassung und spitzte sie durch eigene Kommentare zu. In diesen berühmt-berüchtigten Passagen ist von ‚den Verrücktheiten eines Mondsüchtigen' den ‚fieberhaften Träumen eines leichtbeweglichen kranken Gehirns' die Rede; ‚die Begeisterungen Hoffmanns gleichen oft den Einbildungen, die ein unmäßiger Gebrauch des Opiums hervorbringt und welche mehr den Beystand des Arztes als des Kritikers fordern möchten'. Diesen Invektiven Scotts fügt Goethe seine ‚Trauer' darüber an, ‚dass diese krankhaften Werke des leidenden Mannes lange Jahre in Deutschland wirksam gewesen und solche Verirrungen als bedeutend-fördernde Neuigkeiten gesunden Gemütern eingeimpft worden'. Diese Wendungen, hundertfach zitiert, prägten das Hoffmann-Bild vieler klassizistisch (und marxistisch) geschulter Literaturhistoriker und -wissenschaftler bis weit ins 20. Jahrhundert.
In anderer Weise wurde Scotts Urteil in Frankreich instrumentalisiert: Es wurde der gerade (1829) entstehenden ersten Gesamtausgabe Hoffmanns als Vorwort mitgegeben, gleichsam als Empfehlung einer Lektüre gegen den Strich. Es wurde damit zum Zeichen eines europäischen Paradigmawechsels von dem als etwas simpel-vordergründig empfundenen Schotten zur romantisch-fantastischen Schreibweise des Deutschen. Hoffmann galt als Begründer der ‚Fantastik' als Gattung, des ‚genre fantastique' sogar personalisiert als ‚genre hoffmanesque'. Vom großen anhaltenden Erfolg Hoffmanns in Frankreich – von einer ‚großen Reputation' schrieb Heine 1833, ‚immense réputation' formulierte der Übersetzer von beiden, Loève-Veimars – zeugen zwei umfangreiche Gesamtausgaben, zahlreiche Kritiken und Feuilletons sowie vor allem kreative Beschäftigungen von Honoré de Balzac über Gérard de Nerval bis zu Charles Baudelaire, der als Erster die geniale Modernität der *Prinzessin Brambilla* erkannte und rühmte. Über Frankreich wurde Hoffmann in Russland bekannt und populär – auch hier wiederum sowohl bei den Lesern als auch bei Schriftstellern (Fjodor Dostojewskij, Nikolaj Gogol).
Zur Popularisierung Hoffmanns trugen auch Theaterstücke bei, vor allem jedoch Jacques Offenbachs kongeniale Oper *Les Contes d'Hoffmann* (1881) sowie der kreative Umgang mit seinen Werken von Komponisten wie Robert Schumann (*Kreisleriana*, 1838) und Richard Wagner (*Tannhäuser*, 1845; *Die Meistersinger von Nürnberg*, 1868).
In Deutschland brachten erst die Neuromantik und der Expressionismus wieder ein stärkeres Interesse an Hoffmann – auch hier in erster Linie getragen von Künstlern, nun neben Schriftstellern (Gustav Meyrink) und Musikern (Paul Hindemith: *Cardillac*, 1926) zunehmend auch bildenden Künstlern (Hugo Steiner-Prag, Alfred Kubin, Paul Klee). Hoffmann wurde im Laufe der Zeit zu einem Autor, dessen Werke zu den am häufigsten illustrierten der deutschen Literatur gehören. [...]
Die Liste derer, für die Schriften Hoffmanns zu Intertexten wurden, die sich mit seiner Person, seinen Werken, einzelnen Erzählungen beschäftigten, ist auch im 20. Jahrhundert lang und umfasst Künstler vieler Länder von Russland (‚Serapionsbrüder' von

Petrograd) bis Kanada (Robertson Davies), von Italien (Italo Calvino) bis Ungarn (Zsuzsanna Gahse) und vor allem natürlich in Deutschland von Anna Seghers, Christa Wolf, Hans Joachim Schädlich, Dieter Kühn, Wolfgang Hegewald, Peter Henisch, Gerhard Mensching bis in die unmittelbare Gegenwart. Franz Fühmann, einer der bedeutendsten unter den vielen Schriftstellern, die sich in den letzten Jahrzehnten intensiv mit Hoffmann befassten, von ihm anregen und faszinieren ließen, nannte als wichtigsten Grund für die große Zahl von DDR-Autoren unter den Hoffmannbegeisterten, er sei ein geheimes Leitbild gegen den vom Staat geförderten opportunistischen Schriftstellertypus und die realistischen Schreibweisen gewesen, dessen Opposition subversiv, ironisch, satirisch war und der auch mit der Zensur und den staatlichen Autoritäten noch spielerisch, wenn auch nicht immer siegreich, umging. Arno Schmidt und Hans Wollschläger, der kongeniale Joyce-Übersetzer, wurden hingegen vom Sprachspieler und virtuosen Artisten Hoffmann angeregt.“ […] (S. 587–590)

Aus: Hartmut Steinecke, Die Kunst der Fantasie. E.T.A. Hoffmanns Leben und Werk. © Insel Verlag Frankfurt am Main und Leipzig 2004

■ *Verfassen Sie ein Resümee: Hoffmanns Wirkung in Deutschland und in Europa.*

Literaturverzeichnis

Abraham, Ulf: Fantastik in Literatur und Film. Eine Einführung für Schule und Hochschule. Berlin (Erich Schmidt) 2012

Bettelheim, Bruno: Kinder brauchen Märchen. München (dtv) 181995

Bormann, Alexander von: Joseph von Eichendorff: *Aus dem Leben eines Taugenichts*. In: Erzählungen und Novellen des 19. Jahrhunderts. Stuttgart (Reclam) 1988

Diederichs, Ulf: Who's who im Märchen. München (dtv) 1995

Ewers, Hans-Heino: (Hg.): Kinder- und Jugendliteratur der Romantik. Stuttgart (Reclam) 1984

Feldges, Brigitte/Stadler, Ulrich: E.T.A. Hoffmann: Epoche Werk Wirkung. München (Beck) 1989

Fritz, Horst: Instrumentelle Vernunft als Gegenstand von Literatur. München (W. Fink) 1982

Fühmann, Franz: In: E.T.A. Hoffmann: Klein Zaches genannt Zinnober. Ein Märchen. Mit einem Nachwort von F. Fühmann und zehn Holzstichen von Christa Jahr. Leipzig (Insel) 1978

Günzel, Klaus: E.T.A. Hoffmann. Leben und Werk in Briefen, Selbstzeugnissen und Zeitdokumenten. Düsseldorf (claassen) 1979

Kesselmann, Heidemarie: E.T.A. Hoffmanns „Klein Zaches". Das phantastische Märchen als Möglichkeit der Wiedergewinnung einer geschichtlichen Erkenntnisdimension. In: Literatur für Leser 1978, S. 114–129

Koschorke, Albrecht: Poiesis des Leibes. Johann Christian Reils romantische Medizin. (20.08.2004). In: Goethezeitportal. URL: http://www.goethezeitportal.de/db/wiss/reil/koschorke.pdf (5.9.2012)

Kremer, Detlef (Hg.): E.T.A. Hoffmann. Leben – Werk – Wirkung. 2. erw. Auflage. Berlin/New York (W. de Gruyter) 2010

Liebrand Claudia: Aporie des Kunstmythos: Die Texte E.T.A. Hoffmanns. Freiburg (Rombach) 1996

Petzoldt, Leander: Märchen, Mythen und Sagen. In: Günter Lange (Hg.): Taschenbuch der Kinder- und Jugendliteratur. Bd.1: Grundlagen – Gattungen. Baltmannsweiler (Schneider) 2000

Pikulik, Lothar: E.T.A. Hoffmann als Erzähler. [1987] In: Hartmut Steinecke (Hg.): E.T.A. Hoffmann: Neue Wege der Forschung. Darmstadt (WBG) 2006

Pikulik, Lothar: Frühromantik. Epoche – Werke – Wirkung. München (Beck) 1992

Preisendanz, Wolfgang: Humor als dichterische Einbildungskraft. München (Fink) 1976,

Safranski, Rüdiger: E.T.A. Hoffmann. Das Leben eines skeptischen Phantasten. Frankfurt (Fischer) 1987

Safranski, Rüdiger: Romantik. Eine deutsche Affäre. Frankfurt (Fischer) 2009

Schmidt, Jochen: Aufklärung, Gegenaufklärung, Dialektik der Aufklärung. In: J. Schmidt: Aufklärung und Gegenaufklärung in der europäischen Literatur, Philosophie und Politik von der Antike bis zur Gegenwart. Darmstadt (WBG) 1989